本书作为成果的研究过程获国家民委民族研究项目资助
本书的出版获贵州大学文科重大科研项目资助

白寿彝

思想研究

于衍学 著

知识产权出版社
全国百佳图书出版单位
—北京—

图书在版编目（CIP）数据

白寿彝思想研究 / 于衍学著 . — 北京：知识产权出版社，2024.12
ISBN 978-7-5130-8765-0

Ⅰ . ①白… Ⅱ . ①于… Ⅲ . ①白寿彝（1909–2000）—思想评论 Ⅳ . ① K825.81

中国国家版本馆 CIP 数据核字 (2023) 第 089349 号

内容提要

　　白寿彝思想，尤其是民族史思想是一个完整体系，其核心是各民族共同创造了中国历史，本书围绕这一思想核心开展系统研究。本书内容涉及白寿彝生平及学术活动，中华人民共和国疆域内的各民族共同创造中国历史的提出及其含义，白寿彝关于中国历史上民族关系的思想，白寿彝关于汉族的形成、作用等。

　　本书适合民族学、马克思主义民族理论与政策专业的在校生，从事相关领域教学与研究工作的人员，以及致力于白寿彝研究的科研人员等阅读。

责任编辑：王　辉　　　　　　　　责任印制：孙婷婷

白寿彝思想研究
BAISHOUYI SIXIANG YANJIU

于衍学　著

出版发行：知识产权出版社有限责任公司	网　　址：http://www.ipph.cn
电　　话：010-82004826	http://www.laichushu.com
社　　址：北京市海淀区气象路 50 号院	邮　　编：100081
责编电话：010-82000860 转 8381	责编邮箱：wanghui@cnipr.com
发行电话：010-82000860 转 8101	发行传真：010-82000893
印　　刷：北京中献拓方科技发展有限公司	经　　销：新华书店及相关销售网点
开　　本：720mm×1000 mm　1/16	印　　张：14
版　　次：2024 年 12 月第 1 版	印　　次：2024 年 12 月第 1 次印刷
字　　数：250 千字	定　　价：82.00 元

ISBN 978-7-5130-8765-0

序 一

马克思主义民族理论与政策，是隶属于民族学一级学科下的一个二级学科。在我国民族学学科体系中，民族理论与政策占有极为重要的地位。自古以来，我国就是一个统一的多民族国家，多民族是我国的基本国情，各族先民胼手胝足、披荆斩棘，共同开发了祖国的锦绣河山，共同书写了我国悠久的历史，共同创造了我国灿烂的文化，共同开拓了祖国辽阔的疆域和共同培育了中华民族伟大的精神。中国共产党成立后，创造性地把马克思主义民族理论同中国民族问题具体实际相结合，在革命战争年代，制定一系列符合中国实际的民族政策，凝聚各族人民浴血奋战，赢得新民主主义革命胜利，成立中华人民共和国；在改革开放时期，在中国特色社会主义民族理论指导下，中国共产党团结带领全国各族人民，亦取得世人瞩目的社会主义现代化建设伟大成就；在社会主义新时代，党带领人民踏上第二个百年奋斗新征程。在此过程中，以习近平同志为核心的党中央高度重视民族理论的发展与创新，提出以铸牢中华民族共同体意识为主线，推动新时代党的民族工作高质量发展，这既为当前我国民族工作指明了方向，也为民族理论进一步发展提出了新要求。

贵州大学民族学为贵州省重点与特色学科，其建设与发展一直为学校、学院所重视。建设有国家民委中华民族共同体研究基地——西南民族文化走廊研究中心、贵州省高校人文社科研究基地——民族文化与区域发展研究中心和学院铸牢中华民族共同体意识研究中心等教学和科研平台，不仅在教学教改、人才培养、传承文化与服务社会上取得了喜人的成绩，而且在科学研究上也迈出了坚实的步伐。近年来，民族学科教师共主持了20余项国家社科重大、重点、一般及西部项目，近30项教育部、国家民委和贵州省社科规划等省部级项目，撰著出版了20余部学术专著，产出了数量较丰的学术论文和调研报告。不少研究成果视角新颖，理论与实践意义突出，呈现于读者眼前的于衍学教授撰著的《白寿彝思想研究》便是其中之一。

白寿彝是我国近现代史上的一位史学大师，亦是具有强烈爱国主义情怀的马克思主义学者。中华人民共和国成立以来，国内史学界对白寿彝学术开展了诸多研究，取得了丰硕的研究成果。然而，这些研究，多聚焦于白寿彝史学思想。从马克思主义民族理论方面，对白寿彝展开全面而系统研究，目前来看，本书是近年来较为成熟厚重的一份成果。其主要建树在于：

其一，本书确立白寿彝"各民族共同创造中国历史"民族观核心地位并围绕其展开论述。纵观白寿彝民族史学研究历程，可知其民族史学研究始终贯穿着一条"各民族共同创造中国历史"的"红线"。这条"红线"将白寿彝民族史学研究与党和国家的民族平等团结事业紧密联结起来，并通过这种"联结"，彰显其强烈的爱国主义思想感情。在白寿彝诸多民族理论观点中，本书敏锐发现并确认白寿彝汉族与各少数民族既是中国历史创造的平等"参与者"，亦是中国历史的重要"贡献者"这一基本民族观。并认为，这一民族观既是白寿彝民族理论的"主轴"，也是其民族理论体系建构的条件基石。

其二，本书完成了白寿彝民族理论史学离析和体系建构工作。作为一代史学大师，白寿彝毕生致力于中国史学研究，其中包含民族史学研究。他的民族史学研究，经由"各民族共同创造中国历史"的基本观点而自成体系。本书把白寿彝民族理论从其史学理论中离析出来，并将其建构为一个完整的理论体系呈现于读者，有利于展现白寿彝民族理论当代价值。

其三，本书体现出了鲜明的学术研究与时代要求紧密结合的基本理念。本书结合各民族平等与团结、铸牢中华民族共同体意识、各民族为推进社会主义现代化强国建设共同奋斗等时代性主题，对白寿彝民族思想及相关论述作了较为深入的剖析与解读，践行了马克思关于科学研究"呼应时代要求"的基本原则，既拓展研究视野，亦有助于民族学与历史学、民族理论与史学的交叉研究，对民族学尤其是民族理论与政策的研究具有积极的启发意义。同时，也有助于将各民族共同创造中国历史的丰富内容融入历史学、民族学等课程教学实践中，助力于中华民族共同体意识教育。

于衍学教授专业基础扎实，理论积淀厚重。其在良好履行人民教师教书育人职责的前提下，积极科研，勤于著述，主持有国家社科、教育部、国家民委、省社科规划等项目，并有数量较丰的科研成果面世。本书是于衍学教授主持的部级项目耕耘积累、深入钻研的最终成果。该成果在结题验收所获的"优秀"等次，足见作者的学识功力与严谨治学的学术情怀，也是对本书具有较高质量的肯定。在书稿即将出版之际，阅读书稿，获益颇多，谨赘前述数语，以志祝贺。是为序。

杨军昌

2022 年 5 月 6 日于贵州大学

‖ 序 二 ‖

自古以来，我国就是一个统一的多民族国家，中华民族始终追求团结统一，把这看作"天地之常经，古今之通义"。2014 年中央民族工作会议指出，"各民族共同开发了祖国的锦绣河山、广袤疆域，共同创造了悠久的中国历史、灿烂的中华文化。"2021 年中央民族工作会议指出，"铸牢中华民族共同体意识，就是要引导各族人民牢固树立休戚与共、荣辱与共、生死与共、命运与共的共同体理念。"中国共产党在成立之初就高度重视民族工作，坚持把马克思主义民族理论同中国民族问题具体实际相结合，团结带领各族人民共同缔造了新中国，开启了中华民族发展的历史新纪元。对此，《中华人民共和国宪法》序言庄重宣示：中华人民共和国是全国各族人民共同缔造的统一的多民族国家。在缔造中华人民共和国这一波澜壮阔的历史进程中，各族人民奋不顾身地投入其中，付出了巨大牺牲、作出了重大贡献。

中华人民共和国成立后，毛泽东同志强调，"国家的统一，人民的团结，国内各民族的团结，这是我们的事业必定要胜利的基本保证"。我们党把民族平等、团结统一作为建国的根本原则，制定了正确的民族政策，开创了我国民族工作的第一个黄金时期。改革开放后，我们党始终坚持准确把握我国统一的多民族国家这一基本国情，并结合时代特征和形势变化，对维护团结统一提出了新的要求、作出了新的部署。

白寿彝先生是 20 世纪中国史研究领域杰出的学者，特别是他对中国民族史研究作出了突出的贡献。他提出"中国自古以来就是一个统一的多民族国家。""中国的历史，是中华人民共和国国土上现有的和曾经有过的民族共同创造的历史。""全国性的统一，与各民族的统一分不开。没有各民族的内部统一，全中国不能统一。"（以上均参见《白寿彝民族宗教论集》1992 年北京师范大学出版社）。白寿彝对于马克思主义民族理论具有深刻的和创造性的理解，对中国统一的多民族国家形成与发展、各民族共同创造中国历史等问题，进行了深入的思考和系统的阐述，形成了独到的民族思想。

白寿彝的统一的多民族国家民族思想，实际上是以他的马克思主义民族观为核心的思想理论体系。这一思想体系的主要组成部分集中在白寿彝少数民族史学思想、中国少数民族史学思想、多民族的中国通史思想、民族理论思想以及多民族的中国史学史思想等方面。白寿彝民族思想的各组成部分构成了白寿彝民族思想体系，其学术价值则集中体现在各构成成分之上。探讨白寿彝民族思想的学术价值，主要是从白寿彝少数民族史学思想、中国少数民族史学思想、多民族的中国通史思想、民族思想以及多民族的中国史学史思想等方面展开的。

于衍学教授的《白寿彝思想研究》是目前鲜有的关于白寿彝民族思想的全面而系统的专题性研究著作。该书研究尝试将白寿彝民族思想从其史学思想中离析出来，将其民族思想作为一个有着独特研究对象的思想体系进行整体研究。这种全面而系统的研究方式，既是对前人既有研究的继承，也是将白寿彝民族思想研究推上一个新台阶的有效途径。这对于深入发掘、整理、研究和利用白寿彝民族思想，不仅具有重要学术意义，而且有利于充分认识这一思想体系的当代应用价值。

一是有助于从民族起源、形成、构成成分等方面研究中国各民族的历史状况，为党和国家民族决策和民族工作的开展提供史实依据。有利于我们正确理解中国历史上民族关系的主流问题，能够进一步巩固中华人民共和国成立以来形成的平等、团结、互助、合作的社会主义新型民族关系，铸牢中华民族共同体意识；能够为当前增进民族自信心，推进民族地区及少数民族发展，实现民族地区全面建成小康社会的历史任务提供精神动力；能够为坚持和完善包括民族平等团结、民族区域自治等在内的党和国家各项民族政策提供理论支撑和历史依据；能够为增强民族团结和少数民族爱国意识，构建和谐民族关系提供理论、史实和决策依据。

二是有助于维护民族团结，促进民族发展，增强民族自信心自豪感，不断巩固和加强统一的多民族国家，夯实中华民族共同体及其共同体意识，进而凝心聚力实现中华民族伟大复兴的中国梦，在理论、认识方法以及史实依据等方面，都具有重要的现实指导价值。在实现中华民族伟大复兴中国梦的历史征程中，白寿彝民族思想从史学的角度，对中国历史上的各民族及其演进过程，对中华民族共同体的形成进行了据于史实的科学探索。这种探索，在社会主义新时代，能够帮助我们深刻认识中国的民族、民族关系以及多民族的中国历史，正确认识统一的多民族国家，将这种认识与当前各民族共同实现中国梦的客观需要紧密结合起来，助力中华民族伟大复兴中国梦的实现。

　　于衍学教授 2003 年考入西北民族大学马克思主义民族思想与政策专业硕士研究生，在学期间我除日常当班主任外还给他们代民族思想课。他的好学、善于思辨给我留下了深刻印象，我俩经常讨论民族思想与政策相关问题。他硕士毕业之后又曲折南下读民族学博士，博士毕业后选择多彩的贵州作为学术和人生的奋斗地，他的这种敢于挑战、勤于思考伴随着他在理想和现实中奋斗。当他给我打电话说写了《白寿彝思想研究》的学术著作时，我为他取得的成绩而暗喜，为他的执着努力而骄傲。当他邀我作序时，我很担心自己的能力。序文本该他的硕士生导师贾东海教授来作，可惜贾老 2021 年年底就驾鹤西去，我作为贾老的忘年交和晚辈只好代他写下如上的思考。一方面，为贾老的弟子取得的成绩祝贺；另一方面，深深地纪念为西北民族大学马克思主义民族思想与政策学科贡献的贾东海教授。

2022 年 4 月 29 日于古城西安

《序 三》

近日，衍学学弟请我为他的专著《白寿彝思想研究》写一篇序，我深感惶恐，一直难以下笔。我清楚以自己的学养与能力，为其新著作序，实在难以胜任。但是，衍学多次跟我说起此事，我也感到不便再予以推辞，从而怀着忐忑不安的心情写写我俩在学术上的交往经历，就以此作为序吧。

我与衍学相识已有20年，2003年他考入西北民族大学攻读民族理论专业的硕士研究生，我当时已是硕士研究生三年级。因此，我们在校一起学习、交往的时间也就一年左右。但这一年，我们经常在学校图书馆门前，一起探讨学术问题。后来，我去中国人民大学读博士，他经过短暂的工作后又去厦门大学攻读人类学博士学位，我们之间的联系一直没有中断。我经常能听到他因为发表一篇新的文章而激动不已，也深感他在求学中的艰苦与不易。

到贵州大学工作之后，衍学始终怀有浓厚的学术情怀，其在学术道路上的拼搏与奋斗，也时常感染着我，使我这个老大哥不敢有半点儿懈怠之心。从我与衍学的多年交往中，我能感到他具有一个学者最该具有的纯真之心，无论为学、还是做事，有时候甚至给人一种"迂腐"的感觉。但是，正是因为具有这样的情怀与心境，他才能在学术道路上取得一系列丰硕的学术成果。他自工作后，在繁忙的教学之余，先后申请并获得国家社科基金项目、国家民委项目等多项科研成果，还以此为契机发表了多篇高质量学术论文。

摆在大家面前的这本《白寿彝思想研究》是他多年在学术道路上不断探索并精益求精而形成的成果。该著系统地对白寿彝先生在民族思想方面的学术贡献进行了梳理，非常有机地呈现了白先生民族思想的核心观点。对于我们今天从事民族理论研究，或者将历史学与民族理论研究的有机结合，具有很强的启发意义。

时至今日，在铸牢中华民族共同体意识作为民族工作总纲的指导下，从事民族理论的研究不仅需要借鉴多学科的理论与方法，更应该走在中国的大地上，将扎扎实实的田野调查与深厚的文献研究相结合，这样形成的研究成果才能更接地气、更具学术生命力。衍学的新著已经开了个好头，期待更多的优秀成果早日问世。

马伟华

2023 年 4 月 23 日于南开大学

《 自 序 》

　　《白寿彝思想研究》一书是笔者在民族理论领域正式出版的首部学术著作。其实，在付诸出版之际，我跟出版社沟通，想增添一个"序言"。对此，出版社同志亦欣然应允。这是因为，对该书的出版，自己总感觉需要说些什么。对此，我原本设想，请我的恩师——一个对我走上民族理论研究之路，甚至对我人生产生重要影响的人，亦即西北民族大学贾东海教授，为他这个学生的专著作"序"。然而，令人痛心的是，2021年年底，恩师溘然仙逝。如此，请恩师写"序"的设想，便无法成为现实。对我来说，这是一种无法弥补的憾事。在此情况下，我也不得不将既定的"请师为序"，更改为"作者自序"。

　　既然是"自序"，那么便需要面对一个基本问题，即要写点什么的问题。在拙作出版之际，我想，有三个方面内容应该，抑或需要写一写。一是如何接触民族理论专业；二是工作后如何开展民族理论研究；三是以此作纪念我的恩师。

　　若谈当时如何接触民族理论，这似乎要应该回到大学三年级7—8月间。期间的我，如同周围其他同学一样，忙碌着考研选专业、择院校。大学本科期间，我原本学习汉语言文学专业，起初考研本打算报考上海一所知名师范院校的同一专业。但是，后来亦不知何原因，将近选报时，自己却摒弃了初衷，报考了北京一所院校，始有机会阅读几本民族理论方面的书籍。在跨专业学习备考过程中，甚至后来院校调剂中，我亦有幸得到"贵人"指导和帮助，至今铭刻肺腑，近20年来须臾不曾忘怀。然而，说来世事无常，事如人之心意者能有几多。在考研路上，由于某些客观原因，自己与报考院校失之交臂，与身边其他同学一起，开启了院校调剂之路。原以为，这会令我与民族理论不再结缘。有趣的是，后来我到西北民族大学读研，追随硕导恩师贾东海教授，研修的亦为马克思主义民族理论与政策专业。直至 2010 年，我有幸到厦门大学跟随博导恩师邓晓华教授，攻读文化人类学博士学位。此后，民族理论的研修，似乎告一段落。

日月如梭。当我的研究领域从人类学转回到民族理论的时候，已是博士毕业入职贵州大学后的第三年。这种研究领域的再次转变，主要与时任贵州大学学报主编的杨军昌教授的引导与指点紧密相关。曾清晰记得，当时军昌教授教诲道：搞马克思主义民族理论，既能"涉足"民族学领域，将来亦可"踏足"马克思主义学科，将民族学科与马克思主义学科联结起来了，这样视野开阔了，研究领域亦随之拓展了，发展空间和机动性似乎更加灵活了。这一"点拨"，对军昌教授而言，也许是不经意间作出的；对一个入职不久的青年教师而言，这已入耳入心，成为极为"宝贵"的教导，谨而行之。如此，在继续从事民族学／文化人类学研究基础上，研究方向开始向民族理论倾斜。此后，诸多研究成果，集中在了这一领域，自然也包括"白寿彝民族思想研究"。可以说，如果没有当时的"转向"，或许也就没有这部著作。

在拙作即将出版之际，我亦特别怀念我的恩师贾东海教授。2003 年 9 月初，赴金城兰州入学报到时，恩师对学生的关怀备至之言行，时隔二十年，尚历历在目；在严谨治学、研究技能、治学为人、笔耕不辍等很多方面，自己深受恩师影响，至今受益匪浅；清晰记得，老师时常带我参加学术会议、为我逐字逐句修改论文，毕业离校之际为我撰写那 2 封就业推荐信时伏案认真的情景，甚至还在我毕业多年后，考博深造的征程上，依然没有忘记"扶我上马"，送上一程。值此拙作《白寿彝思想研究》出版之际，特撰写此"序"，缅怀恩师东海教授！

于衍学

2022 年 5 月 2 日于贵州大学

《目　录》

第一章　绪论

第一节　研究对象

一般而言，任何一项研究课题都有自己明确的研究对象。确定某项课题的研究对象，是开展这项课题研究的前提。毛泽东同志曾就科学研究与研究对象的密切关系有过精辟论述。他指出："科学研究的区分，就是根据科学对象所具有的特殊的矛盾性。因此，对于某一现象的领域所特有的某一种矛盾的研究，就构成某一门科学的对象。"[1] 也就是说，任何科学研究的区分，根本上是由其研究对象的特殊性决定的。他进一步列举指出："例如，数学中的正数和负数，机械学中的作用和反作用，物理学中的阴电和阳电，化学中的化分和化合，社会科学中的生产力和生产关系、阶级和阶级的互相斗争，军事学中的攻击和防御，哲学中的唯心论和唯物论、形而上学观和辩证法观等等，都是因为具有特殊的矛盾和特殊的本质，才构成了不同的科学研究的对象。"[2] 明确某项课题的研究对象，首先要确定这项课题的"特殊的矛盾和特殊的本质"。显然，"白寿彝思想研究"这项课题，也有其特殊的矛盾和特殊的本质。这一特殊的矛盾和本质，就是这项课题的研究对象。

众所周知，自古以来中国就是一个统一的多民族国家。多民族是中国社会的基本特征，也是中国的基本国情。正确认识中国的多民族特征，把握多民族的国情，是推动中国历史向前发展的重要前提。对中国多民族的思考和认识，形成中国的民族思想。中国的民族思想本身就是一个矛盾的统一体。这个统一体，基本上是由对中国多民族认识的普遍共识和某种特殊性意识所构成的。在不同的中国社会形态、某一社会形态下的某一发展阶段或时期，中国的多民族情况是有差异的。这种差异性，决定了对中国多民族认识上的差异性。中国历史上不同时

---

[1] 毛泽东．矛盾论［M］//毛泽东选集（第一卷）．北京：人民出版社，1991：309.
[2] 毛泽东．矛盾论［M］//毛泽东选集（第一卷）．北京：人民出版社，1991：309.

期、不同阶层和立场的人，对我国多民族的认识也不尽相同。这种状况，决定了人们对我国民族的认识，既有其统一和普遍性的一面，也有其非统一的特殊性的一面。白寿彝先生在中华民族认识上的这种特殊的本质，实际上就是本书的研究对象。换言之，白寿彝民族思想研究的对象就是白寿彝先生对于中华民族在认识上的特殊的本质。白寿彝先生对于我国民族认识上的特殊性，集中体现在几个方面：一是民族实体的特殊性。白寿彝先生的民族思想，是在对中华人民共和国国土上既有的和历史上曾经有过的诸多民族的认识基础上形成的思想。二是视角上的特殊性。白寿彝先生的民族思想大多是基于历史学的角度形成的研究成果。三是指导思想上的特殊性。白寿彝先生对我国民族的认识，主要是在马克思主义理论指导下进行的。换言之，白寿彝先生的民族思想是在马克思主义理论尤其是马克思主义民族思想指导下，认识和探究中国多民族实践的产物。四是白寿彝民族思想是白寿彝先生个人对中国现有的民族和历史上曾经有过的民族考察和思考的结果。五是出发点的特殊性。白寿彝先生思考和认识我国民族的根本出发点，是维护各民族团结和中华民族一体化的发展与繁荣。也就是说，白寿彝民族思想，是白寿彝先生在马克思主义理论指导下，主要从历史学的视角，对中国既有的和历史上曾经存在过的族群，进行长期思考和认识后形成的，旨在维护民族团结、国家统一和中华民族发展与繁荣的思想体系。

白寿彝先生在中国多民族认识上的特殊的本质，是白寿彝民族思想的独特价值，构成了白寿彝民族思想研究的主要对象。白寿彝民族思想的时代价值，促使国内外学者以白寿彝民族思想为主要研究对象，开展了诸多卓有成效的研究工作，取得了丰硕的成绩。回顾和梳理既有的白寿彝民族思想的研究成果，是开展本书系统研究的基础和条件。

第二节　国内研究现状

从一般意义上讲，国内对白寿彝有关民族思想的研究，或始于20世纪80年代。但是，总体而言，纵观国内学术界对白寿彝民族思想的研究成果，按照时间顺序，大致可以划分为四个阶段：第一个阶段是1980—1989年，第二个阶段是1990—1999年，第三个阶段是2000—2009年，第四个阶段则是2010—2019年。下面，我们具体阐述一下，自20世纪80年代以来，国内学术界对白寿彝民族思想的研究情况。

一、第一个阶段：1980—1989 年

20 世纪 80 年代，可以看作是国内学术界对白寿彝民族思想研究的开始阶段。但是，这种某种意义上的"开始"，并不是意味着 20 世纪 80 年代以前就没有学者研究、探讨或涉及白寿彝的民族思想。相反，20 世纪 80 年代以前，甚至是中华人民共和国成立以前，学者们对白寿彝民族思想也是有关注的。只是这种"关注"主要是在白寿彝的史学思想范围内，涉及了其民族史学思想。将白寿彝民族思想从其史学思想中分离出来，作为一个专门课题开展研究，应该是 20 世纪 80 年代以来的事情。基于此，笔者把 20 世纪 80 年代作为白寿彝民族思想研究的起点。具体而言，这一时期，有关白寿彝民族思想的研究，主要涉及三个方面：第一，关于白寿彝对中国历史是各民族共同创造的历史这一基本思想的研究。如崔文印在《民族大家庭的历史》❶一文中，就白寿彝关于中国历史是民族大家庭的历史这一思想进行了论述。在此基础上，进一步阐述了白寿彝先生促进民族团结的观点，彰显了白寿彝先生在民族关系问题上的辩证思维和实事求是的学术风格。第二，关于白寿彝先生少数民族史学思想的研究。就其内容而言，主要涉及白寿彝先生在少数民族来源问题研究上的贡献，对少数民族形成时间、形成主体问题以及对少数民族史编写工作等方面的贡献。第三，关于白寿彝先生在民族思想、民族史以及民族史学史方面的研究贡献。这方面研究，主要探讨白寿彝先生在民族史学研究领域马克思主义理论的运用，以及在民族思想和民族史等方面的研究建树。在此基础上，还对白寿彝先生关于撰写多民族的中国史学史问题进行研究。比较有代表性的研究成果是吴怀祺的《记白寿彝先生学术思想座谈会》❷。这一时期，国内学者对白寿彝民族思想的研究存在一些共性：一是都注意到白寿彝先生在史学研究工作中将马克思主义和中国民族相结合的理论探索；二是对白寿彝先生的学术贡献进行了较多阐述；三是这一时期有关白寿彝先生民族思想的研究成果在数量上相对较少，在质量上也处于提升阶段。但是，这一时期的研究成果，为 20 世纪 90 年代白寿彝民族思想研究奠定了基础。

二、第二个阶段：1990—1999 年

进入 20 世纪 90 年代，学术界对白寿彝民族思想的研究较之于第一个阶段，

❶ 崔文印.民族大家庭的历史［J］.读书，1982（8）：2-4.
❷ 吴怀祺.记白寿彝先生学术思想座谈会［J］.史学史研究，1989（1）：64-73.

既有继承又有发展。这一时期的研究，在内容上更加宽泛，涵盖了白寿彝先生的少数民族史学思想、民族史学思想、民族思想等各大领域；在具体内容上，涉及白寿彝先生的少数民族史学思想，关于中国历史上民族关系的思想，多民族与统一国家的思想，中国历史是多民族的历史的思想，多民族国家的疆域问题，民族史、民族思想与中国通史之间关系的思想，民族发展的不平衡性和历史过程的阶段性思想，民族史理论与多民族中国历史撰写的思想，白寿彝民族平等思想，爱国主义思想教育与民族史相结合的思想，以及白寿彝有关著作的专题研究，等等。

在白寿彝少数民族史学思想方面，比较有代表性的研究成果是：梁向明的《白寿彝先生学术成就概述——为白寿彝教授90华诞而作》❶一文，该文在阐述白寿彝史学研究成就的同时，专门就白寿彝的少数民族史学思想及其成就做了较为具体的阐述。

在中国历史上民族关系方面，薛莹的《白寿彝教授谈——中国民族关系和中国封建社会》❷，尤中、周嘉佩的《高屋建瓴 言显意深》❸着重阐发了白寿彝先生关于中国历史上民族关系的主流思想。梁向明的《白寿彝先生学术成就概述——为白寿彝教授90华诞而作》一文，阐述了白寿彝先生一贯主张的"应当把民族关系史置于中国历史发展的大背景下加以考察""既要反对大汉族主义，也要反对狭隘的民族主义"等重要思想。林甘泉的《马克思主义与民族史研究——在"白寿彝教授史学思想讨论会"上的发言》❹，梁向明的《谈白寿彝先生对我国民族关系史研究的杰出贡献》❺，均较为具体地阐述了白寿彝先生考察历史上民族关系的方法、历史上民族关系的主流以及"既反对大汉族主义，也反对狭隘民族主义"等重要思想。

多民族与统一国家的思想是白寿彝民族思想的重要内容，这方面的研究成果较多。单就20世纪90年代而言，比较有代表性的研究成果有：薛莹在其《白寿彝教授谈——中国民族关系和中国封建社会》一文中，在探讨白寿彝先生关于中国历史上民族关系主流问题的同时，还就统一的多民族国家及其与历史上

---

❶ 梁向明.白寿彝先生学术成就概述——为白寿彝教授90华诞而作［J］.回族研究，1999（1）：203-205.

❷ 薛莹.白寿彝教授谈——中国民族关系和中国封建社会［J］.群言，1994（7）：19-21.

❸ 尤中，周嘉佩.高屋建瓴 言显意深［J］.中国社会科学，1994（4）.

❹ 林甘泉.马克思主义与民族史研究——在"白寿彝教授史学思想讨论会"上的发言［J］.史学史研究，1995（1）.

❺ 梁向明.谈白寿彝先生对我国民族关系史研究的杰出贡献［J］.青海民族学院学报（社会科学版），1999（1）.

民族关系主流之间的关系问题作了较为深入的阐释。武尚清在《白寿彝先生论中国统一的多民族国家的形成与发展》❶一文中，详细阐述了白寿彝先生关于中国这一统一的多民族国家的形成与发展思想，其中包含"统一"的概念及提法，统一规模的实例，民族的交往交流交融，"多民族"内涵的理解等。在此基础上，还进一步对白寿彝先生关于"民族平等友好、团结互助，是客观存在，是民族发展必然结果""民族形成的历史机制""如何看待中华民族的构成元素"，以及统一意识与民族英雄等民族关系问题，展开了更为深入的研究。尤中、周嘉佩在其《高屋建瓴 言显意深》一文中，也就白寿彝先生关于"统一的多民族国家""统一意识"以及各民族对国家统一作出的贡献等方面做了论述。林甘泉在其《马克思主义与民族史研究——在"白寿彝教授史学思想讨论会"上的发言》一文中，在阐述白寿彝先生"正确处理古与今的关系"问题时，阐述了其对"中国自古以来就是一个统一的多民族国家"提法的基本思想。与此同时，吴怀祺在其《民族思想与民族史理论的辩证法——重读多卷本〈中国通史·导论〉》❷中，就白寿彝先生关于统一的形式问题、统一与多民族的辩证关系问题等进行了论述。

中国历史是各民族共同创造的历史，这是白寿彝先生民族观的核心内容。该时期，学术界对这一关键思想的研究也取得了一些研究成果。如张儒在《白寿彝谈新编〈中国通史〉》❸一文中指出，中国历史是各民族共同创造的历史这一思想，贯穿在白寿彝先生担任总主编的《中国通史》编纂的始终，成为指导12卷22册本恢宏巨著的撰述基本原则。瞿林东先生在《白寿彝总主编〈中国通史〉第一卷简介》❹一文中，对多卷本《中国通史》第一卷《导论》一书中的多民族共同创造中国历史的思想，进行了深入阐释。刘统在《中华早期文明的全景画——白寿彝先生总主编〈中国通史〉第三卷读后》❺一文中，把各民族共同创造中国历史作为《中国通史》的主旨与主题。吴怀祺在《民族思想与民族史理论的辩证法——重读多卷本〈中国通史·导论〉》中，再次阐述了各民族共创中国历史的思想在白寿彝民族思想体系中的地位。

除此之外，林甘泉在其《马克思主义与民族史研究——在"白寿彝教授史学

---

❶ 武尚清.白寿彝先生论中国统一的多民族国家的形成与发展［J］.史学史研究，1996（1）.
❷ 吴怀祺.民族思想与民族史理论的辩证法——重读多卷本《中国通史·导论》［J］.回族研究，1999（1）.
❸ 张儒.白寿彝谈新编《中国通史》［J］.中国民族，1990（2）：35.
❹ 瞿林东.白寿彝总主编《中国通史》第一卷简介［J］.回族研究，1999（3）.
❺ 刘统.中华早期文明的全景画——白寿彝先生总主编《中国通史》第三卷读后［J］.史学史研究，1997（1）.

思想讨论会"上的发言》一文中，对白寿彝先生关于"怎样认识我们这个多民族国家的历史疆域"这一重要问题，进行了深入研究。吴怀祺在其《民族思想与民族史理论的辩证法——重读多卷本〈中国通史·导论〉》这篇文章中，集中探讨了白寿彝先生关于民族史、民族思想与中国通史三者之间关系的思想，关于民族发展的不平衡性和历史过程的阶段性思想，以及关于民族史理论与多民族中国历史撰写的思想。陈振在其《谈谈白寿彝先生史学思想中的民族平等思想——主编〈中国通史〉第七卷的一点体会》❶一文中，就关于多卷本《中国通史》的分卷与白先生的民族平等思想进行了具体阐述，指出："'元时期'的单设一卷，可说是白先生史学思想中民族平等思想的具体体现。"向燕南在《祝贺白寿彝教授九十华诞暨多卷本〈中国通史〉全部出版大会综述》一文中，探讨了白寿彝先生关于爱国主义思想教育与民族史结合的问题。该问题是白寿彝先生民族思想的重要内容。该时期，还有部分学者就白寿彝先生有关民族史学的部分著作展开研究，并取得了一些研究成果。这方面的研究成果，比较有代表性的有：尤中、周嘉佩在《高屋建瓴 言显意深》一文中，对《白寿彝民族宗教论集》展开讨论；吴怀祺在《民族思想与民族史理论的辩证法——重读多卷本〈中国通史·导论〉》一文中，就多卷本《中国通史·导论》一书进行研究，尤其是其中关于白寿彝先生各民族共创中国历史这一思想的深入阐发。向燕南在《祝贺白寿彝教授九十华诞暨多卷本〈中国通史〉全部出版大会综述》中，论述了白寿彝先生总主编的《中国通史》的民族特色问题。

通过对 20 世纪 90 年代国内学术界有关白寿彝民族思想研究的考察，笔者发现，这些研究在成果数量、研究主体、内容的广泛性、研究的深度等各方面，较之第一个阶段，都有了鲜明的提升。这无疑给 21 世纪第一个十年白寿彝民族思想的研究，创造了更加有利的条件。

三、第三个阶段：2000—2009 年

在 21 世纪的前十年，白寿彝民族思想的研究更加深入，研究内容更加宽泛。这表明白寿彝民族思想研究较之前期，取得更大成果。这一时期的研究成果，大致可以分为三种类型。

首先，是关于白寿彝史学研究专著中的民族思想研究。这一时期，白寿彝史

---

❶ 陈振.谈谈白寿彝先生史学思想中的民族平等思想——主编《中国通史》第七卷的一点体会 [J].回族研究，1999（3）.

学研究专著最具代表性的是瞿林东先生的《白寿彝史学的理论风格》一书❶，该书是其撰写的一部论文集。尽管该书不是白寿彝民族思想研究的专题性著作，但是其中所收录的由瞿林东先生独著或合作撰写的八篇论文，不乏对白寿彝民族思想有关问题的深入探讨和精辟论述。这些研究成果，对我们更加深入地理解白寿彝民族思想起着重要作用。该书收录的这些论文主要是:《历史上民族关系的主流是什么》《中国古代史研究的新动向》《通俗性和科学性的统一——评白寿彝主编〈中国通史纲要〉》《史学家的自觉精神——读白寿彝著〈历史教育和史学遗产〉》《关于多卷本〈中国通史〉的编撰工作》《白寿彝先生的史学思想和治学道路》，以及《唯物史观与史学创新——简论白寿彝史学研究的理论风格》等。其中，涉及白寿彝先生关于历史上民族关系的主流思想，中国封建社会分期与散杂居和边疆少数民族的封建化问题，"怎样说明汉族以外其他各少数民族在中国历史发展中的作用"的思想，"讲历史，要全面阐述历史上的民族关系"的思想，关于少数民族史研究的思想，关于"统一的多民族国家"等方面的思想论述，这些对白寿彝民族思想的深入研究，具有重要参考价值。

其次，是白寿彝民族思想研究的期刊论文。这一时期，白寿彝民族思想研究的论文成果主要集中在白寿彝少数民族史学思想的研究、民族史与中国通史之间关系思想的研究、中国史学史思想以及民族思想研究等方面。总体而言，这些研究与前两个阶段，尤其是第二个阶段，在研究内容等方面是基本一致的。这表明，白寿彝民族思想的理论要点是集中明确的，学术界对白寿彝民族思想要点的关注和研究是持续性的。学术界对白寿彝民族思想研究的这种承继性，研究内容上的持续性，彰显出白寿彝民族思想在学理层面和现实应用上的价值。对白寿彝民族思想在学术和现实层面上的研究，反过来促进了白寿彝民族思想研究的可持续性，这是21世纪白寿彝民族思想研究成果丰硕的重要保障。这些研究成果，大致可以从五个方面梳理:第一，在少数民族史学思想方面，在前期研究的基础上，学术界又涌现出一些新成果，表现出一些新特点。例如，这一时期，更加注重白寿彝少数民族史学专著的探讨。如王东平对白寿彝先生有关某个少数民族"通史著作的撰著""历史人物的研究""文献资料的收集、整理与刊布""在解决少数民族史重大问题上的贡献"，以及少数民族史学"治学方法的特点"等方面思想的集中讨论。第二，关于少数民族史学思想的研究。比较有代表性的是

---

❶ 瞿林东.白寿彝史学的理论风格［M］.开封:河南大学出版社,2001.

哈正利的《白寿彝对中国民族史研究的理论贡献》[1]，这篇论文对白寿彝先生有关民族史研究的地位、作用及重要任务，民族史研究的指导思想、民族史研究的原则、民族史研究的方法等方面做了较为全面的研究。第三，关于白寿彝民族史与中国通史之间关系思想的研究。较具代表性的研究成果有：赵梅春的《世纪的丰碑 珍贵的遗产——白寿彝先生与中国通史编纂》[2]及其《建立中国通史编纂学的初步设想》[3]等文章。文章阐述了白寿彝有关中国通史编纂的几个问题，诸如中国历史的范围、疆域，中国历史发展进程及其阶段性特点，以及民族与民族关系等方面的思想。瞿林东的《通史撰述之志与封建社会史论——读〈白寿彝文集〉第一卷》[4]，讨论了白寿彝先生关于民族史在中国通史中的地位、疆域问题，历史分期问题，少数民族封建化以及少数民族在中国历史中的重要作用等方面问题。第四，关于中国民族史学史思想的研究。在这方面，白寿彝先生主张重视中国少数民族史学史的研究，认为没有少数民族史学史的研究，中国史学史是不完整的。瞿林东的《继承白寿彝先生的史学史思想遗产》[5]，周文玖、王记录的《白寿彝的治学经历及其史学史研究》[6]，周文玖的《关于少数民族史学史研究内容的思考》[7]，等等。这些研究成果，最鲜明的特点就是，强调白寿彝先生关于少数民族史学史在中国史学史研究中的重要地位，及其如何推进中国史学史研究等方面的思想。第五，关于民族平等团结思想的研究。在白寿彝民族思想体系中，以民族平等团结为核心的民族平等团结思想占有重要地位，历来受到学术界重视，涌现出较多的研究成果。比较有代表性的论文有：陈其泰、王秀青的《白寿彝主编〈中国通史纲要〉对历史上民族关系的处理》[8]，吴凤霞、荣宁的《怎样看待中国历史上的统一——读白寿彝先生关于"多民族统一"问题的论述》[9]，等等。这些研究，围绕白寿彝先生关于多民族共同创造中国历史这一核心民族观展开，从

---

[1] 哈正利.白寿彝对中国民族史研究的理论贡献 [J].西北第二民族学院学报（哲学社会科学版），2001（4）：59–63.

[2] 赵梅春.世纪的丰碑 珍贵的遗产——白寿彝先生与中国通史编纂 [J].回族研究，2004（2）：62–67.

[3] 赵梅春.建立中国通史编纂学的初步设想 [J].史学理论与史学史学刊，2007（00）：31–47.

[4] 瞿林东.通史撰述之志与封建社会史论——读《白寿彝文集》（第一卷）[M]//史学理论与史学史学刊（2009年卷）.北京：社会科学文献出版社，2009.

[5] 瞿林东.继承白寿彝先生的史学史思想遗产 [J].北京师范大学学报（人文社会科学版），2000（3）：5–13.

[6] 周文玖，王记录.白寿彝的治学经历及其史学史研究 [J].河南大学学报（社会科学版），2002（2）：122–125.

[7] 周文玖.关于少数民族史学史研究内容的思考 [J].民族研究，2009（1）：71–75，109–110.

[8] 陈其泰，王秀青.白寿彝主编《中国通史纲要》对历史上民族关系的处理 [J].回族研究，2005（2）：104–108.

[9] 吴凤霞，荣宁.怎样看待中国历史上的统一——读白寿彝先生关于"多民族统一"问题的论述 [J].云南民族大学学报（哲学社会科学版），2007（3）：80–83.

民族平等、民族团结,中国历史上民族关系的主流,各民族在创造统一的多民族国家的实践过程中不断地共同把中国历史推向前进,以及通过爱国主义思想教育与民族史研究相结合的方式开展民族团结的历史前途教育等思想领域,体现了白寿彝先生"古为今用""历史服务于现实"的治学理念和他强烈的爱国主义感情。如果说,21世纪第一个十年,国内学术界对白寿彝民族平等团结思想的研究成果,主要以期刊论文(其中包含以论文集形式呈现的专著作品)形式呈现的话,那么这一时期国内诸多高等院校学位论文中有关白寿彝民族平等团结思想的研究,则成为该时期白寿彝民族思想研究成果的重要组成部分,这为我们更加全面地审视白寿彝民族思想提供了重要参考。

最后,是关于白寿彝民族思想研究的学位论文成果。在这一时期,尽管目前笔者还没有看到国内关于白寿彝民族思想研究的专题性学位论文,只是看到在有关白寿彝史学思想研究的学位论文中,在一定程度上涉及了白寿彝民族思想问题,但这部分研究成果,对我们系统而全面地研究白寿彝民族思想,也具有一定的参考价值。目前,笔者看到3篇相关学位论文,依次是:郑珺的《从多卷本〈中国通史〉看白寿彝先生的通史思想》❶,该文就白寿彝先生关于"把中国通史写成中国各族人民共同创造的历史"的思想进行了研究,具体内容包括:把民族史置于中国历史中考察,对统一的多民族国家的论述,民族平等思想,强调我国的国土由各族人民共同开发的思想,突出少数民族在生产、科技方面贡献的思想等方面。这些思想,是对白寿彝先生有关各民族共同创造中国历史这一核心思想的具体展开,对我们正确把握白寿彝先生民族观的核心内容具有参考价值。樊庆臣的《白寿彝通史编纂实践及其理论体系初探》❷,该文从中国的历史是各民族共同创造的、中国历史上民族关系的主流以及民族杂居地区的封建化三个方面,阐释了白寿彝先生的民族观。范国强的《试论白寿彝先生对中国古代优良史学传统的继承与发展》❸,以较多的篇幅论述了白寿彝先生的民族史学思想,其中涉及白寿彝先生关于统一的多民族国家,对中国民族关系史学理论的构建与研究,有关少数民族史的研究与贡献等方面的内容。

在21世纪的第一个十年,上述有关白寿彝民族思想的研究成果,无论从数量还是质量上看,都远超前两个阶段,研究成果的类型也更为丰富。这些成果,为21世纪第二个十年的相关研究提供了丰富材料,奠定了坚实基础。

---

❶ 郑珺.从多卷本《中国通史》看白寿彝先生的通史思想 [D].北京:首都师范大学,2000.
❷ 樊庆臣.白寿彝通史编纂实践及其理论体系初探 [D].曲阜:曲阜师范大学,2008.
❸ 范国强.试论白寿彝先生对中国古代优良史学传统的继承与发展 [D].贵阳:贵州师范大学,2008.

四、第四个阶段：2010—2019 年

这一时期，学术界有关白寿彝民族思想研究的成果，在表现形式上与第三个阶段基本是一致的。也就是说，该时期，白寿彝民族思想研究的相关成果，主要表现在专著中的部分论述、期刊论文以及学位论文三个方面。

首先，相关著作中有关白寿彝民族思想的阐释。目前，据笔者看到的相关著作，主要有 4 部：杨怀中先生主编的《仰望高山——白寿彝先生的史学思想与成就》❶，作为一部论文集，其中收录了有关白寿彝民族思想研究的多篇论文，如陈振的《谈谈白寿彝先生史学思想中的民族平等思想——主编〈中国通史〉第七卷的一点体会》❷，陈其泰、王秀青的《白寿彝主编〈中国通史纲要〉对历史上民族关系的处理》❸，汪高鑫的《白寿彝民族史学理论述略》❹，吴凤霞的《民族·民族史·民族史学——论白寿彝先生民族研究的特点和风格》❺。这些文章，分属于第二个阶段和第三个阶段的研究成果，在当时相关刊物已经发表；从内容上看，主要涉及白寿彝先生的少数民族史学思想，民族史学思想，民族史学与中国通史之间的关系，民族思想，以及少数民族史学史思想等方面。瞿林东先生著述的《白寿彝与 20 世纪中国史学》❻，收录了其撰写的有关白寿彝民族思想的 2 篇论文：《通识和器局——纪念白寿彝先生百年诞辰》❼和《略论白寿彝的民族史思想》❽。这 2 篇论文，探讨了白寿彝先生关于"少数民族地区的社会发展是中国历史进程标志之一""民族关系的主流与主体——民族历史作用的重要性"等方面的思想，以及对白寿彝先生的核心民族观、民族史观等方面的研究。此外，还有白至德先生著述的《白寿彝的史学生涯》❾和《彰往知来——父亲白寿彝的九十一年》❿两部著作，其中也涉及了白寿彝民族思想的相关阐述。

其次，相关期刊论文中有关白寿彝民族思想的研究。这一时期，该类研究对

---

❶　杨怀中.仰望高山——白寿彝先生的史学思想与成就［M］.银川：宁夏人民出版社，2011.

❷　陈振.谈谈白寿彝先生史学思想中的民族平等思想——主编《中国通史》第七卷的一点体会［J］.史学史研究，1998（4）.

❸　陈其泰，王秀青.白寿彝主编《中国通史纲要》对历史上民族关系的处理［J］.回族研究，2005（2）：104-108.

❹　汪高鑫.白寿彝民族史学理论述略［J］.回族研究，2005（2）：109-114.

❺　吴凤霞.民族·民族史·民族史学——论白寿彝先生民族研究的特点和风格［J］.回族研究，2006（2）：41-48.

❻　瞿林东.白寿彝与 20 世纪中国史学［M］.北京：高等教育出版社，2012.

❼　瞿林东.通识和器局——纪念白寿彝先生百年诞辰［J］.史学史研究，2009（1）：8-18.

❽　该文原载李金强.世变中的史学［M］.桂林：广西师范大学出版社，2010.

❾　白至德.白寿彝的史学生涯［M］.北京：群言出版社，2016.

❿　白至德.彰往知来——父亲白寿彝的九十一年［M］.北京：中国工人出版社，2008.

前期的研究既有继承又有发展。其中，白寿彝先生的少数民族史学思想、民族史学与中国通史的关系、民族关系史等方面，在前期研究的基础上，有了进一步的研究。与此同时，学术界偶有学者提出"白寿彝学派"的概念。白寿彝民族思想的价值及其现实应用问题，更加受到重视。白寿彝先生有关"历史教学中的爱国主义教育与中华民族大团结"的思想，白寿彝通史编纂理论体系问题，以及"白寿彝先生的马克思主义民族观"提法等，某种程度上成为这一时期学术界研究的新课题。该时期，关于白寿彝少数民族史学思想的研究，主要讨论了白寿彝先生少数民族史学研究在理论、方法等方面取得的突出成果及其对中国少数民族史学研究的卓越贡献。这对于中国少数民族史学研究及民族史学科的发展，具有重要借鉴意义。在白寿彝民族史学思想方面，有李哲的《白寿彝先生关于民族史撰述的理论思考》❶；民族关系史方面，有管祥久、范国强的《白寿彝先生的民族关系史观浅论》❷和范国强、管祥久的《民族·国家·社会——统一的多民族国家视阈下白寿彝先生的民族关系史学理论研究》❸等。这些研究，较之前期，从某种程度上，对白寿彝民族史学思想及其民族关系思想的研究更加系统化。在白寿彝关于中国通史与民族史关系的思想研究方面，樊庆臣的《白寿彝与中国通史编纂》❹，周文玖的《民族、疆域问题与中国通史编纂——论白寿彝主编〈中国通史〉之特色》❺在前期研究的基础上，提出了一些新认识。与此同时，涌现出一些前期研究中尚未涉及的新问题、新成果。例如，邹兆辰在其《"白寿彝学派"学人的理论追求》❻中，提出了"白寿彝学派"的问题；韦泽在《白寿彝论历史教学中的爱国主义教育》❼中，阐发了白寿彝先生有关历史教学在增进民族了解、民族团结和促进爱国主义等方面重要作用的思想；刘惠、柴小君的《白寿彝先生的马克思主义民族观浅议》❽，在前期有关研究的基础上，提出了"白寿彝先生的马克思主义民族观"的表述，这一方面的研究有待于加强。

最后，相关学位论文中涉及的白寿彝民族思想研究。这一时期，涉及白寿彝民族思想的相关学位论文，具有代表性的有两篇：张丽洁的《白寿彝的历史

❶ 李哲.白寿彝先生关于民族史撰述的理论思考［J］.江西教育学院学报，2013（6）：185-188.
❷ 管祥久，范国强.白寿彝先生的民族关系史观浅论［J］.学理论，2010（12）：111-112.
❸ 范国强，管祥久.民族·国家·社会——统一的多民族国家视阈下白寿彝先生的民族关系史学理论研究［J］.青海民族研究，2010（3）：36-39.
❹ 樊庆臣.白寿彝与中国通史编纂［J］.民办教育研究（大众商务·教育版），2010（4）.
❺ 周文玖.民族、疆域问题与中国通史编纂——论白寿彝主编《中国通史》之特色［J］.史学史研究，2018（1）：77-86.
❻ 邹兆辰."白寿彝学派"学人的理论追求［J］.湖北社会科学，2016（10）：94-102.
❼ 韦泽.白寿彝论历史教学中的爱国主义教育［J］.齐鲁学刊，2010（5）：48-51.
❽ 刘惠，柴小君.白寿彝先生的马克思主义民族观浅论［J］.兵团党校学报，2016（3）：41-46.

教育思想及启示❶和张雨露的《白寿彝历史教育思想研究》❷。其中，张丽洁的论文，部分内容是从白寿彝先生的生平经历探讨其民族思想的生成与发展过程。张雨露的文章，则是从"民族史、中国通史、中国史学史相互联系"的角度，提出了民族史、中国通史、中国史学史的研究是白寿彝先生历史教育思想的源泉的观点。这些研究，对我们深入认识白寿彝民族思想的形成与发展问题，提供了参考。

综上，通过梳理白寿彝民族思想研究 40 余年的成果，笔者发现，这些研究呈现出比较明显的特点。

第一，研究内容上较为集中明确。纵观 20 世纪 80 年代至今，有关白寿彝民族思想的研究，我们可以比较清楚地看到，这 40 余年的研究主要集中在五大方面：一是白寿彝少数民族史学思想的研究。白寿彝先生的民族研究生涯是从少数民族史学研究开始的。这或与其自身的民族身份有关，它某种程度上方便了白寿彝先生较早地接触、熟悉并深刻感受本民族的历史文化，为其开展少数民族史学研究提供了便利，为其创造了浓厚的兴趣。这也与白寿彝先生对本民族的热爱，以及通过少数民族史学研究，增进民族了解和各民族团结，以促进国家独立、民族解放和社会主义建设等强烈的爱国情怀紧密相关。二是白寿彝中华民族史学思想的研究。这方面的研究，主要是围绕着白寿彝先生关于各民族共同创造中国历史这一核心思想和撰写多民族中国历史的具体实践展开。在这一核心思想之下，相关内容涉及了汉族这一主要民族的思想，广大少数民族在中国历史发展过程中的地位与作用的思想，中国历史上民族关系的主流思想，中国历史疆域思想等。三是白寿彝民族史与中国通史的关系问题。可以说，摆脱传统意义上的"皇朝史"，撰写一部能够从真正意义上反映多民族实际的中国通史，是白寿彝先生生前的一种夙愿和使命。在中国通史的研究和编纂实践中，少数民族史的研究与中国通史研究之间是一种相辅相成的辩证统一关系。少数民族史的研究为中国通史研究提供了丰富的史实资料，使多民族的中国通史的撰写成为可能；中国通史的编纂，离不开各民族历史的研究，它们共同构成了多民族的中国通史的主体内容，并为更加深入地开展少数民族历史研究，提供了一种更加宽泛的视野和集中统一的思想。四是白寿彝民族平等团结思想的研究。国内学术界围绕着白寿彝先生关于各民族共同创造中国历史这一核心民族观，分别从中国的疆域问题、统一的形式、统一的意识、统一与多民族的关系问题、少数民族的历史贡献问题、民

---

❶ 张丽洁.白寿彝的历史教育思想及启示［D］.苏州：苏州大学，2018.
❷ 张雨露.白寿彝历史教育思想研究［D］.西安：陕西师范大学，2019.

族平等团结问题、中国历史上民族关系的主流问题等方面进行了广泛研究，取得了较为丰硕的研究成果。五是对白寿彝先生中国少数民族史学史思想的研究。学术界围绕中国史学史学科的建构，以及中国史学史离不开少数民族史学史的研究等白寿彝先生诸多史学史思想，开展了较为深入的探讨。

第二，国内学术界对白寿彝民族思想的研究大多是在历史学学科视野下进行的。白寿彝先生是我国著名的史学宗师，其民族思想的研究主要是在史学范围内展开的。这一点不仅表现在白寿彝先生的史学著作及其民族思想研究的各种论述中，还体现在白寿彝民族思想研究的学者队伍的学科背景中。这种现象，既与白寿彝先生民族观的核心思想有关，又同其关于民族史学与中国通史之间关系的思想相关。白寿彝先生民族观的核心思想是各民族共同创造了中国历史。实际上，白寿彝先生有关民族的诸多论断，基本上都是与各民族共同创造中国历史的观点紧密关联。这种密切关联性，是由白寿彝先生关于民族史学与中国通史之间关系的思想决定的。白寿彝先生依据中国几千年的历史事实，雄辩地证明了中国历史是中华人民共和国国土上现有的和曾经有过的民族共同创造的历史。白寿彝先生提出并论证各民族共同创造中国历史的观点，根本上旨在彻底摈弃"皇朝史"观，撰写一部切实反映中国历史实际的多民族的中国通史，从而为中华各民族平等团结、巩固统一的多民族国家，提供坚实的历史依据。

第三，白寿彝先生对我国民族的研究始于少数民族史学的研究，大致止于白寿彝关于中国通史和中国史学史的研究。换句话说，国内学术界关于白寿彝民族思想的研究与白寿彝先生自身的史学思想的形成、发展与演变的整个过程，是基本一致的。如前文所述，白寿彝先生的史学思想开始于少数民族史学的研究，这与白寿彝先生在中华人民共和国成立之前所处的历史背景、少数民族史学在当时中国救亡图存的时代背景下所能够发挥的作用有着密切联系。实际上，少数民族史学是白寿彝先生终其一生的研究领域。中华人民共和国成立以后，尤其是改革开放以来，白寿彝先生的史学研究，开始由少数民族史学向宏观意义上的民族史学领域转变。因为这一时期，白寿彝先生正在思考和酝酿多民族的中国通史的研究工作，而少数民族史学研究在中国通史研究中又占有重要地位。与此同时，在白寿彝先生开展多民族的中国通史研究的过程中，少数民族历史尤其是包括少数民族史学史在内的中国史学史的研究，也成为白寿彝先生重点思考和研究的领域。纵观白寿彝先生史学研究的整个学术历程，我们不难发现：白寿彝史学研究是从少数民族史学研究开始，经历中国少数民族史和多民族的中国通史研究，止于多民族的中国通史和多民族的中国史学史研究。

第四，正是上述研究特点的存在，其中反映出白寿彝民族思想的研究似乎少了一种全面性、系统性和专题性。如前文所述，其一，从白寿彝民族思想研究的总体上看，研究内容主要集中在少数民族史学、少数民族史学史、中国通史研究中的民族部分、民族史与中国通史之间的关系，以及多民族的中国史学史及民族思想等几个方面。纵观白寿彝民族思想的四个研究阶段，相关研究内容似乎各自孤立地被学术界关注着、研究着，缺乏一种贯穿于其中的研究主旨和"线索"。这一主旨和线索，能够将上述研究内容联结起来，实现白寿彝民族思想的系统化研究。其二，由于白寿彝民族思想的研究工作是长期在历史学视野下开展的，这使白寿彝民族思想尚未从其史学思想的大框架下分离出来，这在某种程度上限制了对白寿彝民族思想开展全面而系统的专题性研究。

通过以上分析，本书认为，以白寿彝关于各民族共同创造中国历史这一民族观的核心思想为主轴，将白寿彝民族思想从其史学思想研究的大框架中抽离出来，依据白寿彝民族思想形成的客观逻辑，在马克思主义民族学的视野下，对白寿彝民族思想进行全面而系统的专题性研究，在当前看来，不仅具有重要的学术价值，亦极具现实意义。

第三节　学术价值与现实意义

一、学术价值

某种意义上讲，白寿彝民族思想的学术价值是由其思想体系及其各组成部分的价值决定的。白寿彝民族思想，实际上是以白寿彝先生马克思主义民族观为核心的思想理论体系。这一思想理论体系的主要组成部分，集中在白寿彝少数民族史学思想、中国少数民族史学史思想、多民族的中国通史思想、民族思想以及多民族的中国史学史思想等方面。白寿彝民族思想的各组成部分构成了白寿彝民族思想体系，其学术价值则集中体现在各构成成分之上。也就是说，探讨白寿彝民族思想的学术价值，主要是从白寿彝少数民族史学思想、中国少数民族史学史思想、多民族的中国通史思想、民族平等团结思想，以及多民族的中国史学史思想等方面展开的。

关于少数民族史学思想方面，其学术价值主要体现在四个方面：一是能够从少数民族形成、发展等方面切入，通过较为清晰的时间脉络，建构某个民族历史的完整体系。二是基于某一民族史体系的建构，积极推进少数民族史学作为一个独立学科的形成与建设，促进中国哲学社会科学的发展，确立少数民族史学研究的认知体系。三是以白寿彝少数民族史学研究的理论与方法为指导，推动中国少数民族历史与文化的研究，从而促进整个中国少数民族史的研究，建构包括少数民族史学史在内的中国少数民族史学史学科体系，助力中国史学史的发展。四是开展白寿彝少数民族史学思想研究，有利于中国少数民族特别是某个少数民族通史的研究工作。中国少数民族史学思想是白寿彝民族思想体系的重要组成部分，开展白寿彝民族思想的系统研究，能够为中国少数民族史的研究工作提供参考，不仅有利于中国少数民族史学科的发展，而且有利于我们从各民族共同创造中国历史的角度出发，深入剖析中国少数民族史研究工作的重要性，并通过中国少数民族史的研究深刻认识各少数民族在中国历史发展进程中的重要地位和作用。各民族共同创造中国历史是白寿彝民族观的核心内容，也是白寿彝民族思想体系的主干。

对白寿彝民族思想进行系统研究，有利于我们彻底摒弃中国历史的"皇朝史观"，撰写多民族的中国历史；有助于深刻理解费孝通先生早期提出的"中国多元一体格局"理论；为建构中华民族共同体提供史实依据，为铸牢中华民族共同体意识提供新的探索路径。民族平等团结思想是白寿彝民族思想体系的又一重要组成部分，其中包含着白寿彝先生关于统一与多民族国家、中国历史上民族关系的主流等诸多思想内容。对白寿彝民族思想开展系统研究，有利于正确理解"多民族"的概念、"统一中国"的概念以及"多民族与统一"之间的关系等诸多理论问题，对深入理解自古以来中国就是一个统一的多民族国家提供历史事实；有助于正确理解汉民族在中国历史上的形成与作用。

这本《白寿彝思想研究》，期待或能够成为目前第一部关于白寿彝民族思想的全面而系统的专题性研究著作。通过梳理白寿彝史学思想研究著述，我们发现，关于白寿彝民族史学思想的专题研究，早在 20 世纪 80 年代，国内已有学者开始了这方面的探讨。具体而言，20 世纪 80 年代的研究者，主要有牙含章、李松茂、崔文印等；20 世纪 90 年代，有关这方面研究的学者比前期有所增加，诸如李松茂、吴怀祺、陈振、杨怀中、刘雪英、翁乾麟、薛莹、武尚清、林松、林甘泉、梁向明等；进入 21 世纪，诸如陈其泰、周文玖、瞿林东、哈正利、李松茂、汪高鑫、王东平、吴凤霞、海涛等学者，都有关于白寿彝民族史学思想方面的研究成果问世。近十年以来，如赵骞、杜敦科、刘惠、管祥久、范国强、李哲等人也有相关成果。然而，这些研究，尽管都对白寿彝民族思想从某一方面进行了专门性探讨，但是这些成果基本上是以论文形式呈现的。也就是说，这些研究涉及了白寿彝民族思想的某个或某些方面。尽管，21世纪以来，国内学术界涌现出来一些有关白寿彝史学思想研究的专题著作，如瞿林东《白寿彝史学的理论风格》（2001年）、《白寿彝与20世纪中国史学》、白至德《白寿彝的史学生涯》（2016年）、杨怀中《仰望高山——白寿彝先生的史学思想与成就》（2011年）、赵骞《白寿彝史学研究》❶等，其中不同程度地涉及白寿彝民族思想方面的内容。换言之，对白寿彝民族思想开展全面而系统的整体研究，具有重要学术价值。正是如此，本书尝试将白寿彝民族思想从其史学思想中离析出来，将其民族思想作为一个有着独特研究对象的理论体系进行整体研究。但是，这种全面的系统研究，一方面要把白寿彝民族思想确实建构成为一个独立的思想体系；另一方面在对白寿彝民族思想研究中，又要将其置于白寿彝史学思想的整体框架中予以考察，以便于正确认识和研究。这种全面而系统的研究方式，既是对前人既有研究的继承，也是将白寿彝民族思想研究推上一个新台阶的有效途径。这对于21世纪20年代更加深入发掘、整理、研究和利用白寿彝民族思想，不仅具有重要学术意义，而且有利于充分认识这一思想体系的当代应用价值。

二、现实意义

开展白寿彝民族思想研究有助于从民族起源、形成、构成成分等方面"兜底"中国各民族的历史状况；有利于我们正确理解中国历史上民族关系的主流问题，能够进一步巩固中华人民共和国成立以来形成的平等、团结、互助、和谐的社会主义新型民族关系，铸牢中华民族共同体意识；能够为当前增进民族自信心，推进民族地区及少数民族现代化建设，实现民族地区团结进步繁荣发展的历史任务提供精神动力；能够为坚持和完善包括民族平等团结、民族区域自治等在内的党和国家各项民族政策提供历史依据；有助于建构国民的统一的多民族国家的思想意识，能够为增强民族团结和各民族人民爱国意识，构建和谐民族关系提供史实依据。白寿彝先生的诸多民族思想，对维护民族团结，促进民族发展，增强民族自信心自豪感，不断巩固和加强统一的多民族国家，夯实中华民族共同体及其共同体意识，进而凝心聚力实现中华民族伟大复兴的中国梦等方面，都具有重要价值。

---

❶ 赵骞.白寿彝史学研究[M].郑州：中州古籍出版社，2017.

实际上，对白寿彝民族思想进行系统研究，其学术价值和现实意义在本质上是相统一的。我们进行一项课题研究，总是会基于这项研究的学术意义和实践价值开展。因为课题研究的意义和价值，本质上说的就是课题研究的社会功能性。这种所谓的"社会功能性"，通常讲有两个层面，一个层面就是它的学术价值或理论价值，另一个层面则是其现实意义。无论是学术价值还是现实意义，都是针对当前社会的客观需要而言的。这种客观需要可能是基于社会成员个体性的，也可能是基于社会整体性的，抑或是基于国家战略层面上的。但是，无论在哪个层面上，研究课题终归要对社会有益，对社会上的人有益。在实现中华民族伟大复兴中国梦的历史征程中，白寿彝民族思想从史学的角度，对中国历史上的各民族及其演进过程，对中华民族共同体的形成进行了据于史实的科学探索。这种探索，能够帮助我们深刻认识我国各民族、民族关系以及多民族的中国历史，正确认识统一的多民族国家，将这种认识与当前各民族共同实现中国梦的客观需要紧密结合起来，助力中华民族伟大复兴中国梦的实现。

第四节　研究的理论、方法与材料

一、理论的运用

从理论上看，本书并没有运用国内外任何一种既有理论作为指导，而是将白寿彝先生提出来的关于"各民族共同创造中国历史"的思想，作为一条主旨线索贯穿于研究过程的始终。我们之所以选择白寿彝先生这一思想作为这项研究的主要指导思想或研究线索，而不是选择任何其他理论作为指导，主要是基于两个方面的考虑：一方面，是"各民族共同创造中国历史"的思想可以视为白寿彝民族思想的核心，它集中体现出白寿彝先生的民族观和爱国情怀。另一方面，是白寿彝先生这一民族观能够将白寿彝的少数民族史学思想、中国少数民族史学史思想、多民族与统一的思想、民族平等团结思想，以及多民族的中国史学史思想等诸多思想"板块"贯穿起来，形成白寿彝民族思想的完整体系。基于这两种考虑，本书认为，这种安排方式，既有利于我们正确理解白寿彝民族思想的核心内容，又能够在这一核心思想的指导下，对白寿彝民族思想进行深刻解读，深入发掘白寿彝民族思想对于当前加强民族团结、促进民族发展、铸牢中华民族共同体意识所具有的启发意义。

二、研究方法

任何一种科学研究的方法，都是"撬动"研究课题和解决疑难问题的有效"杠杆"。自然科学是这样，人文社会科学也是如此。目前，学术界关于社会科学研究的方法有很多，但是笔者认为，真正适应本项研究的方法才是好方法，是本书应当采用的研究技能。

在白寿彝民族思想研究中，首先采用的方法是历史文献法。历史文献法的应用，主要是梳理白寿彝先生有关民族的论述，其中包括有关白寿彝民族思想论述的"文集"性著作和国内学术界有关白寿彝民族思想的研究文献等。其中，白寿彝先生关于民族的论述作品和国内学术界关于白寿彝民族思想研究的作品，主要是一部分论文文献。这部分论文文献集中收录在《白寿彝文集》编辑委员会组织编纂的《白寿彝文集》系列丛书中，该系列丛书则是一些专门或片段式收录白寿彝先生有关民族论述的较大部头的著作。对白寿彝先生这些著作的研析，必须要用历史文献法。其次是摘记法。所谓的"摘记法"，具体到本书，主要是对白寿彝民族思想经典论述的摘记，以及对白寿彝民族思想经典论述研究的摘记。这些摘录性笔记，对于建构白寿彝民族思想的理论体系发挥了重要作用。再次是分析与归类法。白寿彝的民族思想或集中在其专题性论文中，或散落在有关史学论述中，抑或收录在白寿彝先生有关文集中，等等。把白寿彝先生的民族思想经典论述摘录出来，形成白寿彝民族思想研究笔记，对这些研究笔记进行分析，找出其中论述的核心思想，基于这些核心思想之间的"同"与"异"，按照某种主旨或主题进行有序归类，形成白寿彝民族思想的"板块"。在此基础上，找出白寿彝民族思想各个"板块"之间的内在逻辑，以便于为开展白寿彝民族思想的深入研究和思想建构奠定坚实基础。最后是综合与建构法。在本书中，所谓综合与建构法，顾名思义，就是对白寿彝民族思想及其各论述"板块"，基于白寿彝先生民族观的核心内容，按照一定的思想逻辑，进行有机综合，在综合的基础上，建构白寿彝民族思想的理论体系。

这些方法，是围绕本书的系统研究而专门设定的。实际上，这些研究方法之间有着内在的逻辑关系，它们构成了一个针对本书的方法论体系。也就是说，历史文献法是基础，摘记是手段，分析与归类是研究过程，综合与建构则是本书的目标。通过这些有效方法的使用，我们希望实现对白寿彝民族思想的综合研究。基于这种综合性研究，我们尝试建构起白寿彝民族思想的理论体系。这一思想体系的建构，不仅需要研究方法，更需要研究材料的支撑。

三、使用的材料

本书使用的材料主要有以下几类：第一类是白寿彝先生有关民族论述的论文文献。这方面的文献又可划分为几种：一是白寿彝先生有关民族史学的专题性论文文献。如《关于中国民族关系史上的几个问题》❶等有关民族关系史的专题研究，《不断开展民族史的理论学习——在中国民族史学会第四次会议上的讲话》❷等有关民族史的专题研究，等等。二是尽管有些著述不是白寿彝先生有关民族的专题性著述文献，但其中涉及了有关民族的些许篇章，如白寿彝的《学步集》❸。尽管这部著作并非白寿彝先生相关民族的专题著作，但其中有些篇章，诸如《论历史上祖国国土问题的处理》《论爱国主义思想教育和少数民族史的结合》《汉族和新疆各族人民的传统友谊》等涉及有关民族的论述。三是还有一些研究文献，既非白寿彝先生民族专题性研究文献，也没有涉及有关民族的篇章，但其中存在部分有关民族的片段甚至语句。这类文献、著作方面，如白寿彝先生的《中国史学史（第一卷）》❹、《中国通史·导论卷》❺、《中国交通史》❻等。论文方面，如白寿彝先生的《关于史学工作的几个问题》❼、《开创史学工作的新局面——在河南师大历史系第七次教学、第十二次科学讨论会上的讲话》❽、《史学工作在教育上的重大意义——北京史学会1982年年会上的讲话》❾等。白寿彝先生的这一种文献，尽管不是专门论述民族方面的问题，但是其中涉及有关民族的片段，从某个方面体现了白寿彝先生的民族思想，它们对白寿彝民族思想的全面而系统的研究也具有重要意义，我们应当将其收入到白寿彝民族思想研究使用的材料中。

第二类是白寿彝先生主编的民族学研究文集或专著。这方面的文献，主要是《白寿彝民族宗教论集》❿，以及少数民族通史和少数民族人物志等。这方面的文献，尽管在数量上不及论文多，收录的篇章也已在相关期刊上发表，但是它们对

---

❶　白寿彝.关于中国民族关系史上的几个问题——在中国民族关系史座谈会上的讲话［J］.北京师范大学学报，1981（6）：1–12.

❷　白寿彝.不断开展民族史的理论学习——在中国民族史学会第四次会议上的讲话［J］.史学史研究，1996（4）.

❸　白寿彝.学步集［M］.北京：生活·读书·新知三联书店，1962.

❹　白寿彝.中国史学史（第一卷）［M］.上海：上海人民出版社，1986：63.

❺　白寿彝.中国通史·导论卷［M］.上海：上海人民出版社，1989：365.

❻　白寿彝.中国交通史［M］.北京：团结出版社，2011：9–10.

❼　白寿彝.关于史学工作的几个问题［J］.社会科学战线，1979（3）：127.

❽　白寿彝.开创史学工作的新局面——在河南师大历史系第七次教学、第十二次科学讨论会上的讲话［J］.河南师大学报（社会科学版），1983（1）：3–12.

❾　白寿彝.史学工作在教育上的重大意义——北京史学会1982年年会上的讲话［J］.历史教学，1982（8）：4.

❿　白寿彝.白寿彝民族宗教论集［M］.北京：北京师范大学出版社，1992.

全面系统地研究白寿彝民族思想而言，都是不可或缺的，是必须收集和参阅的重要文献资料。

第三类文献是国内学者主编的有关白寿彝研究的文集。这方面的文献主要有两种：一种是关于白寿彝民族研究的专题性论文集，最具代表性的是龚书铎先生主编并由河南大学出版社 2008 年出版的《白寿彝文集·民族宗教论集》上下两册。其中，该书上册集中收录了白寿彝先生不同时期撰写的有关"民族与国家""中国少数民族史""中国历史上民族关系史"等方面的文章。尽管，这些文章不少已经在有关期刊上发表，但是无论如何这种文献为集中阅读和研究白寿彝先生的民族思想提供了便利。这类历史文献应当成为白寿彝民族思想研究重点参考的文献。除此之外，另一种论文集应当重视，即龚书铎先生主编的《白寿彝文集》系列的其他作品，如《白寿彝文集·中国史学史论》《白寿彝文集·历史教育·序跋·评论》《白寿彝文集·中国史学史教本初稿·〈史记〉新论·中国史学史（第一册）》以及《白寿彝文集·论中国通史·论中国封建社会》等。这些文集中基本均有关于白寿彝民族论述的片段，亦应当注意收集，作为本书的重要参考资料。

第四类是国内学术界对白寿彝民族思想的研究性文献。目前为止，这类文献，从形式上看，主要有白寿彝史学研究专著、期刊论文、学位论文、有关报纸、会议论文、年鉴文章等。首先是白寿彝民族思想研究的期刊论文数量相对较多。这部分文献，从发表时间上看，时间跨度从 20 世纪 80 年代到 2023 年。这些研究文献，大致又可以分为两种：一种是白寿彝民族思想研究的专题性文献，另一种则是白寿彝民族思想研究的非专题性文献。这两种文献从数量上讲，非专题性文献略多于专题性文献。从研究内容上讲，白寿彝少数民族史学思想研究相对较多，其次是白寿彝关于中国历史上民族关系史学思想的研究文献，白寿彝少数民族史学史思想研究方面的文献亦应当重视。白寿彝史学研究著作中，以论文集形式存在的，应收集其中收录的有关白寿彝民族思想研究的文章。非以论文集形式存在的研究著作，注意收集其中有关对白寿彝民族思想的阐释性片段。目前，尚且没有看到国内有关白寿彝民族思想专题性研究的学位论文。但是，在部分有关白寿彝研究的学位论文中，确有部分片段阐发了白寿彝的民族思想，这部分文献亦应予以收集和整理。还有部分国内报纸、会议论文、年鉴文章等，涉及了白寿彝先生及其史学思想，其中对有关白寿彝民族思想的阐释性文章或段落，也应当成为白寿彝民族思想系统研究的重要参考资料。

白寿彝民族思想研究，从整体上讲，要紧紧把握"要研究什么""为什么要开展这项研究"以及"怎样开展这项研究"等方面的内容。基于此，笔者在绪论部分依次阐述了白寿彝民族思想研究的对象，研究的学术价值和现实意义，开展这项研究所遵循的指导原则、使用的方法和相关材料等。在此基础上，笔者还要总结本书的主要内容和整体架构。

第五节　研究的主要内容和结构框架

一、主要内容

研究对象决定研究内容，研究内容是研究对象的基本范围和具体体现。就本书而言，研究对象是白寿彝先生对中国多民族现象特殊本质的基本认识。这种特殊本质，在某种意义上讲，就是白寿彝先生对中国的多民族现象和统一的多民族国家的基本认知。这一基本认知，从内容上来看，主要包括各民族共同创造中国历史的思想，中国少数民族史学思想，白寿彝民族平等团结思想，民族学与史学之间关系的思想，以及少数民族史学史思想等主要方面。

白寿彝民族思想的核心，也就是白寿彝先生民族观的基本内容是各民族共同创造了中国历史。经过分析发现，白寿彝民族思想的诸多内容，基本上是围绕白寿彝先生关于各民族共同创造中国历史这一基本的民族观展开的。概言之，其中涉及了多民族中国历史的创造主体，多民族共同创造中国历史的实践过程，多民族的中国历史创造过程中的实践调控机制，以及白寿彝先生关于民族学与史学之间关系的思想论述。

二、结构框架

本书的结构框架是由研究对象及其主要内容决定的，与白寿彝先生的民族观紧密关联，基本上是围绕各民族共同创造中国历史这一民族观展开的。把各民族共同创造中国历史作为白寿彝先生的民族观，其基本原因如下：首先是由白寿彝先生爱国主义情感决定的。白寿彝先生是一位具有强烈爱国情感的马克思主义学者。他经历过中华人民共和国成立之前国家的危难遭遇，对以国家富强、民族振兴以及人民幸福等为主要特征的中华民族伟大复兴有着热切的期盼。在白寿彝先生看来，中华民族的复兴离不开各民族之间基于相互理解、平等团结之上的共同奋斗。中华各民族的团结奋斗是以民族平等团结和相互尊重为基本前提的。其次是白寿彝先生在七十多年的史学研究生涯中发现，尽管中国历史上各民族之间在交往交流交融上偶尔出现波动，但这却并不能影响中国历史上民族关系的主流。中国历史上民族关系的主流，实际上是各民族不断把中国历史推向前进，各民族共同创造了中国历史。对于这一点，国内学术界提不出反对的意见，这是符合中国历史事实的。最后是在中国历史数千年的发展过程中，无论是汉族还是各少数民族，都在不同程度上对中国历史作出了贡献。在中国近代史上，在中国共产党的领导下，在反对帝国主义、封建主义和官僚资本主义的民族民主革命斗争中，这已经得到充分证实。基于这种认识，本书以白寿彝先生各民族共同创造中国历史的民族观为主线，进行谋篇布局。

第一章是绪论。这部分主要就本书的基本问题做整体性的阐述。涉及本书的研究对象，国内的研究状况，研究的学术价值和现实意义，开展本书撰写工作的基本原则、方法和使用的材料。在此基础上，详细阐明研究的主要内容和结构框架。

第二章是白寿彝的生平及学术活动。白寿彝民族思想的创造，是在其生平与学术活动中实现的。阐述白寿彝先生的生平及其学术活动，这使白寿彝民族思想具有了历史的维度。在这一部分，本书是从"清末民国时期的白寿彝"和"中华人民共和国成立后的白寿彝"两方面论述的。

第三章则阐述了白寿彝先生学术活动的产物，是对第二章的继承与深入，是对白寿彝先生几十年来在民族学领域比较有代表性的研究成果的集中阐述，旨在为第四至第八章关于白寿彝民族思想的展开做好铺垫。这一章，是从"少数民族史学工作的著述""关于中国历史上民族关系的著述"，以及"关于民族政策等方面的著述"方面展开论述的。

第四章至第八章紧紧抓住了白寿彝民族思想体系中除了少数民族史学思想以外的五个主要方面内容，对其进行了较为全面而系统的阐述。其中，第四章"白寿彝关于各民族共同创造中国历史的思想"是白寿彝民族思想的核心部分，故此将其置于后四章之首。该章主要论述了"各民族共同创造中国历史的提出及其含义""各民族共同创造中国历史的疆域"，以及"各民族共同创造的中国历史的书写范围"等。

第五章是对第四章主旨思想的初步展开。本书认为，各民族共同创造中国历史的过程，实际上就是统一的多民族国家的形成、发展和走向繁荣的过程。本章从五个方面展开论述，即统一的多民族国家的概念、统一形式、多民族与统一的辩证关系、统一意识和统一方向，以及历史上统一的多民族国家的作用与影响。

第六章是在第五章的基础上对第四章内容的进一步展开。重点论述了白寿彝先生关于中国历史上民族关系的思想。本章主要包括五个方面的内容，依次是"历史上民族关系的形成""历史上中国各民族的混合运动""历史上民族的团结""历史上中国各民族反抗压迫的斗争精神"，以及"中原人民和新疆各族人民的交往交流交融"。

第七章和第八章则是在第五章、第六章论述的基础上，分别从汉族这一主要民族和各少数民族两个方面，对各民族共同创造中国历史这一核心思想的论述。其中，第七章主要探讨了白寿彝先生关于汉族的形成、作用等内容。

第八章则是在第七章的基础上，从少数民族的角度集中探讨了白寿彝先生的民族史思想。其中，主要论述了白寿彝先生对"民族史的认知""中国历史上民族史的撰述""民族史研究的价值"以及"如何开展民族史的研究"等方面的内容。

第二章 白寿彝的生平及学术活动

对白寿彝先生生平及其学术历程进行回顾，不仅能够帮助我们更好地把握白寿彝先生的著述成果尤其是其有关民族方面的研究成果，而且对我们深刻认识和理解白寿彝先生的民族思想大有裨益。换言之，白寿彝民族思想是白寿彝先生在中华人民共和国成立前后诸多坎坷经历中形成的，是与白寿彝先生所经历过的不同时期的时代特点紧密关联的。研究白寿彝先生的民族思想，应当将其置于其所处的时代背景下考察。鉴于此，国内学术界对于白寿彝先生的生平和学术活动已有研究。这方面的研究，最具代表性的是白至德先生著述的《彰往知来——父亲白寿彝的九十一年》及其《白寿彝的史学生涯》这两部著作。此外，由瞿林东和龚书铎先生合著的《白寿彝先生的史学思想和治学道路》❶、刘雪英的《白寿彝先生学谱（简编）》❷等文章，也都对白寿彝先生的生平和学术经历做了较为翔实的阐述。本章将基于前人的研究成果，根据白寿彝先生纵跨的清朝末年至民国时期以及中华人民共和国成立后等不同历史时期的现实情况，本书试图将白寿彝先生的生平及其学术活动大致划分为清末民国时期和中华人民共和国时期两大阶段。其中，每一个阶段，又可以依据不同的标准进行细化。如，清末民国时期的白寿彝，可以根据白寿彝先生生活成长的地域空间的转换，进行更为详细的区分。再如，中华人民共和国成立以后的白寿彝学术活动，又可以划分为中华人民共和国成立初期和改革开放以后两个阶段。这种划分，在学术上并非有多么重要的意义，而是考虑到如此安排，既便于阐述白寿彝先生的生平及其学术活动，也有助于读者们更加清晰把握白寿彝先生的成长、生活和学术活动轨迹。

---

❶ 瞿林东，龚书铎.白寿彝先生的史学思想和治学道路 [M]//瞿林东.白寿彝史学的理论风格.开封：河南大学出版社，2001：73-97.

❷ 刘雪英.白寿彝先生学谱（简编）[J].回族研究，1999（3）.

第一节　清末民国时期的白寿彝

一、开封时的白寿彝

清末民国时期，白寿彝先生的生平，统而言之，主要包括出生、家教、求学以及早期学术活动的开展等几个方面。关于白寿彝先生出生方面的内容，其实是比较清晰的。这几乎没有任何的异议。这不仅在白至德先生有关著作中已有明确的表述，而且在有关白寿彝先生的学术名人的介绍中都有提及。具体来说，在清宣统元年，也就是1909年2月19日，白寿彝先生出生在河南开封一户白姓少数民族家庭的大院里。父亲名曰白吉甫，是一位经商人士。母亲叫作钱相云，也是开封人。可以说，白寿彝先生出生在一个经济生活条件相对不错的家庭里。对此，白至德先生曾先后在其《彰往知来——父亲白寿彝的九十一年》（2008年）、《白寿彝的史学生涯》（2016年）等著作中，都有比较明确的交代，他曾这样说：

我的祖父……就相当出色，生意做得很成功。他曾同他的合伙人魏子青、杜秀升在开封和郑州两市开办经营了"开封普临电灯公司"（1910年）、"丰乐园剧场"（1910年）、"郑州明远电灯股份有限公司"（1914年）、"第一百货商场"（1923年）和"丰乐楼饭庄"（1923年）。他在开封城内购置了房产，在乡下购置和典当了土地。这样的家庭算是一个工商业民族资本家的家庭。祖父白吉甫是当时的新兴爱国实业家。❶

白寿彝先生出生在这样一个在当时看来比较富裕的家庭里，这为其个人的茁壮成长、家庭教育以及后来的求学，提供了良好的经济条件，这也在其求学过程中充分地表现出来。白寿彝先生从幼年直至童年，其健康成长自不待说。白寿彝先生的教育问题的确获益于这样一个良好的家庭条件。民国五年（1916年），白寿彝先生刚好7岁。这一年，其父白吉甫给白寿彝请来了当地比较有学问的私塾先生，在家办起了私塾，开始对童年时的白寿彝开展一对一的教学。据白至德先生在《彰往知来——父亲白寿彝的九十一年》一书中记载，白寿彝先生上私塾时的启蒙教师，开始是一位郭姓老师。据说，那时郭老师教授白寿彝先生《三字经》。或许有些人认为，学习《三字经》对白寿彝先生后来的学术成就并没有太

---

❶ 白至德.彰往知来——父亲白寿彝的九十一年［M］.北京：中国工人出版社，2008：5.

大的裨益。然而，事实并非如此。白寿彝先生的成就，客观地讲，应该是学识与人格双重因素熔铸而成的。白寿彝先生通过《三字经》的学习，不仅初步接触了中国传统文化中的哲学、历史、人文、地理等方面的内容，更为重要的是，通过初识《三字经》中的传统国学、基本常识以及历史故事等，多少懂得了其中蕴含的做人处世的道理，这在某种程度上已经在塑造着白寿彝先生崇高的人格素养。当然，单纯地从学习知识的角度看待这位郭姓私塾先生，他的教学对于当时的白寿彝先生而言，似乎并不是足够满意。正是如此，后来其父白吉甫又给白寿彝聘请更换了另外一位私塾先生。这位新聘请的私塾先生姓邓，其具体名讳并不知晓。据有关材料记载，邓先生是开封当地人，具体来说，是现在河南省开封市西南部的祥符区朱仙镇人士。这位邓先生是秀才出身。对于"秀才"的身份，我们并不陌生。它既是有汉以来举荐人才的一种"科目"，在当代又是知识丰富、比较有学问的一类人。这从"秀才"这一术语原本出自"才之秀者"的表述中可见一斑。由此可见，白寿彝先生这位新聘请的邓老师是有学问的，能够给白寿彝先生在学业上带来帮助。相对于前任郭先生讲授《三字经》，邓先生教授白寿彝先生的内容和技能，有了很大的拓展。据白至德先生在《彰往知来——父亲白寿彝的九十一年》一书记载，在内容上，白寿彝跟邓先生学习了"四书""五经"等。在技能上，邓先生教给白寿彝"二读""一诵"技能，即"会读""读好"和"背诵"。所谓"会读"，从中国传统文言文阅读的角度来说，大致是"识得文中字""句读能断开"等方面的能力。"读好"，是基于"识得文中字""句读能断开"而逐渐达到的"读文能顺畅"这一基本要求。而"背诵"，则是在"会读""读好"的基础上，能够脱离开教本而具有的记诵能力，是将传统经典烂熟于心，却不求甚解。尽管如此，这时候的白寿彝，在邓先生的教导之下，已经能够掌握一些中国传统国学经典文本。这一时期，可以说是为白寿彝先生的国学功底打基础的阶段。对于这一点，白至德先生有这样一句话可为佐证：

邓先生的这种教法，使得那时的父亲可真是吃了大苦。但从某种角度来看，这倒反而使父亲在中国古代传统文史素养方面，打下了坚实的基础。❶

这时的白寿彝，在学习范围上已经从儒家的经典逐渐延伸到了其他方面的古代典籍，并且已经能够以文言文的形式独自撰写一些篇幅短小的文章。这既可以说是邓先生教授的功劳，也是童年时的白寿彝自身勤奋并在学业上有所进步的重要表现。童年时的白寿彝，在求学的过程中，究竟有多少位私塾先生教授于他，

---

❶ 白至德.彰往知来——父亲白寿彝的九十一年［M］.北京：中国工人出版社，2008：8.

我们作为旁人自然不得而知。但是，据白至德先生讲述，其父白寿彝似乎对其中的两位私塾先生印象最为深刻。由此可见，在白寿彝先生童年时期的求学生涯中，这两位先生对其影响何其之深。

我们不妨回首看一下，童年时期的白寿彝基本上可以说得到了良好的教育。这为他后来发展成为中国史学界的一棵参天大树开了好头，奠定了良好基础。这基本上是在白寿彝童年时期私塾中完成的。童年时期的白寿彝，之所以能够接受到如此良好的教育，定然离不开诸多条件。一是白寿彝先生童年时期相对优越的家庭条件。这种家庭条件主要来自两个方面：一个方面是相对富裕的家庭经济条件。这使得童年时期的白寿彝一家，有条件聘请当地有学问的教书先生在家中办私塾，进行一对一的教学；另一个方面则是其父白吉甫重视教育的开明思想。这一点可以从白至德先生的讲述中得到求证：

> 学校"养正初等小学堂"就在开封东大寺前院成立，由于校舍和教学设备不足，招收学生也不足100人。民国元年（1912年）更名为"开封私立养正初级小学校"，郭荩臣先生任校长。这所学校虽然离白家很近，并已开办了11年，但祖父还是担心，认为一群孩子在一起学习，又只有一位先生教，怎能教好？为了让父亲从小就能够学到更多的真本事，祖父左思右想，还是决定花大钱请来有学问的先生，在自己的家里开办了私塾。❶

我们从上述引文中会看到，诸如"离白家很近""还是担心""怎能教好""学到更多的真本事""花大钱"以及"开办私塾"等表述，从这些表述中，基本可以得到这样一个简单结论：为了能够把童年时期的白寿彝培养好，白吉甫一家舍弃了邻近的学校，宁愿"花大钱"也要请有学问的私塾先生来教。二是童年时期的白寿彝在学业上勤奋而上进。当私塾邓先生询问白寿彝读书是否辛苦时，白至德先生回顾时这样说：

> 当时邓先生曾问过父亲读书是否很苦？父亲反而笑着说："读时苦，背会了甜，考后先生说好，学生会很快乐！"这样的好学生，当邓先生与他人谈及时，总是赞美有加。❷

童年时期的白寿彝，之所以在求学的早期阶段就已经打下了比较坚实的基础，较大程度上得益于良好的家庭经济条件、个人的勤奋上进以及父母对白寿彝教育的重视和精心培养。白寿彝先生在童年时期的这段私塾教育经历中，究竟有着怎样的收获？抑或说这段经历对后来白寿彝先生逐渐成长为一代史学大师有怎

❶ 白至德.彰往知来——父亲白寿彝的九十一年［M］.北京：中国工人出版社，2008：8.
❷ 白至德.彰往知来——父亲白寿彝的九十一年［M］.北京：中国工人出版社，2008：8.

样的深远影响？对此，白至德先生曾经在其《彰往知来——父亲白寿彝的九十一年》一书中，记载着白寿彝先生曾经讲过的一段话。关于这段话，笔者曾试图努力地从白寿彝先生的著作中，尤其是他的《中国史学史》（第1册）有关《师友之谊》的论述中，找到这段话的最初出处。令人遗憾的是，终究还是没能够如愿。也许，白至德先生的这部著作就是这段话的最初出处。现将白寿彝先生的这段话摘录于此，以帮助大家了解私塾先生对童年时期白寿彝学业方面的影响，以助力探讨白寿彝先生究竟是如何取得如此大的学术成就，成为一代学术大师的。

不同的老师用不同的方法教育了我。在学习打基础的阶段，不论什么样的老师，他们对我的教育都不会没有用处的。对我自己启蒙教育的阶段来说，不同老师肯定有不同的教学观点和风格，这是我的幸事。这更加使我的学习路子宽、思路广，更能多学多得。我从心里深深地感谢我的老师们。❶

随着年龄的增长，白寿彝先生结束了私塾教育，走出了私塾，走向了一条更为宽广的求学之路。这时的白寿彝，想要进入一所由加拿大人创办的教会学校——圣·安德烈教会学校。据说，这所学校是由基督教中华圣公会创办的，是一所四年制的中等学校。通常而言，这所学校不招收普通家庭的孩子。所谓的普通家庭，指的是一般的非基督教信仰者家庭的孩子。很显然，白寿彝先生不是基督教信徒。按理说，他不是这所学校主要的招生对象。尽管如此，白寿彝最终还是进入了这所学校。当然，白寿彝能够进入这所学校，父亲白吉甫除了请人帮忙之外，可能也掏了更多的学费。白寿彝进这所学校学习，主要是为了学习英语。他认为，一旦掌握了英语这一重要的交流工具，就能够阅读更多的英文书籍。这对于扩展视野，学习新知识，了解新鲜事物，具有重要益处。按照学制，白寿彝应该在这所学校学习四年时间。但白寿彝在安德烈中学只学习了两年多时间，就顺利地获得了毕业证书。一方面，是因为白寿彝的勤奋和努力，节省了时间，比一般学生缩短了学习年限；另一方面，可能是由于这所基督教教会学校的校规，对白寿彝这样一个少数民族学生，在某种程度上存在着一些不太适应。但是，最主要的原因，还是白寿彝想要去上海继续读书。这时，白寿彝申请要到上海文治大学继续读书深造。他离开了家乡河南开封，来到了上海。

---

❶ 白至德.彰往知来——父亲白寿彝的九十一年 [M].北京：中国工人出版社，2008：10.

二、上海文治大学求学时的白寿彝

白寿彝申请到上海文治大学读书，主要还是为了学习更多的新鲜知识，接触上海这座大城市的新思想、新思维。实际上，白寿彝离开开封到上海文治大学读书的这一决定是正确的。尽管，上海文治大学是一所私立院校，办学规模较小，但是激发了白寿彝作为一个十几岁少年的强烈的爱国热情。这种爱国热情自然是受到上海文治大学诸多教师们直接或者间接的影响。相关资料显示，白寿彝在上海文治大学读书期间，接触到了许多具有爱国精神的很好的教师，诸如柳亚子、陈去病等诸位革命爱国人士。其中，柳亚子先生，曾加入过民主革命组织同盟会和光复会，创办过革命激进组织"南社"，给孙中山先生当过秘书，是在中国近现代史上颇具影响力的革命家。陈去病先生也是一位具有浓郁爱国情怀的革命家。他常以西汉霍去病强击匈奴的历史为念，因"匈奴未灭，何以家为"而改名"去病"。早年参加革命组织同盟会，主张革命，追随孙中山先生，曾经在辛亥革命和讨伐袁世凯的"护法运动"中作出贡献。柳亚子、陈去病等这些当时上海文治大学的教员，大多是"南社"的成员，对白寿彝早年爱国思想的激发和培养，有着潜移默化的影响。对此，白至德先生在其所著的《白寿彝的史学生涯》一书中，有明确的记载：

这些南社的主要人员又去文治大学作教师，南社的革命思想和爱国精神，无形之中直接或间接地影响着当时的白寿彝……陈去病等老师的学问、文采，当时为他所学，并被他视为学习的榜样。文治大学的学文、治国、理政的意识，激发了刚满16岁的白寿彝一心为强国、为中华振兴而奋进的爱国思想。❶

上海文治大学的这段求学经历对白寿彝的影响，在声援"五卅惨案"的爱国运动中，有鲜明的体现。具体而言，1925年5月30日，上海爆发了"五卅惨案"。这场运动是在中国共产党领导下的群众性的反帝爱国运动，很快席卷了全国各地。声援和支持这场反帝爱国运动的呼声此起彼伏。全国各地踊跃捐款支援这场运动，以自己的实际行动悼念在这场运动中牺牲的同胞。白寿彝积极为这场运动捐款，参加惨案中牺牲的烈士的追悼会，并且积极组织声援队伍，开展反帝爱国斗争，为上海惨案中罹难的同胞伸张正义。此外，白寿彝回到河南开封的家乡，利用自己在家乡的一切便利条件，筹措资金，组织调动家乡的少数民族群众，号召大家有钱出钱，有力出力，共同支援上海人民的反帝爱国运动。此时的白寿彝，还是一位年仅十六七岁的少年，已经亲身感受到了祖国与民族的危难，

---

❶ 白至德.白寿彝的史学生涯［M］.北京：群言出版社，2016：15–16.

拥有了强烈的爱国热情，以及为了国家和民族将这份爱国热情自觉转化为一系列的爱国行为。这种爱国行为，在支援上海人民反帝的爱国运动中表现得淋漓尽致。据记载：

> 白寿彝多次往返于开封与上海之间，积极将反帝风暴延伸到河南、开封，迎合全国反帝高潮。他们组织学生罢课、工人罢工、商人罢市，和全国人民一起狠狠打击了帝国主义和中国买办势力。白寿彝又从自己家里，掏钱累资，同时也号召开封、郑州等城市的回民群众，尤其是民族企业家、商人慷慨解囊，出钱出物，送到上海的学生和工人手里。他们还印刷了宣传册子，书写了标语口号，声援沪案。❶

1924 年 9 月，上海爆发了军阀之间的战争，这就是史书中所称的"江浙战争"。由于这场战争主要是在当时浙江都督卢永祥与江苏都督齐燮元之间展开的，故而"江浙战争"又名"齐卢战争"。但是，实际上，它是袁世凯死后分裂出来的直系军阀与反对直系军阀的军阀势力之间的一场利益之争。"齐卢战争"爆发以后，上海已经成为战争双方争夺和较量的主战场。在这种情况下，上海的学校暂停开课。白寿彝离开了上海文治大学，回到河南开封家中。为了接续学业，白寿彝进入了当时的中州大学，也就是现在的河南大学。

三、奔走于文治大学与中州大学间的白寿彝

在中州大学学习期间，白寿彝先生最大的收获或许就是结识了冯友兰、稽文甫等当时学界前辈，并从他们身上汲取了做学问的宝贵经验。关于白寿彝先生的这段学习经历，学术界或多或少地也有所讲述。目前，笔者能够看到的，相对来说比较早的历史文献，如刘雪英的《白寿彝先生学谱（简编）》。其中的有关阐述相对比较简单，仅有简单的两句话，几行字。大致是说，1926 年这一年，白寿彝 16 岁。由于江浙战争在上海爆发，他不得不离开上海文治大学，返回开封老家，在中州大学继续学习。在中州大学学习期间，他幸运地得到了时任中州大学教员的稽文甫先生的赏识，成为稽先生心目中一个最为优秀的学生之一。其实，在 2008 年白至德先生出版的《彰往知来——父亲白寿彝的九十一年》一书第 18~21 页共 4 页上千字的篇幅中，较为翔实地阐述了中州大学以及白寿彝的学习状况，涉及白寿彝为何离开上海文治大学，如何在家庭及其父母的支持下离开上海，返回河南开封并转学进入中州大学继续学业，以及关于中州大学创办及其

---

❶ 白至德.白寿彝的史学生涯［M］.北京：群言出版社，2016：17.

发展历程等基本情况，尤其是阐述了白寿彝就读中州大学期间幸运地遇到冯友兰先生、嵇文甫先生等，以及与他们的友好交往和学业上的收获等。从这里可以比较清楚地看到，在中州大学学习期间，白寿彝在学术上曾受到冯友兰、嵇文甫等先生的指导。

　　父亲在校学习期间，曾亲受我国著名哲学家冯友兰教授的指导，他是我父亲大学学习期间的导师之一……当年，父亲将自己在上海文治大学写的文章"先秦哲学三大师"呈请嵇先生指教。嵇先生就文章的不当之处，不厌其烦地逐字逐句地向父亲讲解，让父亲豁然开朗，更加清晰了先秦三大师的哲学论意；对于中国先秦诸子古代哲学发展的探讨兴趣也更加浓厚。❶

　　白寿彝先生四年的大学生活可谓是充满坎坷。当上海爆发"江浙战争"的时候，迫于时局的无奈，白寿彝返回开封老家，继续就读于家乡学校河南中州大学，幸运地遇到冯友兰、嵇文甫等先生，在学问上得到他们的指点。然而，由于国内军阀混战以及美、英、法等西方列强的干预，当时河南的局势也是动荡不安。在这种情况下，白寿彝不得不游走在开封与上海之间的求学道路上。他在上海文治大学的学籍依然存在，只是由于上海局势的动荡、学校停课，这才进入中州大学继续学业。所以，当上海局势稍有稳定之后，白寿彝又离开中州大学，返回上海接续学习，而当上海局势告急之时，他又返回中州大学学习。形势向好，又回到文治大学。

　　他自己又实在不愿轻易地离开上海这块"新文化和新思想"的圣地。❷

　　就是这样，为了学业，为了寻求新知识和新思想，拓展新视野，白寿彝大学四年的学习生活就是在这样一种状态之中度过的。尽管求学之路辛苦，白寿彝终究还是坚持了下来。1929年，白寿彝完成了中州大学的学业，获得了学士学位。后来，又经过学校的学业测试，他顺利地拿到了上海文治大学的哲学学士学位。至此，白寿彝先生的四年大学生涯，尽管历尽坎坷，但总算是苦尽甘来，宣布告一段落。笔者阐述白寿彝先生大学四年的这段求学经历，主要是基于两个方面：一是白寿彝先生爱国情感是如何激发出来的。这种爱国思想伴随白寿彝先生学术生涯的始终，极大地影响着他在民族史学领域的探索与耕耘。用他的民族史学研究成果，雄辩地证明了中国历史是各民族共同创造的历史。二是白寿彝先生在学术方面的成长。无论是在上海文治大学，还是在河南中州大学，白寿彝先生都遇有"良师"，诸如陈去病先生、冯友兰先生以及嵇文甫先生等。他们使青少

❶　白至德.彰往知来——父亲白寿彝的九十一年［M］.北京：中国工人出版社，2008：19-20.
❷　白至德.彰往知来——父亲白寿彝的九十一年［M］.北京：中国工人出版社，2008：19-20.

年时期的白寿彝，在学术的道路上茁壮成长。在学术道路上的这种茁壮成长，集中体现在白寿彝先生敢于探索、勇于创新的学术品质上。在1928年4月23日，在当时的上海《民国日报》上，在白寿彝发表的《整理国故介绍欧化的必要和应取的方向》这篇文章中，这种学术上的品质有集中体现。在这篇文章中，基于当时的时代特点，白寿彝先生从中国革命和社会变革的高度，阐释了"整理国故"的必要性。他的基本主张大体如下：中国近代社会革命和变革之所以如此地步履维艰，主要是几千年来的传统文化，尤其是中国封建文化，在时刻束缚着国人的思想和行为。在中国革命和变革的道路上，总是有两种势力在相互纠缠着、制约着。在没有很好地处理好这两种势力之间关系的情况下，中国的革命和社会变革可能很难取得让国人振奋的结果。这两种势力，一个是主张革命的和变革的新思想、新文化，另一个则是阻碍革命和社会变革的旧思想、旧文化。处理这两种势力的一个有效途径就是"整理国故"。正是基于这样一种思考，他指出：

有更远的悠久的历史在背后统治着，积重难返的威权在无形中束缚着……我们想知道我们的思想行动和传统势力的关系吗？我们不能不问我们的旧文化，不能不整理国故。❶

这段话说明了"整理国故"在当时的现实必要性，因为那是革命的需要和社会变革的现实要求。要革命、要变革旧有的不合理社会，必须要有革命的精神和革命的行动。这种革命的精神及其行动，本质上是建立在思想解放的基础之上的。思想的解放，离不开摆脱传统的思想方式及其赖以存在的旧文化。这就使得"整理国故"尤显迫切和必要。那么，仅限于"整理国故"是否就能够达成国人的思想解放？白寿彝先生认为，答案是否定的。所以，在"整理国故"的同时，他提出了"介绍欧化"的必要性问题。他说：

现在我们社会和学术，缺点正多，自己看不出，可以拿欧西的镜子来仔细地照一照。所以，介绍欧化也是一件需要的事。❷

在20世纪20年代的近代中国半殖民地半封建社会中，这犹如一把锐利的匕首，猛烈地刺向了旧中国的顽固势力和封建文化。所以，对白寿彝先生当时这种主张，学术界给予了评价。

他敢于提出"整理国故介绍欧化"的重大问题，又善于指明其中的"必要和

---

❶ 白寿彝.整理国故介绍欧化的必要和应取的方向［M］//龚书铎.白寿彝文集·中国史学论集.开封：河南大学出版社，2008：4.
❷ 白寿彝.整理国故介绍欧化的必要和应取的方向［M］//龚书铎.白寿彝文集·中国史学论集.开封：河南大学出版社，2008：4.

应取的方向"，主张"中西并取"的观点，在 1928 年的旧中国所处的政治、经济和文化的地置上，也是难能可贵的。这与当今所提出的"古为今用，洋为中用，推陈出新"的论述如此的接近而又似乎吻合。这也正是白寿彝此后正确对待文化遗产、总结传统文化，勇于不断创新的重要指导思想。❶

　　白寿彝先生在长达 70 多年的学术生涯中，提出了众多创新性观点，尤其是在民族史学研究领域。他的这种不断追求创新、不断挑战的意识，在其大学期间，已经比较明显地表现出来，并且贯穿于白寿彝先生学术的一生。这为我们在后面章节集中研究白寿彝先生的、具有创造性的学术思想，奠定了基础。

　　白寿彝大学毕业以后，起初是在家乡开封与人合作创办了一杂志，取名为《晨星》。杂志是一个半月刊，设置的栏目主要是文艺方面，确切地说，是与文学等领域有重要关系。后来由于该杂志社的编辑们大多忙碌于各自的事情，办刊的经费也受到一定程度的限制。在这种情况下，《晨星》在开封大约出刊了十二期，就宣告停刊了。后来，经由同当时在北京读书或工作的友人商议后，《晨星》又在北京复刊。《晨星》的这次复刊，并没有存续多久，办了两期之后，再次停刊。毕业后的白寿彝，除了与人合办《晨星》之外，对家乡开封的民俗学一度产生了浓厚的兴趣。他收集整理了诸多散布于开封的民间歌谣，编成一部歌谣集，并于 1929 年由当时的广州国立中山大学民俗学会公开出版，这就是国内白寿彝研究者们看到的《开封歌谣集》。如果说白寿彝先生的《整理国故介绍欧化的必要和应取的方向》表现出了其早年强烈的革命爱国精神的话，那么这部歌谣集则充分反映出白寿彝先生热爱家乡的乡土情结。也就是说，在白寿彝先生思想意识的深层领域，爱国与爱乡是融为一体的。对此，白至德先生在《白寿彝的史学生涯》中说：

　　在《开封歌谣集》中，可以深深感受到白寿彝对故乡的那浓郁醇香而又具民俗趣味的乡村民情的喜爱。❷

　　1929 年 9 月，年仅 20 岁的白寿彝考入了当时的北平燕京大学国学研究所，开启了他又一段学术的寻梦之旅，到燕京大学攻读研究生。

四、求学于燕京大学

　　进入燕京大学后的白寿彝，在学术的道路上又向前进了一步。如果说白寿彝先生在上海文治大学求学期间，逐渐形成了强烈的家国情怀、爱国意识以及勇于

---

❶ 白至德. 白寿彝的史学生涯［M］. 北京：群言出版社，2016：22-23.
❷ 白至德. 白寿彝的史学生涯［M］. 北京：群言出版社，2016：24.

创新的精神的话，那么进入燕京大学的白寿彝在一个更好的学习平台上，接触到了更多更知名的学界大师。他对学术的理解比大学阶段更为深刻，掌握了更多的学术方法。这对白寿彝先生的学术之旅无疑产生了更为深远的影响。这种影响，体现在与当时国内的诸多学界大师有了近距离接触和请教的机会。对此，白寿彝先生曾在其《中国史学史》（第一册）第五章《我的摸索和设想》的"师友之益"中，有过一段回忆他进入燕京大学后，幸遇陈垣、顾颉刚等学界名流的表述：

> 1929 年，我考上了燕京大学国学研究所。这是当时老一辈学者相当集中的地方。陈垣先生、张星烺先生、郭绍虞先生、冯友兰先生、许地山先生、顾颉刚先生、容庚先生、黄子通先生，都在这里。一下子能见到这些前辈，这件事的本身就使我大开眼界。❶

在燕京大学读研期间，白寿彝的研究方向是哲学，导师是黄子通先生。除了有机会接触更多的学术名流之外，白寿彝在燕京大学学习这段时间，对其影响最深的可以说是黄子通先生。黄子通先生的影响主要有几个方面。

第一，使当时年少的白寿彝在学业上更加踏实。这种更加"踏实"是相对于白寿彝年少气盛而言的。这时的白寿彝，似乎还没有感觉到做学问的艰辛。针对这一点，黄子通先生及时给予了警示。这为白寿彝后来能够走上学术道路，在学风上奠定了基础。

第二，使白寿彝从此走上了学术的道路。将来要从事什么职业，是这时候的白寿彝面临的一个似乎是必须要明确的重要问题，而这个问题的提出者，似乎并不是白寿彝本人，也不是白寿彝的家人，而是他的导师黄子通先生。在白寿彝进入燕京大学学习不久，据说黄子通先生第一次见到白寿彝的时候，白寿彝给他留下了一个重要的印象。这一印象，就是白寿彝的"少年气盛"以及由这种年少气盛而在行为举止上表现出来的"趾高气扬"。这两个短语，不仅在白寿彝先生后来的回忆中有过明确的表述，而且在白至德先生回忆父亲的著作中也有使用过，这并非笔者的想象。对于自己学生的这一点印象，黄子通先生很是清楚它对一个专心做学问的人意味着什么。也就是说，如果自己的学生由于年少气盛而在学术上趾高气扬甚至目空一切，这是做不好学问的。因为做好学问本身就不是能够在"敲锣打鼓"的欢天喜地中实现的，这需要有艰辛的付出，有能够吃苦的精神。那么，面对白寿彝这个学生，黄子通先生自然会有一番思考：一个还不懂得学术艰辛、少年气盛的白寿彝是否适合走学术的道路？即使是走上学术的道路，能否

❶ 白寿彝.中国史学史（第一册）[M]//龚书铎.白寿彝文集·中国史学史教本初稿·《史记》新论·中国史学史（第一册）.开封：河南大学出版社，2008：358.

做好学问？对于这样的疑惑，更是为了使白寿彝提早有一个清醒的认识，并能够在思想上坚定下来，行为上更加踏实起来，黄子通先生直接坦率地向白寿彝提出了这样的疑问。这在白寿彝先生《中国史学史》(第一册)"师友之谊"的回忆中有过记载。黄子通先生这样对白寿彝说：

> 你趾高气昂而气甚扬。你想用两三年功夫写一本哲学史，把事情看得太容易。胡适写的《中国哲学史大纲》有不少缺点，你说说他有哪些缺点，你在哪些地方可以胜过他？……你要想研究学问，是要吃苦头的。要不想研究学问，现在还来得及，你可以离开学校，找个事情干干，干个两三年，还可以混个资格，要比这里好。❶

这段话对年少的白寿彝影响可谓甚大。从表面意思上来看，他告诉白寿彝甚至可以说是告诫年少的白寿彝：要立志想要做学问，就要"俯下身子"踏踏实实地去做。就要在学术的道路上，能够吃苦耐劳、"谦虚谨慎"和"戒骄戒躁"，而不能"趾高气扬"，表现出年少不成熟的一面。如果感觉做学问吃不得"这份苦"，就应当提早"另谋他路"，未必比做学问"混得差"。黄子通先生这番话，意在让年少的白寿彝戒骄戒躁、踏实地做学问，做好吃苦的思想准备，并非真的劝白寿彝放弃学业。从某种意义上讲，这不仅体现了一位学术前辈和导师严谨的一面，对自己的学生负责任的一面，更是显示出了黄子通先生的育人智慧和对学生的考验。这对白寿彝后来走上学术道路，成为 20 世纪中国史学界的一位学术大师，具有重要的影响。对此，白寿彝后来回忆道：

> 他们的教导，对我后来研究史学史，是起了打基础的作用的。没有他们的教导，我是不是会作学术工作，就很难说，恐怕更说不上研究史学史了。❷

第三，对白寿彝外语进步有较大的影响。进入燕京大学后，黄子通先生让白寿彝阅读并读懂西方哲学英文版原著。对于白寿彝读不太懂的英文著作，黄子通先生就给他讲授，旨在避免不求甚解。在这个学习过程中，白寿彝在两个方面受益匪浅。一个是促进了白寿彝对于英语等外国语言的重视和学习的积极性。后来，白寿彝还自学了阿拉伯语、日语、俄语等语言，这很大程度上推进了白寿彝在学术上的进步；另一个则是使白寿彝更加深刻地体会到读书首要读懂，不能仅仅停留在字面上，要深入读懂文中作者的思想。这种读书方式，使得白寿彝对读

---

❶ 白寿彝.中国史学史（第一册）[M]//龚书铎.白寿彝文集·中国史学史教本初稿·《史记》新论·中国史学史（第一册）.开封：河南大学出版社，2008：358–359.
❷ 白寿彝.中国史学史（第一册）[M]//龚书铎.白寿彝文集·中国史学史教本初稿·《史记》新论·中国史学史（第一册）.开封：河南大学出版社，2008：359.

书更加有了兴趣。为此，他在回忆中说：

> 从此以后，慢慢懂得了读书不能只在字面上打圈子，还要深入地理解作者的思想。懂得了这一点，读书的味道就跟以前不同了。在先生的指导下，大约经过一年的光景，自己感觉到学业上有显著的进步。❶

在燕京大学学习的几年时间里，可以说，白寿彝先生无论是在学术的视野上，还是学习的方法、技能以及思想认识等方面，都有了较大的提升。这种提升，为白寿彝的学术生涯奠定了坚实的基础。尽管，后来白寿彝先生主要从事史学领域的研究，但是燕京大学哲学专业这几年的学习，使白寿彝看待世界、人以及由人构成的社会的方式发生了变化。这种变化，为他深入认识中国社会、中国历史以及探索更为深广的物质世界，提供了一把"钥匙"。所以，白寿彝先生研究生阶段哲学的学习与其史学研究之间的关系是紧密的。这种紧密关系，也从另一个方面体现出了"文史哲不分家"这样一个传统认知。关于燕京大学这段学习经历及其对白寿彝后来学术研究的影响，白至德先生在《白寿彝的史学生涯》一书中，有过这样一段评价：

> 白寿彝在燕京大学的学习生活虽然只有三年，但对他来讲，学术的功底由此而打牢。由于白寿彝攻读的是哲学史，这倒使他以后对历史学科的深入研究"如虎添翼"，因为哲学是人类认识世界的一门学科，是打开改变人们世界观、人生观大门的一把钥匙。在白寿彝20至23岁这一人生观、世界观日趋形成的重要时刻，他有幸与哲学结缘，更有幸的是他与哲学大师的结缘。大师的耳提面命，是作为学生一生的福气。❷

从这段话中，笔者可以比较清晰而客观地看到，燕京大学学习的经历对白寿彝的学术研究究竟产生了什么影响，这种影响的程度如何。不妨从其中的一些表述中来印证这种影响的深刻性，诸如"学术的功底由此而打牢""对历史学科的深入研究'如虎添翼'""学生一生的福气"，等等。

五、毕业后走向社会

从燕京大学毕业以后，白寿彝走向了社会，从此步入了"社会"这样一个别样的大学堂。走出校园的白寿彝，生活和工作并不那么顺利。白寿彝面临的首先是失业。他很想找到一份适合自己的工作。但是，这在20世纪30年代初的中国

---

❶ 白寿彝.中国史学史（第一册）[M]//龚书铎.白寿彝文集·中国史学史教本初稿·《史记》新论·中国史学史（第一册）.开封：河南大学出版社，2008：359.

❷ 白至德.白寿彝的史学生涯[M].北京：群言出版社，2016：31-32.

社会局势下，显然是有些难度的，这种难度主要是针对个人而言的。也就是说，在当时的中国社会，想要凭借自己的力量寻找到一份满意的工作，实在是不那么容易。但是，面临家庭生活状况的日趋衰落，对白寿彝来说，养家糊口、维持生计是一件再迫切不过的事情了。所以，此时的白寿彝想到了向自己的老师寻求帮助。1933年，顾颉刚先生把白寿彝的一部书稿《朱熹辨伪书语》，经其审阅后推荐给了北京朴社出版。"朴社"是一家书店，起初是在上海设立的。后来，由于前文所述的"江浙战争"的发生，上海朴社便迁至了北京，成为北京朴社。北京朴社起初是由顾颉刚先生主持的。正是在生活困难的情况下，在老师顾颉刚先生的帮助下，白寿彝先生的《朱熹辨伪书语》在北京朴社出版了。书稿出版后收获的稿酬，竟成了此时白寿彝生活窘境中感受到的少有的暖意和慰藉。对此，白至德先生曾这样描述《朱熹辨伪书语》出版后的白寿彝状况，他说：

真没想到，白寿彝研究生时所作《朱熹辨伪书语》一书出版之稿酬，竟成了他步入社会谋生的第一笔收入。当时的白寿彝，内心总是深藏着极度不安，总有难以形容的阵阵苦涩，国家正处困苦衰弱，个人前途也便是更加暗淡无光。❶

很显然，此时白寿彝先生的这种生活状况，是当时的社会时局造成的。白寿彝先生还要在这种窘境中继续生活下去，直至中华人民共和国成立。民国二十四年（1935年），这一年，在白寿彝先生民族史学研究中，是具有纪念意义的一年。在这一年，白寿彝先生开始了他的民族史学研究。确切地说，白寿彝先生发表了他的第一篇少数民族史学研究的论文，是有关民族信仰"辑录"方面的论文。这篇论文发表在由他亲自创办的一份半月刊杂志之1935年第4期上。这篇文章集中讨论了两个方面的问题：一方面是在当时时代背景下，开展少数民族史学研究的重要性，它能够增进各民族彼此之间的了解，以便于各民族团结和共同奋斗；另一方面则是阐述了少数民族史料辑录的范围，涉及了五种类型。这篇文章，开启了白寿彝先生民族史学研究的征程。这一年，白寿彝先生被北平研究院聘为名誉编辑，开始有了一块施展自己的平台。北平研究院创办一刊物，称作《禹贡》，它是一个半月刊。1936年，白寿彝在《禹贡》第11期上发表了相关"从怛逻斯战役说到中国……之最早的华文记录文章"，替顾颉刚先生撰写了《回汉问题和目前应有的工作》。这两篇文章都是少数民族史学方面的内容。1937年，是白寿彝研究成果丰收的一年。这主要体现在：他出版了《中国交通史》这一部著作，在《禹贡》上发表了宋代有关西亚地区阿拉伯国家香料贸易方面文章，在

❶ 白至德.白寿彝的史学生涯［M］.北京：群言出版社，2016：36.

天津《大公报》上发表了代顾颉刚先生撰写的相关民族的文化运动等方面文章，同年还参加顾颉刚先生组织的西北考察团，撰写了《绥宁行纪》和《甘青行纪》考察报告。1938年，华北相继沦陷。不堪为亡国奴的白寿彝先生，携家眷一起，离开老家开封，经武汉中转去昆明，路经桂林作了停留。在桂林期间，白寿彝先生曾在广西桂林成达师范学校担任一段教学工作，这是白寿彝先生从教生涯的开始。成达师范学校是一所私立的宗教类师范学校，最初是在山东济南。1925年，它是由济南少数民族人士马松亭等人发起，当地少数民族群众集资创办的。这所学校主要讲授汉语以及史地等科目。1929年，由济南迁到现在的北京市东城区东四牌楼寺内。这时，学校在教学科目上，增设了文史、教育学、自然科学等。1937年，日本对华发动了全面战争。此时，华北危急，成达师范学校从当时的北平迁至桂林。1939年，白寿彝到达云南昆明，在云南大学主要从事云南少数民族相关的研究工作。此时，白寿彝已经着手系统地搜集有关云南少数民族史学资料。1940年，白寿彝在云南大学中文系担任教员。这份执教一直持续到1942年。在云南大学中文系，白寿彝认识了在学术、思想等领域对其都产生重要影响的楚图南先生。1942年夏季，白寿彝暂时结束了在云南大学为期近三年的执教生活，转到抗战时期迁往重庆的中央大学继续执教。对于白寿彝先生为什么会离开云南大学而到中央大学任教这一问题，白至德先生曾在其《彰往知来——父亲白寿彝的九十一年》一书第四章《正途》之"在云南大学和中央大学任教"一节中，有比较清晰的回答，笔者大致将其归纳为四点原因：

第一，在全国高校中主张团结抗战呼声相对较高，基于抗战和服务抗战的学术氛围浓烈。我们在前文阐述白寿彝先生早年在上海文治大学读书时，就已经展现出强烈的爱国热忱和报国情怀。在当时全民抗战的时代背景下，重庆的中央大学那种浓厚的抗战报国的社会环境和学术研讨氛围对白寿彝先生自然有着强烈的吸引力。

第二，抗战时期，重庆的中央大学在藏书等学术资源及某种程度上远离战火的社会环境等方面，要比其他高校有优势，这无疑对于自燕京大学跟随黄子通先生时就立志于学术研究的白寿彝而言，也更具有诱惑力。

第三，白寿彝先生在少数民族史学方面的研究兴趣也成为他到任重庆中央大学执教的重要因素。

第四，中央大学多次的盛情邀请白寿彝先生前往执教。❶

---

❶ 白至德.彰往知来——父亲白寿彝的九十一年［M］.北京：中国工人出版社，2008：76-83.

实际上，当时白寿彝先生在民国二十六年西迁重庆的国立中央大学执教的时间并不长。他由云南大学到重庆的中央大学执教，在某种意义上，可以说是一种"借调"。也就是说，执教时间达到既定的"借调"期限以后，白寿彝先生还要返回到云南大学。1944年2月，白寿彝先生与当时迁到重庆的中央大学的"借调"约定到期。云南大学邀请白寿彝先生返回云南大学。返回云南大学的白寿彝，开始讲授史学，研究领域也开始向史学史方面转移。在此期间，白寿彝先生出版了一部有关民族信仰方面的著作。严格意义上讲，这是一部少数民族史学著作。白寿彝先生在民族思想研究领域尤其是少数民族史学思想领域继续开拓，并涌现出了一些重要学术成果。1947年年初，白寿彝先生结束了云南大学的执教生活，由昆明转赴苏州，开始了一项新的工作，主要是协助顾颉刚先生从事一些编务工作。随着苏州方面编务工作的结束，白寿彝离开苏州，来到南京中央大学重新任教。这时的中央大学已经从重庆迁回了南京。1948年，白寿彝先生又取得了一些新的研究成果。诸如，出版了相关中国民族信仰方面的资料汇编，点校了清代少数民族学者刘智的《天方典礼择要解》，发表了《纯正篇义证》等。1949年，随着中国人民解放军解放进程的加快，南京市军管会接管了南京。这一年7月，白寿彝先生受到邀请，到北京出席全国教育工作者会议。这次会议，是中华人民共和国成立之前的一次教育工作筹备会议。这一年，白寿彝先生基本上结束了1939—1949年这10年间的艰苦的奋斗岁月，迎来了中华人民共和国的诞生，也迎来了白寿彝先生学术的春天。1949年，白寿彝先生接受了北京师范大学的聘请，开始执教于该校历史系。从此刻起，白寿彝先生的学术生命，就如同中国历史一样，掀开了崭新的一页，向着一种辉煌灿烂的历史篇章奋勇前进。

第二节　中华人民共和国成立后的白寿彝

一、中华人民共和国成立初期的白寿彝

中华人民共和国成立后，白寿彝先生的活动大致可以归为三类，即在北京师范大学的教学活动、科研学术活动，以及参加党和国家以及社会团体尤其是学术团体的社会活动。1949年10月1日这一天，白寿彝先生获邀请，参加中华人民共和国开国大典仪式，同党和国家领导人一起，登上了天安门城楼，亲身经历了中华人民共和国的成立，亲眼见证了中国各族人民经过一百多年的前仆后继、

艰苦卓绝的革命斗争，从此站起来了，开始屹立于世界民族之林。这一年，白寿彝先生年仅 40 岁。1950 年，白寿彝先生便满腔热情地投入到人民的教育事业中，为党和国家培养更多合格的新中国建设者和党的事业的接班人。这一年，他发表了《对于大学历史课程和历史教学的一些实感》一文。这篇文章最初发表在1950 年 6 月 7 日的《光明日报》上，后来先后被收入到白寿彝先生著述、1983年河南人民出版社出版的《历史教育和史学遗产》，以及 1994 年北京师范大学出版社出版的《白寿彝史学论集》上册书中。在这篇文章中，白寿彝先生阐述了历史教学中的一个重要问题，即中国通史的课程及其教学问题。具体而言，中国通史这门课程，在历史教学中，应当占有相对更为重要的地位；重视中国通史与世界通史之间的结合问题；历史教学工作者要从历史课程向历史教学转变，注重历史课程的集体教学，提倡学生质疑、批判、提意见，谈及了助教制度在历史教学中的作用。更为重要的是，白寿彝先生在文中着重指出以下几点：中国通史课程，不能够讲成汉族史；切实避免讲中国通史就只讲汉族史，只涉及汉族史的内容。这种中国通史的讲授方式，在无形之中可能会滋长大民族主义，不利于民族平等和团结，也不符合中国历史的真相；在历史系课程里，必须重视中国少数民族史的讲授，必须重视少数民族史的研究；这样中国通史的内容才会逐渐丰富起来、充实起来。白寿彝先生在教学过程中，把历史教学、学生培养与民族团结和国家统一结合起来，表现出了其强烈的关心国家教育的爱国情怀和教育教学的宽广视野。

1951 年，对白寿彝先生来说，注定是不平凡的一年。这种不平凡性，集中表现在几个方面：从党和国家层面来讲，白寿彝先生应邀参加了中国共产党成立三十周年庆祝大会；从工作单位的行政工作上讲，白寿彝先生被北京师范大学任命为该校历史系主任，承担起了北京师范大学历史系教学与科研的管理工作；在学术团体方面，白寿彝先生被推举为这一年新成立的中国史学会常务理事，有了更为广阔的学术交流平台；更为重要的是，白寿彝先生的《论历史上祖国国土问题的处理》一文刊登在 1951 年 5 月 5 日的《光明日报》上。这是一篇颇为重要的文章。这篇文章，基本上是围绕民族平等和团结这样一个宗旨展开论述的。文章解决了中国历史书写中的疆域问题。长期以来，中国部分史学工作者及其撰写的中国史书，往往被困于皇朝疆域的圈子里不能自拔，把中国历史写成皇朝史，尤其是诸如秦汉、隋唐、元、明、清等这样一些大一统皇朝的历史。这种皇朝史的撰述方式，在很大程度上，把皇朝疆域以外的少数民族先民活动的历史，排除在皇朝史之外。这不能反映皇朝疆域以外各边疆少数民族先民们的历史活动，以及他们在中国历史创造过程中的贡献。显然，这是不符合中国历史实际的。所以，在这篇文章中，白寿彝先生主张以中华人民共和国的疆域，取代传统意义上的"皇朝疆域"，作为中国历史书写的国土范围。这样一种国土疆域的处理方式，能够把中华人民共和国疆域内的各民族都涵盖进来。此外，白寿彝先生的几篇带有强烈爱国思想的文章相继在《光明日报》上发表出来。例如，《论爱国主义思想教育和少数民族史的结合》发表在 1951 年 3 月 23 日《光明日报》的《历史教学》半月刊上，《开展历史教学中的爱国主义思想教育》发表于 1951 年 4 月 7 日《光明日报》上，《论关于少数民族历史和社会情况的宣传及学习》一文则发表在 1951 年 9 月 26 日《光明日报》之上。

1953 年 5 月，中国少数民族群众性的文化社团组织——中国回民文化协进会在北京成立。白寿彝先生当选为该协会的副主任。该组织旨在在党和政府的领导下，依照《中国人民政治协商会议共同纲领》的规定，主要从事两项工作：一项是协助党和政府在少数民族群众中贯彻国家的民族政策，积极开展爱国思想教育，增强少数民族群众的爱国意识和社会主义优越性教育。另一项工作则是积极发掘少数民族文化，调查和研究少数民族历史，进行少数民族历史文化教育，宣传少数民族在中国历史上的贡献，增强民族自豪感和自信心，增进民族了解、交往和团结。这在当时促进了民族团结以及党和国家民族政策的落实。在该组织成立大会上，白寿彝先生致大会开幕词。在开幕词中，白寿彝先生祝贺会议的胜利召开，阐述了全国各族人民迎来一个崭新的时代是与中国共产党和毛泽东主席的领导分不开的；指出没有中国共产党的领导和关怀，少数民族人民就没有今天的美好生活。中国民族文化协进会的成立，就是要巩固各族人民的大团结，共同建设美好家园，促进少数民族群众逐渐摆脱贫困落后的面貌，过上幸福美好的生活。1958 年，该组织的工作任务宣告结束。

1954 年，白寿彝先生与王毓铨先生合著的《说秦汉到明末官手工业和封建制度的关系》一文，在《历史研究》1954 年第 5 期（第 63-98 页）发表。次年，他的另一篇有关封建社会生产关系研究的文章《明代矿业的发展》在《北京师范大学学报》（社会科学版）1956 年第 1 期（第 95-129 页）发表。1956 年，白寿彝先生成功加入中国共产党。这一年，他应邀参加在北京召开的全国科学规划委员会扩大会议。会议研究制定了中国科学技术发展的远景规划等一系列问题。在这次会议上，白寿彝先生参与了历史学科发展规划的草拟工作。

白寿彝先生一直关心国家的历史教育和教学事业。在这方面他撰写和发表了一些具有较高质量的学术论文。1959 年，白寿彝先生的《历史教学上的古与今》

一文在《红旗》1959年第11期发表。这篇文章收录在由生活·读书·新知三联书店1962年出版的《学步集》中。他的另一篇文章《刘知几的进步的史学思想》，刊登在《北京师范大学学报》（社会科学版）1959年第5期（第49-72页）上。需要指出的是，白寿彝先生的《元代马端临进步的史学思想》这篇文章最初的公开发表也是在这一年。1959年，侯外庐等主编的《中国思想通史》第四卷（下）由人民出版社出版，《元代马端临进步的史学思想》一文即被收入在该书中。也就是说，这篇文章的最初发表时间，应该是1959年，而不是相关研究中所说的1960年。后来，此文更题名为《马端临的史学思想》，又被收录在《学步集》一书（第210-252页）中。然而，《学步集》一书，在该文收录的尾页，特设有一附注。该附注说，此文"原载《中国思想通史》第四卷下册人民出版社一九六〇年版"。此书的出版时间应该是1959年。

进入20世纪60年代，除了在少数民族史学方面的研究成果外，1961年，白寿彝先生在历史系教师的教学、学生的学习，以及历史学科的发展和史学遗产等方面，都进行一番思考，发表出了一些成果。例如，1961年在《江汉学报》第5期（第1-7页）上发表的《关于历史学习的几个问题——十月二十三日对武汉各高等学校历史系师生的讲话》。这篇文章经删减后，又刊登在1962年1月3日的《光明日报》上，后又分别收录在《历史教育和史学遗产》（1983年）、《白寿彝史学论集》（上），以及由龚书铎先生主编的《白寿彝文集·历史教育·序跋·评论》❶中，题名更改为《关于历史学习的三个问题》。又如，最初刊载于《红旗》（半月刊）1961年第18期上的《历史学科基本训练有关的几个问题》。再如，《谈史学遗产》。该文最初发表在1961年4月号的《新建设》上，后又先后收录在1962年出版的《学步集》、1983年由河南人民出版社出版的《历史教育和史学遗产》、北京师范大学出版社1994年出版的《白寿彝史学论集》（上册），以及中华书局1999年出版的《中国史学史论集》等著作中。次年，上文提到的《学步集》出版。谈及这部著作的价值，白寿彝先生在1978年3月19日，在为该书撰写的《再版题记》中这样说：

> 我回顾十六年前的旧作，确切感到自己应该更努力地学习、更努力地工作，和同志们一起，把我们的历史科学提高到一个新的水平，要同我国发展的总形势相称，要为实现四个现代化贡献出历史工作者应起到的作用。❷

从这段话中看出，白寿彝先生把历史科学的教学与研究工作与中国社会主义

---

❶ 书铎.白寿彝文集·历史教育·序跋·评论［M］.开封：河南大学出版社，2008.
❷ 白寿彝.再版题记［M］//白寿彝.学步集.北京：生活·读书·新知三联书店，1962：1.

现代化建设紧密结合起来。实现这种紧密结合，一方面，要提高历史科学的水平，使历史科学能够与中国社会主义现代化的新形势和新要求紧密衔接。另一方面，就是要使历史科学的教学与研究工作紧跟国家建设发展的步伐，使历史科学工作者在现代化建设中发挥其应有的作用。这种作用，集中体现在，既要为现代化建设培养相关方面的优秀人才，又要为现代化建设提供历史经验方面的参考知识。这种把历史的教育与科研工作与整个国家的发展战略和时代要求结合起来的思想，不仅体现出历史科学的社会应用价值，也充分表现出白寿彝先生经世致用思想和爱国情怀。

1964 年，白寿彝先生的《中国史学史教本》上册作为一部内部教学使用材料，由北京师范大学印刷问世。该教本材料当时只是作为内部教学用书，并没有正式出版。后来，这份《中国史学史教本》资料是以两种形式出版的。一种形式是将此教本题名更改为《中国史学史教本初稿》，作为其中的一部分收录在由北京师范大学出版社 1994 年出版的《白寿彝史学论集》下册一书中。另一种形式则是将此教本原稿中的一部分章节拿出来，收录在《中国史学史论集》中，该书在 1999 年由中华书局出版。此外，这一年，白寿彝先生还发表了《中国史学史研究任务的商榷》一文。这篇文章最初是发表在 1964 年 2 月 29 日的《人民日报》上。文章重点阐释了两个核心观点：

第一，中国史学史的研究，首先是要阐明我国史学发展的规律。

第二，要正确地承担起中国史学史的研究任务，需要占有丰富的资料，又需要有较高的理论水平，还需要二者的密切结合。

1965 年，白寿彝先生应邀参加在巴基斯坦举行的国际历史家学会。次年，白寿彝先生的学术生活，进入了另一种状态。

二、改革开放以后的白寿彝

1977 年 6 月，白寿彝先生在中国历史博物馆作了题名为《关于中国封建社会的几个问题》的学术报告。该报告主要涉及三个重要问题：第一，关于"中国历史上的国土问题"，也就是国内学术界所常说的中国历史书写的疆域范围问题。第二，"中国封建社会发展阶段"即历史分期问题。这是事关中国通史撰写的第二个重要问题。第三，多民族中国历史上出现的统一与危害统一等方面的问题。在白寿彝先生看来，这三个问题是中国通史撰写需要首先解决的问题。对于第一个问题，白寿彝先生认为："这个问题是个比较尖锐的问题，是科学上的问题，但不只是科学上的问题，还是一个政治上的问题。"**❶** 对此，白寿彝先生的主张是：放弃历代皇朝疆域的思想，以中华人民共和国的疆域为准，这更符合新中国当时的时代要求。

1978 年 9 月，白寿彝先生在《中国建设》上发表了《"儒法斗争"的虚构》一文。对此，白寿彝先生在文章开篇就开门见山地指出：

利用中国历史上曾经存在过的儒法斗争，虚构了大量的谎言……在这里我们想谈谈中国历史上儒法斗争的真相。**❷**

文章从"历史上的儒法斗争""历史上儒法关系的变化""对法家的美化""所谓'复辟反复辟斗争'"等几个方面，深刻揭露对"儒法斗争"的虚构，以及这种虚构背后的某种图谋。

这一年，白寿彝先生在《北京师范大学学报》（社会科学版）1978 年第 6 期（第 16–20 页）上发表了《中国历史的年代：一百七十万年和三千六百年》一文。在这篇文章中，白寿彝先生提出了两个重要时间，即一百七十万年和三千六百年。其中，大约一百七十万年这个时间是"现在所知中国历史上最早的年代"，这是有"中国远古遗存中所见最早的人类"——元谋猿人作为考古学依据的。大约三千六百年，是"现在所知有文献的历史逐步展开的年代"。

次年，北京师范大学历史系进行课程改革。白寿彝先生在主持课程改革的过程中，发表了几篇文章。首先要提及的是 1978 年 10 月 12 日白寿彝先生在吉林长春对历史教学与研究工作者所作的一次演讲。该演讲，经过整理形成了一份演讲记录稿，后来命名为《关于史学工作的几个问题》，于 1979 年在《社会科学战线》第 3 期上发表。这篇文章又先后收录在《历史教育和史学研究》**❸**、《历史研究的理论和方法》**❹**、《白寿彝史学论集（上）》**❺**及《中国史学史论集》**❻**中。其中，《关于史学工作的几个问题》一文收入到《历史研究的理论和方法》一书时，标题更为《谈谈史学研究的学风问题》。在该文中，白寿彝先生谈三个"问题"，即"学风问题""理论问题"和"组织问题"。其中学风问题，阐述了"才""学""识"和"德"四个方面。理论问题是从"中外关系""民族关系""历史上的阶级关

---

❶ 白寿彝.关于中国封建社会的几个问题 [M]//龚书铎.白寿彝文集·论中国通史·论中国封建社会史.开封：河南大学出版社，2008：193.

❷ 白寿彝."儒法斗争"的虚构 [M]//龚书铎.白寿彝文集·论中国通史·论中国封建社会史.开封：河南大学出版社，2008：315.

❸ 白寿彝.历史教育和史学研究 [M].郑州：河南人民出版社，1983.

❹ 白寿彝.历史研究的理论和方法 [M].北京：红旗出版社，1983.

❺ 白寿彝.白寿彝史学论集（上）[M].北京：北京师范大学出版社，1994.

❻ 白寿彝.中国史学史论集 [M].北京：中华书局，1999.

系"等方面展开探讨的。至于组织问题，白寿彝先生重点提出了两个方面：第一个方面提出"组织起来"，即"在党的领导下，把全国的和各地区的史学工作者组织起来，进行协作"❶。第二个方面则是提出规划问题。对此，白寿彝先生谈了四点建议：

第一，在材料方面得有个计划，要出些材料性的书。

第二，要整理古籍。

第三，要有系统、有组织地搞一套《外国史学名著丛书》。

第四，有计划地出版新的著作，逐步出版《中国历史丛书》《中国民族史丛书》《中外关系丛书》《国别史丛书》等。❷

白寿彝先生的主张对中国历史研究工作系统而长远的规划有一定影响。这种规划，既考虑到当前一些材料收集等方面的基础性工作，也为中国史学的长期发展做了谋划。这充分体现出白寿彝先生对国家历史教学与科研事业的热爱和关注。尽管，中国史学的规划工作已经做出，但是白寿彝先生对此始终有自己的思考。在他看来，上述史学规划工作能够完成，需要艰辛的努力，不是一件轻松就能够完成的事情。所以，在这篇文章的结尾，白寿彝先生赘述了这样一句话：

这几个问题都是很艰巨的，都是长期的工作，但是我们必须开步走。❸

不仅如此，1979年3月《史学史资料》第1期上刊载了白寿彝先生的另一篇文章《中国史学的童年》。这篇文章又发表在同年《北京师范大学学报》（社会科学版）第4期上。该文是白寿彝先生于1978年12月23日在北京六所高校的历史系联合组织的学术讲座上的演讲稿，后经由陈其泰、赖长扬先生记录，王酉梅整理而成。在这篇文章中，白寿彝先生主要探讨的是中国史学史有关问题。首先，他开篇就指出中国史学史是一门学科。尽管，这门学科在当时还没有确立起来，无疑这需要史学工作者做出更多的努力。既然中国史学史是一门学科，那么就应该有其相对明确的研究任务。对此，白寿彝先生阐述了中国史学史这门学科具体要研究的内容：

第一，要研究历史的观点、历史理论的发展。

第二，要研究中国史料学的发展。

---

❶ 白寿彝.关于史学工作的几个问题［M］//龚书铎.白寿彝文集·历史教育·序跋·评论.开封：河南大学出版社，2008：192–193.

❷ 白寿彝.关于史学工作的几个问题［M］//龚书铎.白寿彝文集·历史教育·序跋·评论.开封：河南大学出版社，2008：192–193.

❸ 白寿彝.关于史学工作的几个问题［M］//龚书铎.白寿彝文集·历史教育·序跋·评论.开封：河南大学出版社，2008：193.

第三，要研究历史编纂学的发展。

第四，要研究历史文学的发展。对此，他认为，历史工作者最大的任务是写历史，要把历史过程写得准确、鲜明、生动，群众爱看，这就必须研究历史文学的发展。

第五，要研究史学发展与社会发展的关系。❶

1980年，白寿彝先生的《中国通史纲要》一书，由上海人民出版社出版。该书是由白寿彝先生担任主编，杨钊、方龄贵、龚书铎、朱仲玉四位同志任副主编。共设置10章，即"叙论""远古的遗存""古老的神话和传说""商周奴隶制国家""东周初年和春秋战国时期：奴隶制向封建制过渡""秦汉时期：封建社会的成长""三国两晋南北朝隋唐时期：封建社会的发展""五代宋元时期：封建社会的继续发展""明清时期：封建社会的衰老"，以及"半殖民地半封建社会：旧民主主义革命"等。这部中国通史大致有三个鲜明特点：第一，该书是在马克思主义理论指导下撰写的。可以说，这是一部马克思主义史学著作。白寿彝先生在该书《题记》中说：

我们在努力学习运用马克思主义基本理论的基础上，探索中国历史发展的进程及其特点。我们究竟能在多大程度上作到这一点，这有待于读者的论定。

白寿彝先生对马克思主义理论的运用，首先，体现在该书遵循了马克思主义唯物史观社会形态演变规律及其更替和社会进步理论。其次，表现在人类社会发展演变过程中，任何一种社会形态都有其产生、成长、发展和消亡的过程。中国封建社会经由"奴隶制向封建制过渡""成长""发展""继续发展"直至"衰老"的过程，充分证明了人类社会形态发展演变的这种规律性。第二，重视少数民族历史的研究。诸如"十六国""南北朝"中的"北朝""五代十国""辽夏金"等，不仅单独设置章节，而且给予了较大的篇幅予以阐述。第三，把民族关系尤其是民族杂居地区和边疆民族地区的封建化，作为中国封建社会发展和中国社会整体进步的重要标志。相对而言，这三个特点，在白寿彝的中国通史著作中表现得尤为突出。这充分反映出白寿彝先生民族平等团结的思想，以及各民族共同创造中国历史的民族观。白寿彝先生的这一撰述理念，在这一年11月中旬到12月上旬召开的多卷本《中国通史》导论卷的有关撰写宗旨中，有着清晰而明确的阐述。

1981年，对于白寿彝先生来说，在学术上又是丰收的一年。该年8月，《〈史记〉新论》由求实出版社出版，《谈史学遗产答客问》（之一、二、三及四）分别

---

❶ 白寿彝.中国史学的童年［J］.史学史资料，1979（1）.

在该年《史学史研究》第 1、2、3 和 4 期发表,《关于中国民族关系史上的几个问题——在中国民族关系史座谈会上的讲话》刊登在《北京师范大学学报》1981年第 6 期(第 1—12 页)。其中,关于《〈史记〉新论》一书的学术贡献和价值,求实出版社在 1980 年 11 月的《出版说明》中说:

我国著名的历史学家白寿彝教授曾于一九六三年五六月间,给中共中央高级党校理论班学员讲课,对司马迁编著《史记》的宗旨、历史背景、写作方法以及《史记》在我国史学史上的重要地位与贡献,作了较系统的论述,并提出了一些有启发性的见解。❶

从内容上,该书涉及六个方面,即"《史记》写作的历史背景""穷天人之际""通古今之变""成一家之言""寓论断于序事",以及"空前的巨著,优秀的楷模"。《谈史学遗产答客问》之一,探讨了关于《谈史学遗产》这份研究成果。《谈史学遗产答客问》之二,谈的是历史文献学。《谈史学遗产答客问》之三,谈论的是史书的编撰问题。《谈史学遗产答客问》之四,则是就历史文学开展的讨论。这四篇"答客问",分别从不同方面,探讨了史学史的一些具体问题,对史学研究及中国史学史学科的发展,具有启发意义,而对于《关于中国民族关系史上的几个问题——在中国民族关系史座谈会上的讲话》这篇文章,涉及本书研究的主要内容,将会在本书第三章具体探讨。

1982 年,白寿彝先生在《史学月刊》1982 年第 1 期上刊登了《六十年来中国史学的发展》一文。这是一篇关于中国史学研究的总结性文章。文章对中国共产党成立 60 年以来(1921—1981 年)史学领域的研究状况做了回顾。具体而言,文章把这 60 年来的史学研究,以中华人民共和国成立为界,大致划分为两个阶段,即 1921—1949 年这 28 年的史学研究情况,以及 1949—1981 年这 32 年的史学研究。之所以回顾这 60 年的史学研究状况,白寿彝先生认为,在这段时间内,中国史学研究呈现出如下特点:此间的中国史学既是在中国共产党直接领导下或影响下开展的研究,也是在马克思主义史学理论的指导下取得的研究成果。这段时期的中国史学,相比较而言,"有了很大的发展"。所以,他认为:

回顾这 60 年史学领域的经历来纪念党的成立,是很有现实意义的。❷

白寿彝先生一贯重视史学工作在培养学生的爱国主义思想情感中的重要作用。同年 3 月,白寿彝先生于 1981 年 10 月 14 日在武汉师范学院的讲话稿——

❶ 白寿彝.《史记》新论 [M].北京:求实出版社,1981.
❷ 白寿彝.六十年来中国史学的发展 [J].史学月刊,1982(1).

《关于史学工作在教育上的作用和史学遗产的整理》❶一文,在《武汉师范学院学报》(哲学社会科学版)1982年第1期(第1-8页)上发表。这篇文章,集中谈了两个问题,一个是学历史的功用问题,即"学历史有什么用"。另一个是史学遗产问题,确切地说,就是要重视中国史学遗产的问题。另外,白寿彝先生还谈到了史学研究的文字表述问题,即"历史文字的表达"问题。该文探讨的这几个问题,都是当时中国史学研究中的现实问题。同年3月,在《史学史研究》1982年第1期还发表了一篇泉州相关民族信仰方面石刻之"序言"文章。这是该年白寿彝先生发表的一篇重要的少数民族史学方面的论文。继1981年《谈史学遗产答客问》之后,该年7月白寿彝先生"再谈历史文献学",并于12月以《关于历史文献学问题答客问》题名发表在当时《文献》1982年第4期(第12-23页)上。后来,该文更名为《再谈历史文献学》,分别收录在《历史教育和史学遗产》❷、《白寿彝史学论集(上)》和《中国史学史论集》中。第二年,白寿彝先生主编的《史学概论》于1983年7月由宁夏人民出版社出版。

在20世纪50年代,撰写一部"史学概论"相关著作,很有必要性。这一点白寿彝先生在该书《题记》中有明确的阐述:

在五十年代,同志们在一起谈天,提起史学概论来,都认为应该在马克思主义基本原理指导下,写这么一本书;同时也认为,在高等学校历史系应该开设这门课程。❸

然而,史学概论究竟如何撰写,换句话说,史学概论究竟应该写些什么,大家当时并不是那么清楚。然而,在1981年,白寿彝先生应《史学史研究》约稿,作为当时的一份季刊,每年向《史学史研究》杂志供稿四篇,把题目统一成为《谈史学遗产答客问》。白寿彝先生就是在思考和应对这四篇文稿的过程中,逐渐萌生了撰写史学概论的想法和思路。对此,白寿彝先生在《题记》中有记述:

因为《史学史研究》季刊的需要,我每一季度撰写一篇文章,交它发表,总题目是《谈史学遗产答客问》。在酝酿这四篇文章的过程中,我逐渐产生了写史学概论的思想。这就是要在马克思主义基本原理的指导下,记述中国史学遗产几个重要方面的成就和马克思主义传入中国后史学的发展,及当前史学工作的重要

---

❶ 白寿彝.关于史学工作在教育上的作用和史学遗产的整理[J].武汉师范学院学报(哲学社会科学版),1982(1):1-8.

❷ 白寿彝.历史教育和史学遗产[M].郑州:河南人民出版社,1983.

❸ 白寿彝.史学概论[M].银川:宁夏人民出版社,1983:"题记".

任务。❶

在这种思想和撰写思路指引下，白寿彝先生在史学概论撰写过程中，将其设置为十个章节。除"叙论"之外，白寿彝先生关于史学的九个方面内容，即历史观、历史文献、史书的编著、史书的体例、历史文学、史学和其他学科的关系、近代史学、马克思主义史学在中国传播和发展，以及当前的主要任务方面。其中，特别值得指出的是，在该书中，白寿彝先生着力探讨了史学和民族学之间的关系问题，它构成了白寿彝民族思想的一个重要组成部分，这将会在本书的后面章节做详细阐述。

与此同时，1981年5月河南人民出版社出版了白寿彝先生的《历史教育和史学遗产》一书。8月，由宁夏人民出版社出版了其另一部著作有关少数民族信仰方面的"存稿"。此外，白寿彝先生一直关心和重视历史教学与研究在爱国主义教育中的重要作用。培养年轻一代尤其是广大青年学生的爱国主义情怀，在历史教育领域首要的是要开展中国通史教育，即"今天中国人民需要知道的是：在今天祖国的国土上，过去是出现过怎样的历史，并且是怎样由过去的历史发展到今天的情况"❷。在历史教学中开展中国通史教育，这在很大程度上需要整理中国历史上的文献资料，处理好历史文献资料与中国通史撰写之间的密切关系。为此，白寿彝先生高度重视古籍整理工作。在这方面发表了一些重要成果，诸如《文献》1981年第10辑发表的《关于整理古籍的几个问题》，刊登于1982年1月15日《北京日报》的《古籍整理对建设精神文明振兴中华有重要意义》，发表在《北京师范大学学报》1983年第4期上的《整理古籍和通史编纂》，刊登于《高校古籍工作通报》1984年第2期的《对古籍整理研究的几点意见》。不仅如此，白寿彝先生还专门就古籍整理和历史教育在大量培养合格的社会主义事业的建设者和接班人中的应有作用，做了专门研究。白寿彝先生将1983年12月21日在北京师范大学《史学概论》讲习班结业时的讲话稿，整理成为《要发挥历史教育应有的作用》一文，发表在1984年《史学史研究》第1期上。该文主要谈论了两个重要问题：一个是"历史教育如何发挥作用的问题"，另一个则是"提高我们的史学水平，加速培养后备军的问题"。

实际上，对于这两个问题，白寿彝先生给予了持续的关注和研究。1983年11月30日，白寿彝先生在纪念吴晗先生大会上的讲话稿——《把历史知识交给更多的人——怀念吴晗同志》一文中，就历史教育在实现中华民族伟大复兴中国

❶ 白寿彝.史学概论［M］.银川：宁夏人民出版社，1983："题记".
❷ 白寿彝.论历史上祖国国土问题的处理［M］//学步集.北京：生活·读书·新知三联书店，1962：1.

梦漫长征程中的应有作用，作了更为明确的表述：

> 历史知识，在我们这个时代，是增长智慧，培养历史感、时代感、民族自豪感，提高对祖国前途和人类前途的认识及信心的重要武器。把历史知识交给更多的人，是历史工作者的光荣职责。❶

次年，白寿彝先生在《史学史研究》1984年第3期上又发表了《中国史学史上的两个重大问题》，即"对于历史本身的认识的发展过程"和"史学的社会作用的发展过程"，这两个问题均与历史教育的社会功能紧密相关。

在史学史领域，1985年5月，白寿彝先生《关于史学工作的几点意见》一文在《史学史研究》1985年第2期发表。这篇文章是继1979年发表的《关于史学工作的几个问题》后，又一篇对中国史学史研究具有借鉴意义的文章。其中探讨了对史学史在史学研究中的地位认识问题，史学与经学、子学之间的关系问题，史学研究工作中的主观性与客观性之间的关系、继承与创新之间的关系问题，史学工作中的史学史教材、学习交流等方面的具体问题。这些方面的讨论，对当前我们清楚认识中国史学史，推进中国史学史研究工作具有参考价值。如前文所述，中国史学工作应当以马克思主义理论为指导，建设有中国史学特色的马克思主义中国史学体系。为此，白寿彝先生的《关于建设有中国民族特点的马克思主义史学的几个问题》在《文史集林》1985年第4辑刊出。其实，这篇文章原本是1983年4月6日白寿彝先生在陕西师范大学历史系的一篇讲话稿。其中，重点就"历史资料的重新估价""史学遗产的重要性""对外国史学的借鉴""历史教育的重大意义""历史理论和历史现实"，以及"史学队伍的智力结构问题"等方面，进行了深入研究。此外，白寿彝先生还就古籍整理问题进行了再研究。其研究成果，即《在全国高校古籍研究整理指导委员会第二次会议上的讲话》，刊登在《史学史研究》1985年第4期上。

在前期积累的基础上，1986年8月，白寿彝先生《中国史学史》由上海人民出版社出版，这是其主持编写的六卷七册本中的第一册。8月29日，白寿彝先生于该年7月在辽宁大连市棒槌岛宾馆举行的清史国际学术研讨会上的讲话，即《在清史国际学术讨论会上的讲话》一文，发表在《史学史研究》1986年第4期上。次年，白寿彝先生主编的《中国通史纲要续编》由上海人民出版社出版。

1988年，白寿彝先生在民族史学研究方面取得了一些重要研究成果。1987年12月15日，第三次全国性少数民族史学研讨会在兰州举行，白寿彝先生在会

---

❶ 白寿彝.把历史知识交给更多的人——怀念吴晗同志［M］//吴晗纪念文集.北京：北京出版社，1984.

上作了发言。后来这篇发言稿，经刘雪英同志整理，白寿彝先生审阅同意，刊登在《甘肃民族研究》1988 年第 2 期上。文章谈到了三个基本问题，即从史学普遍意义上谈论了"历史的二重性问题""关于历史认识和时代的觉醒"，以及"对少数民族史研究工作的展望"问题。1988 年 10 月 6 日至 11 日，白寿彝先生参加了在云南大学举行的中国民族史学会第二次学术讨论会。会上，白寿彝先生也作了发言。后来，发言内容以《关于民族史的工作——1988 年 10 月在中国民族史学会上的讲话》为题，发表在《史学史研究》1988 年第 4 期（第 1—3 页）上。文中谈论了民族史研究工作中的几个现实性问题。首先是民族史研究工作的 40年（1949—1989 年）总结问题。其次是在民族史学研究 40 年工作的基础上，为进一步推动民族史学工作的发展繁荣，白寿彝先生建议着重抓好几件事情，诸如民族史资料的收集整理，民族史研究工作的马克思主义理论指导，民族史研究工作的组织协调，以及民族史研究基金设置的问题，等等。这是白寿彝先生对当时的"民族史工作的几点意见"，具有极强的现实性，也可以说是当时民族史研究工作中遇到的、迫切需要解决的现实性问题。次年，白寿彝先生总主编的十二卷本《中国通史》的《导论卷》由上海人民出版社于 4 月出版。

这部著作是白寿彝先生任总主编的多卷本《中国通史》的第一卷，也是《导论卷》。该卷第一章是"统一的多民族的历史"。该卷首章为整部《中国通史》确定了明确的撰写宗旨和写作手法，即把多卷本的《中国通史》写成真正能够反映各民族共同创造中国历史的一部中国通史，而不再是传统意义上皇朝史。要求突出各民族在创造祖国历史过程中的作用，并在相应章节中给予相当的叙述篇幅，以充分体现各民族不断地共同把中国历史推向前进的基本事实。不仅如此，《导论卷》还谈到多民族《中国通史》撰写当中涉及的三个基本问题，本卷首章第三节中有详细叙述，这为整部多卷本的中国通史撰写工作奠定了基础。这三个基本问题，即统一的多民族中国历史编撰中的"疆域问题"，中国通史的"历史的分期"问题，以及"多民族""统一"及其多民族与统一之间辩证关系等有关"多民族的统一"问题。

在史学史方面，1988 年，白寿彝先生连续发表了几篇论文，这些文章对历史教学和研究工作具有重要启发意义。首先是《外庐同志的学术成就》。该文原是一份讲话稿，即 1988 年 11 月 30 日，白寿彝先生在侯外庐同志学术纪念会上的讲话记录。次年，这篇讲话稿刊登在《史学史研究》第 3 期上。其次是《史学史工作四十年——在史学史座谈会上的讲话》一文。这是 1989 年 5 月 1 日白寿彝先生在史学史座谈会上的讲话，经刘雪英同志根据录音整理而成的一篇文稿，该年发表在《史学史研究》第4期上。除了对1949—1989年以来中国史学史40年研究工作的总结以外，白寿彝先生还积极呼吁继续推进中国史学的发展。他与刘雪英同志共同完成了《多研究点中国历史的特点 多写点让更多人看的文章》一文，首载中国史学会《中国历史学年鉴》编辑部李侃主编的《中国历史学年鉴（1989年）》一书中。文章对于"多研究点中国历史的特点"与"多写点让更多人看的文章"之间的关系，白寿彝先生在文末有一段文字表述，很有启发价值。文末如此说：

多研究点中国历史的特点，是工作内容的问题。要多写点让更多人看的文章，这不只是一个单纯的表述形式问题，而我这里所说的，却主要是指形式问题。对于这二者中的任何一项，只要付诸实践，都是好的。如果这二者能尽量结合起来，可能对我国史学现状的改变更有好处。❶

同年，恰逢中国第5个教师节，白寿彝先生在《求是》杂志第17期上发表了《说"为人师表"——佳节感言》一文，就"师表"的内涵、教师的教学态度、治学态度等方面进行论述，这对正确认识教师职业及其要求提供参考。

在20世纪的最后十年里，白寿彝先生在民族史学、中国通史等领域都取得了丰硕的研究成果。在民族史学方面，1992年8月，《白寿彝民族宗教论集》由北京师范大学出版社出版；1996年8月6日，白寿彝先生在中国民族史学会第四次会议上的讲话稿，以《不断开展民族史的理论学习——在中国民族史学会第四次会议上的讲话》为题，在《史学史研究》1996年第4期发表等。白寿彝先生为中国民族史学，尤其是少数民族史学研究工作，做出了重要贡献。

在中国通史研究方面，白寿彝先生经过二十多年的呕心沥血，终究完成了编写一部反映多民族共创中国史的多卷本《中国通史》。回顾二十多年来的艰辛历程，从1972年周恩来总理提出要编写一部中国通史的任务，到1975年白寿彝先生响应总理号召，牵头成立中国通史编写组，再到1979年召集全国各大院校、专家学者，举行关于多民族《中国通史》编写工作会议，直至1998年9月19日，多卷本《中国通史（近代前编）》（1840—1919年）、《中国通史（近代后编）》（1919—1949年）和《中国通史（五代辽宋夏金卷）》书稿交付出版社，全套12卷22册的《中国通史》在白寿彝先生90大寿之际全部完成。至此，白寿彝先生完成了自己的心愿。这种心愿更多的是对当年周总理提出的编写《中国通史》的一种交代，也为自己平生治学生涯画上了一个圆满的句号。

---

❶ 白寿彝.多研究点中国历史的特点 多写点让更多人看的文章［M］//龚书铎.白寿彝文集·历史教育·序跋·评论.开封：河南大学出版社，2008：240.

第三章　白寿彝的民族学著述

前一章比较详细地阐述了白寿彝先生艰辛而又辉煌灿烂的学术活动。本章将在前一章的基础上，全面地阐述白寿彝先生作为一位具有强烈爱国主义情怀的马克思主义史学大师，他对中国多民族现象和统一的多民族国家宏观上的理解和认识，这种认识不是局限于哪一个具体的民族。这种理解和认识体现在白寿彝先生有关民族的诸多著述中。梳理白寿彝先生在民族学方面的著述能使读者清晰认识白寿彝先生 70 多年的学术生涯，也为我们深入研究白寿彝民族思想提供重要载体。关于白寿彝民族思想方面的著述，从某种意义上讲，包含着宏观和微观两个部分。所谓宏观著述，主要是白寿彝先生对中华民族整体的认知以及基于这种认知而形成的一些民族学著述成果，而微观著述指的就是白寿彝先生对本民族历史研究的理解，以及在这种理解基础上形成的研究性成果。如本书"绪论"章研究结构框架中所述，该书将主要探讨白寿彝先生宏观层面的民族思想。其有关少数民族史学思想的微观研究，由于这部分研究体量的相对宏大，本书将另辟专述。所以，本章中的白寿彝民族学著述，主要是就白寿彝先生宏观上的民族学著述而言的。说明了这一点，更便于笔者对本章内容展开论述。

1992 年，北京师范大学出版社出版了白寿彝先生的《白寿彝民族宗教论集》一书。该书内容提要中说："本书是著者 60 年来论述民族相关主题的选集，包含国家与民族、民族史、民俗学记闻、行纪和地方史话等七编。书中提出了多民族的国家的统一、统一意识的传统、民族关系的主流" [1] 等。本书择其"国家与民族"和"民族史"两方面的著述进行讨论。关于白寿彝先生宏观层面民族学的其他著述，笔者选择 2008 年由龚书铎先生主编、河南大学出版社出版的《白寿彝文集·民族宗教论集（上）》书中的民族学著述为辅助，并以白寿彝先生所著1962 年三联书店出版的《学步集》中的民族学著述为补充。本书拟以上述三部著作收录的民族学文章为据，对有关白寿彝先生民族学著述进行阐述。在本章，

---

❶　白寿彝.白寿彝民族宗教论集［M］.北京：北京师范大学出版社，1992："内容提要"部分.

首先是应依据内容的不同,对白寿彝先生民族学著述进行归类。这有利于分门别类地对白寿彝民族学著述进行研究。由于这些分属各自类型的著述问世的时间存在差异,笔者将按照著作(以部或篇为单位)著述的时间先后顺序,对其逐一展开研究。白寿彝先生宏观层面的民族学著述,从内容上讲,大致可以划分为以下类型,即关于少数民族史及民族史工作的著述,关于中国历史上民族关系的著述,关于民族政策等方面的著述等。

第一节 少数民族史工作的著述

据《白寿彝民族宗教论集》和《白寿彝文集·民族宗教论集(上)》,有关少数民族史工作的著述主要有:《论爱国主义思想教育和少数民族史的结合》《论历史上祖国国土问题的处理》《论关于少数民族历史和社会概况的宣传与学习》《谈民族史》《民族史工作的历史传统》,以及《关于民族史的工作》等篇目。

一、白寿彝的《论爱国主义思想教育和少数民族史的结合》

白寿彝先生的《论爱国主义思想教育和少数民族史的结合》一文最初发表在1951年3月23日的《光明日报》上。文章写在抗美援朝之际,旨在进行"抗美援朝的爱国主义思想教育",凝聚全国各族人民强大的爱国力量,坚定抗美援朝的必胜信念。基于历史教育工作者们所承担的爱国主义思想教育的时代责任,白寿彝先生提出了一个重要观点,即"爱国主义思想教育和少数民族史结合的问题"。本书认为,"这种结合是完全必要的",在抗美援朝期间提出这种"结合"问题,"也是完全必要的",这对当时增强各民族爱国主义思想、取得抗美援朝胜利具有促进作用。对于这种必要性,白寿彝先生从四个方面进行了论述。

首先,"国内少数民族都有悠久的历史"。白寿彝先生引用1950年10月范文澜先生刊登在《学习》杂志第3卷第1期上的《中华民族的发展》一文中有关"共同开发中国的各民族"的论述实例,进一步说明各少数民族不仅与汉族一样,都具有悠久的历史,而且他们在祖国疆域开发的历史过程中都作出过重要的贡献。对此,白寿彝先生总结道:对"各民族共同创造中华民族的全世无匹的悠久的历史""应该引以骄傲","这份骄傲"显然"是更有充足的理由的"。

其次,在充分论证了"国内少数民族都有悠久的历史"的基础上,白寿彝先生对"爱国主义思想教育和少数民族史结合的问题",作了进一步的阐述。他认为：“国内少数民族，在中华民族历史创造的过程中，有不少特殊的贡献。”对此，白寿彝先生列举了三个实例，即“完善的铁器的制造和风箱的使用”“棉和棉布”，以及以北京城为代表的“中国的建筑术”。对于第一个实例，“完善的铁器的制造和风箱的使用”，白寿彝先生认为，这种“制造”和“使用”，“是开始出现于有关南方蛮族的记录上”。对于此记录，他援引了《荀子·议兵》《吴越春秋·阖闾内传》等历史文献上的有关记载，论证其观点。对于第二个实例，就少数民族在“棉和棉布”上的贡献，他认为：“棉的种植和织纺，也是开始于南方海岛上居住的少数民族。”对此，白寿彝先生引据《尚书·禹贡》篇中一处有关江苏扬州“岛夷卉服，厥篚织贝”的记载说明。关于第三个实例，即以北京城为代表的“中国的建筑术”出自一位名为也黑迭儿丁或亦黑迭儿丁的西域少数民族建筑设计师之手为依据，用以论证少数民族在祖国历史创造过程中的贡献。对此，白寿彝先生还辅之以陈垣先生的考证成果《元西域人华化考》以证实。

再次，白寿彝先生又通过“国内少数民族也都是‘酷爱自由、富于革命传统的民族’”，再次证明爱国主义思想教育和少数民族史的结合是必要的，提出这一问题也是必要的。白寿彝先生认为，中国人民在历史上一贯具有反对黑暗势力、强权势力，以及压迫势力的优良传统。对于这种传统，白寿彝先生援引毛泽东同志在1939年12月撰写的《中国革命和中国共产党》一文中的一段话，予以说明：

中华民族不但以刻苦耐劳著称于世，同时又是酷爱自由、富于革命传统的民族。以汉族的历史为例，可以证明中国人民是不能忍受黑暗势力的统治的，他们每次都用革命的手段达到推翻和改造这种统治的目的。在汉族的数千年的历史上，有过大小几百次的农民起义，反抗地主和贵族的黑暗统治。❶

毛泽东同志所说的这种“革命传统的民族”，显然是指中华民族。所以，白寿彝先生说，不仅汉族有这种传统，各少数民族也有这种优良传统，即“少数民族的历史，同样的‘证明中国人民是不能忍受黑暗势力的统治的’”，各少数民族也是“每次都用革命的手段达到推翻和改造这种统治的目的”。为此，白寿彝先生以元朝时期号称“元诗四大家”之一的虞集《大理事略序》和《明史·土司列传》中的史料，“说明少数民族历来遭受统治阶级的残酷压迫而始终不肯屈服不肯投降的反抗精神”。

最后，白寿彝先生在以上三点论证的基础上，得出这样一个结论，即“国内

---

❶ 毛泽东. 中国革命和中国共产党［M］// 毛泽东选集（第 2 卷）. 北京：人民出版社，1991：623.

各族人民的亲爱团结，是有历史传统的"。这种"历史传统"，恰恰是战胜一切困难、取得革命最终胜利的力量源泉和制胜法宝。

二、白寿彝的《论历史上祖国国土问题的处理》

白寿彝先生在《中国通史·导论卷》一书第一章第三节"统一的多民族历史的编撰"中，把"疆域问题"即"祖国国土问题"视为编撰一部统一的多民族历史的三大重要问题之一，认为："疆域，是历史活动的舞台。中华人民共和国的疆域是中华人民共和国境内各民族共同进行历史活动的舞台，也就是我们撰写中国通史所用以贯穿古今的历史活动的地理范围。"❶ 也就是说，中国历史上国土问题的处理，是中国通史撰写的"地理范围"，它涉及统一的多民族中国历史书写这样一个重要问题。这一问题，是白寿彝先生自 1975 年开始牵头组织多卷本《中国通史》编写组之前，早在 1951 年就已经提出并进行了深入研究，研究的成果就是《论历史上祖国国土问题的处理》。在文章中，白寿彝先生大致围绕这么几个问题展开论述，即"祖国国土问题"的提出，为何要提出该问题，该问题处理不当的影响，问题解决的办法，以及与该问题紧密相关的其他几个问题等方面。对于祖国国土问题，白寿彝先生认为，在中国历史尤其是中国通史的教学与研究过程中，"因为历史科学的基础不够"，这导致有些基本性问题没有得到解决，其中中国历史上"怎样处理祖国国土的问题"就是一个亟待解决的重要问题。那么，祖国国土问题是怎样一个问题？对此，白寿彝先生在文章开篇就讲得很清楚：

在本国史的范围里，要以哪些土地上所发生的历史为限，要以哪些土地上所发生的人类的活动为限？这个问题，是我们搞清本国史的历史工作者首要解决的。❷

如果这个问题处理不好会怎样？他认为：

如果把历史上的国土问题弄不清楚，便很容易犯错误，有时把别人的历史算作自己的历史，有时却又把自己的历史写在别人的账上。❸

为此，白寿彝先生对这一问题进行了深入的思考。他认为，对此问题的处理方式，主要有两种办法：一种办法是"以历代皇朝的疆域为历代国土的范围"，

---

❶ 白寿彝.中国通史·导论卷［M］.上海：上海人民出版社，1989：79.
❷ 白寿彝.论历史上祖国国土问题的处理［M］//白寿彝民族宗教论集.北京：北京师范大学出版社，1992：24.
❸ 白寿彝.论历史上祖国国土问题的处理［M］//白寿彝民族宗教论集.北京：北京师范大学出版社，1992：24.

另一种办法则是"以今天的中华人民共和国的国土为范围"。对于前一种办法，白寿彝先生这样表述，认为这一办法还没有摆脱"传统的历史观点""皇朝历史观点"的支配；"没有从旧的非人民的""反人民的"立场上脱离出来。白寿彝先生的这些措辞和表述，明确地把前一种处理国土问题的方式的固有弊端表达出来，这使我们看到这种处理方式不是多民族的中国历史应当采取的正确的处理方式，它应当被抛弃。既然如此，后一种办法是否能够完全避免前一种办法的缺陷？白寿彝先生的回答是肯定的。认为后一种办法理应成为当代统一的多民族的中国历史撰写采取的正确方式。对此，他有几句非常准确而精辟的表述❶，本书将其置于此，方便读者从总体上把握和理解：

第一句：又一个办法是，以今天的中华人民共和国的国土为范围，由此上溯，研求自有历史以来，在这土地上的先民的活动。

第二句：后一个办法是已经完全摆脱了旧的观点，完全从旧的立场上得到解放了。

第三句：后一个办法采用的结果，却恰恰相反。它可能使本国史有丰富的内容，可能使本国史成为中华各民族共同的历史，可能使本国史告诉我们这个民族大家庭的历史的由来。

第四句：后一个办法，恰巧相反，是要求我们从了解现在社会生活的意义上去研究历史的。

通过前后两种祖国国土问题处理办法的比较，白寿彝先生得出了明确的结论。即：

用皇朝疆域的观点来处理历史上的国土问题，是错误的办法；用中华人民共和国的国土范围来处理历史上的国土问题，是正确的办法。我们应该消灭前一个办法，我们应该建立后一个办法。❷

此外，在该文中白寿彝先生还阐述了与祖国国土处理问题紧密相关的其他几个问题。一个是中国历史上各民族之间的纷争问题，另一个是在各民族之间的纷争中"涌现"出来的民族英雄问题。在白寿彝先生看来，正确地看待中国历史上各民族之间的纷争尤为必要。对此，白寿彝先生在文中提出了三点主张：第一，"不要把汉族本身的利益作正义的惟一标准，也要把别的民族的利益算在里

❶　白寿彝.论历史上祖国国土问题的处理［M］//白寿彝民族宗教论集.北京：北京师范大学出版社，1992：25.
❷　白寿彝.论历史上祖国国土问题的处理［M］//白寿彝民族宗教论集.北京：北京师范大学出版社，1992：24–25.

面。"❶ 第二，要把民族纷争的性质弄清楚。❷ 第三，就是要正确理解中国历史上各民族之间的纷争，在本质上是阶级斗争在民族问题上的反映。根源不在各民族人民，而在于阶级社会中的私有制。关于第二个问题，白寿彝先生在文章中提醒我们要注意两点。即第一，我们要表扬各民族的民族英雄。中华民族大家庭中56个民族是各有自己的民族英雄的。第二，不要弄错，把历史上的有名人物都说成英雄。白寿彝先生的这篇文章，将多民族的中国历史撰写中的祖国国土问题、中国历史上各民族之间的纷争问题，以及在这种纷争中出现的民族英雄的看待问题等诸多方面的问题，分析和阐述得非常透彻和明了。尽管如此，在文章的结尾部分，白寿彝先生还是非常谦虚地表达，自己对上述问题的看法还"不够成熟"。这显示出了先生在治学上的优秀品格和学术风格。在文章结尾部分，他这样说：

> 我对于处理历史上国土问题的看法，也许是不够成熟的，但我相信方向是对的。在这个方向下，我们的本国史学习可能提高一步。❸

三、白寿彝的《论关于少数民族历史和社会概况的宣传与学习》

这是一篇关于集中探讨如何维护和促进民族团结和共同发展的重要文章，对当时增进各民族理解和团结有启发作用。白寿彝先生的这篇文章，最初发表在1951年9月26日《光明日报》上。这篇文章主要是从以下几个方面展开论述的。

一是关于少数民族历史和社会概况的宣传与学习问题是如何提出来的。白寿彝先生提出少数民族历史和社会概况的宣传与学习问题，有其历史背景和现实要求。在历史背景上，几千年来，中国各少数民族处在王朝政权长期统治之下。这种长期统治使"国内各少数民族的历史和社会情况，不为广大的汉族人民所了解，也不为各少数民族人民相互间获得了解"❹。这"两个'不为'"，在中华人民共和国成立以来，在进行社会主义现代化建设、促进民族团结等的时代背景下，使进行少数民族历史和社会概况的宣传与学习问题，成为当时的一种现实要求。不仅如此，白寿彝先生还分析了所谓的"王朝政权"的基本做法及其背后隐藏的深层次的历史原因。在做法上，反动统治者通常"在各民族间

---

❶ 白寿彝.论历史上祖国国土问题的处理［M］//白寿彝民族宗教论集.北京：北京师范大学出版社，1992：26.

❷ 白寿彝.论历史上祖国国土问题的处理［M］//白寿彝民族宗教论集.北京：北京师范大学出版社，1992：26.

❸ 白寿彝.论历史上祖国国土问题的处理［M］//白寿彝民族宗教论集.北京师范大学出版社，1992：26.

❹ 白寿彝.论关于少数民族历史和社会概况的宣传与学习［M］//白寿彝民族宗教论集.北京：北京师范大学出版社，1992：32.

日益增加着隔离和分化，日益努力防止民族间的相互了解的可能性"❶。其中隐藏的深层原因在于，"只有这样，他们才可以实行他们的大民族主义，才可以分治各个民族，才可以欺骗他们统治着的人民，使后者误认为在民族关系上对于统治阶级的利益的服务是为自己的利益服务。"❷正是由于这种现实要求的存在和历史背景的原因，白寿彝先生提出了少数民族历史和社会概况的宣传与学习问题，并在当时历史背景下认为这是一个非常有必要提出来的问题。

二是当时开展少数民族历史和社会概况的宣传与学习的必要性、迫切性及其重要意义。白寿彝先生认为，当时开展少数民族历史和社会概况的宣传与学习是必要的。这种必要性，集中表现在它有利于克服"狭隘民族主义的思想。"❸这种狭隘民族主义思想，又具体表现在两个方面：一方面体现在思想上，即"他们强调本民族的利益，不考虑别民族的利益；怀疑族外的人，甚至是善意帮助自己的人；拒绝接受新事物，甚至是对自己有益的事物"❹。另一方面则主要表现在行为方式上。他们中的一些"为大民族主义的歪曲宣传所蒙蔽""看不见本民族的优点""把本民族的好处和坏处一齐抛掉""把本民族的一切，说得一文不值"❺等。在文章中，白寿彝先生把这种思想和行为，视为"大民族主义统治下的一种产物"，是一种"狭隘民族主义"和"民族虚无主义"的具体表现形式。鉴于此，白寿彝先生认为，开展少数民族历史和社会概况的宣传与学习活动，在当时具有重要意义。对此，他采用了两句"具有何等重要的意义"来表述：

第一句：对少数民族历史和社会情况的了解，在增加国内民族的团结上，在使一个民族具有充分的自信、使它得以发挥它的积极性上，是具有何等重要的意义。

第二句：对少数民族历史和社会情况的了解，对于粉碎大民族主义、狭隘民族主义和民族虚无主义的残余思想上，具有何等重要的意义。❻

❶ 白寿彝.论关于少数民族历史和社会概况的宣传与学习［M］//白寿彝民族宗教论集.北京：北京师范大学出版社，1992：32.
❷ 白寿彝.论关于少数民族历史和社会概况的宣传与学习［M］//白寿彝民族宗教论集.北京：北京师范大学出版社，1992：32.
❸ 白寿彝.论关于少数民族历史和社会概况的宣传与学习［M］//白寿彝民族宗教论集.北京：北京师范大学出版社，1992：32.
❹ 白寿彝.论关于少数民族历史和社会概况的宣传与学习［M］//白寿彝民族宗教论集.北京：北京师范大学出版社，1992：32.
❺ 白寿彝.论关于少数民族历史和社会概况的宣传与学习［M］//白寿彝民族宗教论集.北京：北京师范大学出版社，1992：32.
❻ 白寿彝.论关于少数民族历史和社会概况的宣传与学习［M］//白寿彝民族宗教论集.北京：北京师范大学出版社，1992：32-33.

他深谙物质决定意识，但意识对物质也具有反作用的基本道理。对此，他又提出了"进步的思想"和"落后的思想"的基本观点，并通过对"进步的思想"和"落后的思想"在影响人的行为方面的鲜明对比，进一步阐释开展少数民族历史和社会概况的宣传与学习活动在当时所具有的重要意义。关于"进步的思想"，他认为："进步的思想是可以站在时代的前面，推动社会的进步"。对于"落后的思想"，他又认为："落后的思想，不仅会远远地落在时代的后面，并且会拖住前进的齿轮，在一定程度上迟滞了时代的进步。"所以，他极力主张既要"培养进步的民族理论"，又要"批判落后的民族理论"。认为这样做对维护和巩固中华人民共和国成立以来形成的平等、团结、互助、和谐的社会主义新型民族关系有好处。所以，他说：

> 培养进步的民族理论和批判落后的民族理论，在帮助少数民族人民大众的建设事业之发展上，在加强民族团结，巩固并发展我们友爱合作的民族大家庭的前途上，都可创造必要的条件。❶

鉴于此种认知，在文章中白寿彝先生提出，当时有必要积极开展"培养进步的民族理论和批判落后的民族理论"这样的工作。其具体举措是：其一，"在马克思列宁主义、毛泽东思想的指导下，用各种形式宣传"。其二，"在各个不同部门组织学习关于少数民族历史和社会情况"❷。

三是当时开展少数民族历史和社会概况的宣传与学习采取的形式问题。对此，在文中白寿彝先生就学校内部开展少数民族历史和社会概况的宣传与学习采取的形式，当时主要提出了两种：一种是具有普遍意义的宣传学习形式，另一种则是"学校里的课程"形式。对于前一种形式，白寿彝先生指出：

> 对于学生们和一般群众来说，学校内的学习和电影、戏剧、各种艺术表演、文学作品、展览会、讲演会、广播、报纸中的宣传，应该是重要的基本形式。❸

对于后一种形式来说，当时白寿彝先生主要讲述了"教材的编制"和教师的讲授两个方面。在教材的编制上，白寿彝先生认为，"应该在这方面有适当的处理"❹。在教师的讲授上，白寿彝先生认为："应该把培养学生们的正确的民族理

---

❶ 白寿彝.论关于少数民族历史和社会概况的宣传与学习 [M]//白寿彝民族宗教论集.北京：北京师范大学出版社，1992：32–33.

❷ 白寿彝.论关于少数民族历史和社会概况的宣传与学习 [M]//白寿彝民族宗教论集.北京：北京师范大学出版社，1992：33.

❸ 白寿彝.论关于少数民族历史和社会概况的宣传与学习 [M]//白寿彝民族宗教论集.北京：北京师范大学出版社，1992：33.

❹ 白寿彝.论关于少数民族历史和社会概况的宣传与学习 [M]//白寿彝民族宗教论集.北京：北京师范大学出版社，1992：33.

论，作为爱国主义思想教育的一个重要部分，当作一个政治任务来完成。"❶

四是当时进行少数民族历史和社会概况的宣传与学习的目标和内容。目标上，白寿彝先生主张对中华民族大家庭中 56 个民族，在目标上应该因情制宜，切忌搞"一刀切"。具言之，对一部分民族，主要目标是"通过对大民族主义的思想斗争，建立友爱合作的民族思想"❷。对另一部分民族，主要目标则是"通过对狭隘民族主义和民族虚无主义的思想斗争，建立友爱合作的民族理论和民族自信心"❸。他认为：

用实际的例证，表扬少数民族人民大众的优良传统，他们的高尚品质和高度智慧，他们在中华民族共同的内外敌人的斗争中和汉族人民并肩作战的深厚的友谊，应该是对汉族人民进行宣传和组织学习的中心内容。❹

同样，在当时少数民族历史和社会概况的宣传与学习的内容上，他认为对少数民族应该从两个方面去做：

一方面是在强调本民族的优良传统，高尚品质和高度智慧，说明在过去那样的恶劣环境中还有这样多的成就，指出在目前的新环境下，如能善于发挥本民族的特点，必能逐步创造灿烂的幸福和繁荣。同时，在另一方面，是要分析本民族在历史上所表现的缺点和现阶段所存在的落后情况；比较过去在反动统治下所受的残酷压迫和中国共产党所带来的平等、自由和进步……；最后也还必须指出，国内各民族的人民都是弟兄，都是手足，大家都必须进步，必须友爱合作，这个民族大家庭才能真正的巩固和发展。❺

以上，在《论关于少数民族历史和社会概况的宣传与学习》文章中，白寿彝先生主要是从上述四个方面进行了论述。其中的一些表述，依然使用了白寿彝先生的论述。既然是介绍白寿彝先生的著述，笔者认为保持白寿彝先生当年的书写口吻与表述风格可能更好。

---

❶　白寿彝.论关于少数民族历史和社会概况的宣传与学习［M］//白寿彝民族宗教论集.北京：北京师范大学出版社，1992：33.
　　❷　白寿彝.论关于少数民族历史和社会概况的宣传与学习［M］//白寿彝民族宗教论集.北京：北京师范大学出版社，1992：34.
　　❸　白寿彝.论关于少数民族历史和社会概况的宣传与学习［M］//白寿彝民族宗教论集.北京：北京师范大学出版社，1992：34.
　　❹　白寿彝.论关于少数民族历史和社会概况的宣传与学习［M］//白寿彝民族宗教论集.北京：北京师范大学出版社，1992：34.
　　❺　白寿彝.论关于少数民族历史和社会概况的宣传与学习［M］//白寿彝民族宗教论集.北京：北京师范大学出版社，1992：35.

四、白寿彝的《谈民族史》

这篇文章是 1984 年 3 月 5 日白寿彝先生在中共中央统战部、国家民委召开的民族问题五种丛书工作会议上的讲话文本，以《谈民族史》为题收录在 1992 年北京师范大学出版社出版的《白寿彝民族宗教论集》一书中。文章主要阐述了几个问题，即"统一问题""多民族"、历史上英雄人物的书写与评价问题、"厚今薄古问题"，以及"民族史的写法"等方面的问题。鉴于有关前两个问题的著述，本书已在前文做出了较为详细的阐述，所以这里只就后三个问题进行阐述。

首先，历史人物的立传在中国历史中有优良的传统。这篇文章中，白寿彝先生对于写历史人物的问题，从几个方面进行了论述。其中，涉及历史人物能不能写的问题，哪些历史人物可以写，书写历史人物有没有基本的原则，应当坚持什么原则，如何对待中国历史上的"统治阶级和被统治阶级人物"等方面的问题。中国的历史人物究竟能不能写，白寿彝先生的回答是肯定的。一方面，他认为过去不敢写历史人物的原因，即"怕搞成英雄史观"❶。另一方面，他又认为，写历史可以写英雄人物，"有英雄人物就写英雄人物嘛"❷。这两个方面，在某种程度上破除了"过去写历史不敢写人物"❸的弊端。既然历史人物可以写，究竟是所有的历史人物都可以写抑或是只能写部分历史人物，这就是另外一个问题，即哪些历史人物可以写的问题。白寿彝先生给出了英雄人物"可写"的范围，即"没有脱离群众的英雄"。中国历史上，哪些英雄是没有脱离群众的英雄？白寿彝先生认为，符合多数群众利益的英雄就是"没有脱离群众的英雄"。这些历史人物是可以写的。例如，《水浒传》上的"鲁智深、李逵、武松"，再如"成吉思汗和努尔哈赤"，又如"好一点的"皇帝，还有"在科学文化上有成就的历史人物也要写"❹。他认为，这些历史人物基本上都有一个共同的特点，都是符合多数群众利益的，即在某些方面"领袖人物是代表群众的"❺。符合多数群众利益的英雄是可以书写的，但是这种书写并非没有任何原则，而是需要坚持一定的原则。其原则除了前文所讲的在某些方面"代表群众"以外，还需要坚持另一项重要原则，也就是"不要夸大""不要硬凑"。在此基础上"要有分寸"❻。至于前文所说的，如何对待中国历史上的"统治阶级和被统治阶级人物"问题，白寿彝先生也

---

❶ 白寿彝.谈民族史［M］//白寿彝民族宗教论集.北京：北京师范大学出版社，1992：69.
❷ 白寿彝.谈民族史［M］//白寿彝民族宗教论集.北京：北京师范大学出版社，1992：69.
❸ 白寿彝.谈民族史［M］//白寿彝民族宗教论集.北京：北京师范大学出版社，1992：69.
❹ 白寿彝.谈民族史［M］//白寿彝民族宗教论集.北京：北京师范大学出版社，1992：69.
❺ 白寿彝.谈民族史［M］//白寿彝民族宗教论集.北京：北京师范大学出版社，1992：69.
❻ 白寿彝.谈民族史［M］//白寿彝民族宗教论集.北京：北京师范大学出版社，1992：69.

表达了对其书写时的原则，这就是"要有分析，要处理好"，这里所谓的"处理好"，就是要在马克思主义唯物史观的指导下，"给予适当的评价。"❶。

其次，白寿彝先生谈到了"厚今薄古"问题。对该问题，白寿彝先生以一种比较简洁的方式谈了两层含义，但都讲述得很清楚，也很到位。第一层含义是"历史都是古的，要把历史写进去，不能薄没了。"也就是说，在这里，白寿彝先生提出了一个现实中比较明显的现象，那就是"厚今薄古"。第二层含义则是如何避免或解决"厚今薄古"的问题。对此，白寿彝先生提出了两个要点：一个是有的民族历史比较长，有的民族的历史可能比较短暂，注意"不要忽略"了历史短暂的民族。不要仅仅看这个民族存在的时间，更重要的是要看它的"内容"。也就是说，尽管这个民族历史相对短暂，但是如果这个民族的历史在内容上丰富的话，也要好好书写，"不要忽略"。第二个要点则是，无论历史悠久的民族还是历史短暂的民族，通常情况下都有其"兴盛"的时候，也有其"衰落"的时候。不要仅仅把"兴盛"的时期写进历史，其"衰落"的时期也要写进历史，而且要注意探讨其"衰落"的原因，这也"不要忽略"。这本身也是历史的写法问题。

最后，白寿彝先生对"民族史的写法"问题进行了探讨。对于民族史的写法问题，白寿彝先生总的原则是"民族史的写法不要千篇一律"❷。如何全面把握这一总的原则，白寿彝先生有比较具体的论述。这对我们民族史的书写，具有重要启发意义。为保持白寿彝先生论述的原有表述风格，本书将其中的相关表述要点，做了梳理和总结，以便于读者清晰把握和理解：

［总的原则］：民族史的写法不要千篇一律。不一定都写成社会发展史的形式，体裁可以有多种。否则很多东西不易写进去，要不拘形式。按照各民族的材料，采取适当的形式，不要写的太呆板。

［具体原则］：不要只引用经典著作。经典著作的结论，不能代替历史。历史是具体的；写书的时候，也可以使用传说，写明它是历史传说就是了。有的传说可能失真，但不能说完全真实性。但总有个历史的影子嘛；提供材料、讨论，需要人多一些，但写书时无需太多人；学术问题不能投票，不能搞少数服从多数；写成的书稿要保证有一定的水平。❸

白寿彝先生的这些论述，对于民族史学研究工作者，对于国内外史学及民族

❶ 白寿彝.谈民族史［M］//白寿彝民族宗教论集.北京：北京师范大学出版社，1992：69.
❷ 白寿彝.谈民族史［M］//白寿彝民族宗教论集.北京：北京师范大学出版社，1992：69.
❸ 白寿彝.谈民族史［M］//白寿彝民族宗教论集.北京：北京师范大学出版社，1992：69.

学界同仁，在某种意义上，目前依然具有参考价值和启发意义。

五、白寿彝的《民族史工作的历史传统》

这篇文章发表在《史学史研究》1987 年第 1 期上。在这篇文章中，白寿彝先生从"多民族史撰述的杰作""民族重新组合的历史记录""民族史，地方志，纪事本末书"，以及"民族史撰述的近代化倾向"四个方面展开了论述。在"多民族史撰述的杰作"中，在开篇部分，白寿彝先生陈述了三个重要论断，即"中国是一个统一的多民族国家""中国的历史是多民族的历史"，以及"民族史的工作在我国史学史上有悠久的历史传统"。这三个论断在逻辑上是层进式关系，旨在提出第三个论断，也就是这篇文章所要论述的中心思想，即民族史的工作在我国史学史上有悠久的历史传统。显然，上述四个方面都是围绕这一中心思想展开的。就"多民族史撰述的杰作"而言，实际上，白寿彝先生是有所指向的。这里的"杰作"，其中最为主要的一部是司马迁的《史记》。这一部著作，包含了一些讲述我国"北方、南方、东南、东北、西南、西北的民族历史"的著名篇目，诸如《匈奴列传》《南越尉佗列传》《东越列传》《朝鲜列传》《西南夷列传》《大宛列传》等。关于《史记》，白寿彝先生认为，它在汉民族的形成和民族平等思想方面做了许多工作。对于汉民族的形成，白寿彝先生说：

《史记》对汉族的形成，做了很多的工作。学者们习惯于把这些工作看作是中国史的工作，而从民族史的角度看，这些工作还应该说是对汉族形成过程所作的工作。❶

而有关其中的民族平等思想，白寿彝先生指出：

《史记》论述了不同民族的社会发展的不平衡，但不斤斤于夷夏之别，我们看不出它有明显的民族歧视的思想。❷

在这两个方面，尤其是在民族平等思想方面，白寿彝先生认为，《史记》是高于班固的《汉书》及范晔的《后汉书》的。就《汉书》而言，白寿彝先生指出：

《汉书》不赞成汉对南粤、西南夷及朝鲜的用兵，而称赞汉文帝对赵佗的安抚政策。这种观点还反映了班固对这些民族的鄙视态度，但比起他对待匈奴的态度来、还是温和的。❸

---

❶ 白寿彝.民族史工作的历史传统［J］.史学史研究，1987（1）：2.
❷ 白寿彝.民族史工作的历史传统［J］.史学史研究，1987（1）：2-3.
❸ 白寿彝.民族史工作的历史传统［J］.史学史研究，1987（1）：4.

　　显然，白寿彝先生认为，尽管《史记》论述了民族之间在发展上的不平衡现象，但是这种现象原本就是各民族之间以及民族内部甚至不同国家社会发展过程中的一种普遍现象。马克思主义也曾在唯物史观方面阐述过人类社会发展的不平衡规律。也就是说，作为一种普遍存在的客观现象，民族发展的不平衡在国家法律层面并不涉及民族平等问题。更何况，白寿彝先生还指出，《史记》并不计较"夷夏之别"。显然，这是一种民族平等思想。相对于《汉书》中班固对南粤、西南夷在用兵问题上表现出来的"民族歧视"态度，白寿彝先生说，《史记》高于《汉书》就很容易理解了。至于范晔的《后汉书》与司马迁的《史记》相比，在白寿彝先生看来，至少在民族平等思想这一点上，根本不具有可比性。对此，白寿彝先生在文章中有清晰的表达：

　　《后汉书》忽视民族间的历史友谊，而强调少数民族对皇朝的威胁。这种对待民族问题的态度，是远远落后于司马迁的。❶

　　尽管在白寿彝先生看来，在民族平等思想这一点上，《汉书》和《后汉书》都无法与《史记》相比。但是，这并不代表这两部著作毫无是处。对此，白寿彝先生指出，尽管"见识上要比司马迁差得多"❷，但是相对于《史记》，《汉书》和《后汉书》在其他方面还是存在着不少优点。他指出：

　　班固的《汉书》和范晔的《后汉书》，继承《史记》，在民族史方面，对前史或续或补，对创兴的新史专立篇目。它们在资料上可说是收集得不少。❸

　　此其一。其二，《汉书》《后汉书》中某些篇章或撰述的某一方面，相比《史记》来说，也体现出班固、范晔在史学上的功底。对于这方面，白寿彝先生指出：

　　《汉书》的《匈奴传》，有上、下两卷，收录了《史记·匈奴列传》的旧文，增益了李广利降匈奴以后以至更始末年的史事，把《史》《汉》和《后汉书》的《南匈奴传》合起来，对夏、殷以至东汉末年的匈奴历史是相当完整的记载。❹

　　这是就《汉书》某些篇章而言的。对《后汉书》的民族史部分，尤其是民族史材料使用方面，白寿彝先生也是持肯定态度的。例如：

　　《后汉书》的民族史部分，收罗繁富，甚见工力。❺

　　在史书编撰的体例上，白寿彝先生认为，《汉书》与《后汉书》也存在着让人称道之处，对后世的史书撰写有积极的影响。再如：

---

❶　白寿彝.民族史工作的历史传统［J］.史学史研究，1987（1）：4.
❷　白寿彝.民族史工作的历史传统［J］.史学史研究，1987（1）：3.
❸　白寿彝.民族史工作的历史传统［J］.史学史研究，1987（1）：3.
❹　白寿彝.民族史工作的历史传统［J］.史学史研究，1987（1）：4.
❺　白寿彝.民族史工作的历史传统［J］.史学史研究，1987（1）：4.

在编写体例上,《汉书》和《后汉书》都是按地区对多种民族作综合表述,有时是以一个最占优势的民族为主而连带叙述其他民族的。它们在表述民族史事时,往往穿插着有关的中外关系,使读者可以看到民族地区在中外关系史上的地位。这两点,都是继承了《史记》的作法,对后来的民族史撰述很有影响。一直到今天,这两点还是值得采用的。❶

由此可见,白寿彝先生对"多民族史撰述的杰作"的评价,坚持了马克思主义的辩证思想,体现出白寿彝先生公允客观的品格。总体而言,认为它们都是"多民族史撰述的杰作"。尽管如此,但就民族平等思想方面,显然白寿彝先生更加推崇司马迁的《史记》。这不仅充分体现出白寿彝先生的民族平等思想,而且从中也彰显出先生有关各民族共同创造中国历史的核心民族观。当前,这对加强中华民族共同体,铸牢中华民族共同体意识,具有史学价值。文章中,就"民族重新组合的历史记录",白寿彝先生指出:"三国两晋南北朝隋唐时期是民族重新组合的时期。五代辽宋夏金元时期是民族重新组合的又一时期。关于这两个时期的历史记录的数量远远超过前代。"❷ 就"民族史,地方志,纪事本末书",白寿彝先生首先指出:"地方志和纪事本末的发展,是明清时期民族史撰述的一个特点。"❸ 为此,他列举了汉代班固的《汉书·地理志》,西晋司马彪的《续汉书·郡国志》,东晋常璩的《华阳国志》,唐代樊绰的《蛮书》,明代田汝成的《炎徼纪闻》,以及清代《西域图志》《盛京通志》《广西通志》《云南通志》《云南通志稿》《陕西通志》《甘肃通志》《湖广通志》等诸多民族地方志,予以说明。就纪事本末书而言,白寿彝先生认为:"作为一种记事的体裁,先秦已经有了。以纪事本末作为某种史书的著述体裁,则是开始于袁枢的《通鉴纪事本末》。"❹ 他指出:明代李化龙的《平播全书》、郭子章的《黔中平播始末》、杨寅秋的《平播录》、马文升的《西征石城记》《抚安东夷记》,王轼的《平蛮录》等,这些均为明代的纪事本末体史书。至于清代纪事本末书,白寿彝先生认为,这方面的官修史学较多,如温达等编纂的《平定朔漠方略》,傅恒等奉敕撰的《平定准噶尔方略》以及阿桂等奉敕撰的《平定两金川方略》等。至于鸦片战争后,白寿彝先生指出:"清代官修民族地方志和民族史事纪事本末书仍在继续。但因时代变了,书的形式虽不变,而意义不同了。"❺

❶ 白寿彝.民族史工作的历史传统 [J].史学史研究,1987(1):4.
❷ 白寿彝.民族史工作的历史传统 [J].史学史研究,1987(1):4.
❸ 白寿彝.民族史工作的历史传统 [J].史学史研究,1987(1):8.
❹ 白寿彝.民族史工作的历史传统 [J].史学史研究,1987(1):8.
❺ 白寿彝.民族史工作的历史传统 [J].史学史研究,1987(1):8.

白寿彝先生认为，从朱明王朝初期到中华人民共和国成立前，这些民族地方志和民族史事纪事本末书，大多采取"民族歧视"的态度，坚持"大民族主义"的观点。其中又大致分为两类，即"大汉族主义"观点和"少数民族的大民族主义"❶观点。尽管如此，白寿彝先生还指出，在民族理论方面也有其较为"独特的表现"。这种"独特的表现"主要体现在，当时诸如王夫之、顾炎武、黄宗羲等一些学者的论述上。其中，顾炎武反对清廷剥削汉族，肯定少数民族的"优点"。黄宗羲不仅反对民族剥削，而且还反对封建专制统治。❷文章中，白寿彝先生不仅阐述了民族地方志、民族史事纪事本末书及其反映出来的民族态度、观点和一些著名思想家的民族理论，而且还探讨了鸦片战争以来中国"民族史撰述的近代化倾向"。对此，白寿彝先生总结了五点内容。

第一，它反映了民族联合反清反封建压迫的历史。

第二，少数民族的历史地位，在这时期有了重大的改变。

第三，民族史在中国史中的地位受到重视。

第四，本世纪（本书作者注：本世纪是指 20 世纪）二十年代，开始有近代形式的中国民族史出现。

第五，民族理论的多样化和民族平等思想的出现。❸

六、白寿彝的《关于民族史的工作》

文章是 1988 年 10 月白寿彝先生在中国民族史学会上的讲话稿。在这篇文章中，白寿彝先生阐述了关于民族史工作的"一个总结"和"四件事情"。"一个总结"，指的是中华人民共和国成立以来到 1989 年 10 月这四十年间，对中国民族史工作做一个详细的总结。对此，白寿彝先生主要从总结的必要性、总结的"好处"、总结的方式方法及其意义与价值等方面展开论述。

在白寿彝先生看来，在 1989 年中华人民共和国成立四十周年纪念之际，对中国民族史四十年来的工作做一个阶段性总结，是很有必要的。如何体现这种必要性，白寿彝先生如是说：

在这 40 年里，中国民族史的研究有很大的发展，出了很多的成绩，这是以往任何历史时期所没有的。对于历史学科的其他部门来说，我们也是没有愧色的。我们应该在建国 40 周年之际，总结这 40 年来的成就。❹

---

❶　白寿彝.民族史工作的历史传统［J］.史学史研究，1987（1）：9.
❷　白寿彝.民族史工作的历史传统［J］.史学史研究，1987（1）：9.
❸　白寿彝.民族史工作的历史传统［J］.史学史研究，1987（1）：10–12.
❹　白寿彝.关于民族史的工作［M］//白寿彝民族宗教论集.北京：北京师范大学出版社，1992：70.

白寿彝先生主张总结中国民族史 40 年的工作，显然是基于 40 年来民族史工作"很大的发展""很多的成绩"以及"没有愧色的"。对此，白寿彝先生特别指出，"这是以往任何历史时期所没有的"。这句话充分表明，中华人民共和国成立及其优越的社会主义制度，给中国民族史工作带来了繁荣和巨大进步。既然如此，在中华人民共和国成立 40 周年国庆之际，对中国民族史工作进行总结，将其作为国庆 40 周年献礼，自然是恰如其时。不仅如此，白寿彝先生认为，总结过去是为了"彰往知来"。所以，他在文中还明确指出，对中国民族史 40 年发展总结是有利于未来进一步发展的。对此，他指出"总结"的"好处"：

总结的最大好处是可以提高我们的自觉性，发扬优点，克服不足，对于推动我们的工作有很大好处。❶

如何总结是白寿彝先生思考的另一个问题，即总结的方式方法问题。白寿彝先生对此进行了较为细致的阐述，提出了总结的诸多好建议，这对于中国民族史以及其他方面的总结提供了借鉴，至今依然具有参考价值。鉴于此，笔者很想在此将白寿彝先生的有关建议作一简要梳理，供学术界同仁共同学习和借鉴：

民族史的总结，可以按照不同的情况，一个民族一个民族地总结，也可以一个地区一个地区地进行总结；要注意到少数民族中的少数民族，不要忘记他们；总结中还可以包括民族史理论方面的工作和民族史研究机构的调查统计；能写出一篇建国 40 周年来中国民族史研究的发展，就更好了；建议把这 40 年中出版的民族史的资料、专著、杂志，编写成一本总目，最好每条都有解题；是否可以编一部民族史的论文索引；等等。❷

在提出上述诸多建议的基础上，白寿彝先生进一步指出了这项总结工作本身的意义与价值。

总结是一件很重要的工作，值得我们下力气去搞。我们把这件工作做好了，对于我们民族史的研究进一步开展，会有很大的好处。❸

在文章中，白寿彝先生讲述得很明确。中国民族史在"原有工作的基础上"，应当"优先考虑"做几件事情。所以，在"一个总结"的基础上，白寿彝先生就当时中国民族史的进一步发展，提出了四点建设即要做的"四件事情"。

第一件事情，是关于民族史资料的收集与整理工作。对于这件事情，在文章

---

❶ 白寿彝.关于民族史的工作［M］//白寿彝民族宗教论集.北京：北京师范大学出版社，1992：70.
❷ 白寿彝.关于民族史的工作［M］//白寿彝民族宗教论集.北京：北京师范大学出版社，1992：70-71.
❸ 白寿彝.关于民族史的工作［M］//白寿彝民族宗教论集.北京：北京师范大学出版社，1992：71.

中，白寿彝先生阐述了它的重要性以及为什么这是当时"优先考虑"的事情。他指出：

这些年，我们的资料工作做得不少，但重视得还不够，还不能摆在应有的地位上去看待。有些单位把资料工作一律看成简单的工作，这是不对的。资料工作中，有比较简单的，有相当复杂的，有时比写论文还要困难。❶

作为科研工作者，每个人都会与研究资料"打交道"，都离不开资料，这段话对我们科研工作者有重要启发。若进行自查自纠的话，我们是否有把资料工作简单化，是否明白资料会有"简单"与"复杂"之分，等等。这些认识，既是白寿彝先生《关于民族史的工作》一文的价值，也是白寿彝先生民族思想研究的价值，应该对于每一位人文社科研究工作者带来启发。

第二件事情，有关民族史工作理论方面的事情。在文章中，当时白寿彝先生谈到了几个重要问题，如中国民族史工作以何种理论为指导的问题，如何理解这种理论"指导"即指导什么或者说是在哪些方面给予指导，在相关理论指导下的主要任务以及具体工作的方向是什么等。在这些问题中，当时白寿彝先生给予了明确的解答。他指出，必须要牢牢坚持马克思主义在中国民族史工作中的指导地位。这种"指导"，在白寿彝先生看来，不是什么别的"指导"，而是不仅包括民族史工作中的"基本观点"方面的指导，也包括"基本方法"方面的指导，即中国民族史研究工作在思想与方法方面的指导。不仅如此，在民族史研究工作中，在"运用"马克思主义指导工作的同时，还要注意"发展马克思主义"，逐渐建构具有中国特色的马克思主义民族史学理论、方法体系，在民族史学研究领域不断推进马克思主义的中国化进程。对此，当时白寿彝先生指出了其中缘由，即民族史工作与民族团结和国家发展前途紧密相关。

特别是民族史的研究，更有现实的意义，它处处与民族团结、国家民族的命运，千丝万缕地联系着。❷

这是从现实的角度来讲的。从学术的角度看，在中国民族史工作中，以马克思主义为指导，不仅能够释疑民族史工作中的有关疑难问题，而且还能够拓展民族史工作的视野，将民族史工作引向深入。

第三件事情，白寿彝先生认为，应该是民族史工作的组织方面的事情。在此方面，白寿彝先生着重讲了两点：第一点是各民族史研究机构之间的工作

---

❶ 白寿彝.关于民族史的工作［M］//白寿彝民族宗教论集.北京：北京师范大学出版社，1992：72.
❷ 白寿彝.关于民族史的工作［M］//白寿彝民族宗教论集.北京：北京师范大学出版社，1992：73.

"配合"问题，即"在工作上有计划的配合，以利于工作的开展"❶。第二点是有关民族史学术会议交流方面的问题。对此，白寿彝先生给出了建议：

全国性的学术会议召开不易。可以多开一些地方性的，专题的讨论会，人数可以少些，形式可以灵活些。❷

第四件事情，白寿彝先生倡导"考虑民族史研究基金的征集"问题。因为当时在白寿彝先生看来，"民族史研究，需要进行的工作很多，有当前急需要做的工作，有为长期的发展而必须进行培养民族史研究队伍的工作，这都需要很多的经费。目前，我们从政府那里得到的经费，是远远不够的。"❸

以上，就是白寿彝先生《关于民族史的工作》的基本内容。关于少数民族史学工作方面的著述，本书主要阐述了白寿彝先生的上述六篇文章。这些文章从民族史学研究工作的理论、方法、资料、组织工作等各方面进行了论述，充分体现出白寿彝先生有关少数民族史学思想。此外，白寿彝先生 1996 年发表在《史学史研究》第 4 期上的《不断开展民族史的理论学习——在中国民族史学会第四次会议上的讲话》一文，笔者没有进行专门的阐述。其主要原因在于，该文主要涉及民族史工作的马克思主义理论指导问题。该问题已在前文有所论述，故而不再赘述。

第二节　关于中国历史上民族关系的著述

其实，本可以将中国历史上民族关系问题列入白寿彝先生有关少数民族史学著述中进行阐述，但是本书将其单列为一节，给予单独论述。其主要原因在于，前文所述的有关少数民族史工作的著述，更多地侧重于白寿彝先生的民族史学研究工作方面的思想，属于旨在探讨如何做好中国民族史研究工作的方法论范畴；历史上中国民族关系方面的思想，则属于白寿彝先生对于中国历史上民族关系问题的认知范畴。实际上，关于中国历史上民族关系方面，白寿彝先生提出了诸多见解，这对于我们正确认识中国历史上的民族关系问题，具有借鉴意义。对于这部分内容，本书特单设一节，给以专门的阐述。白寿彝先生关于中国历史上民族关系方面的著述，代表性的有两篇文章，即《在历史剧与民族关系座谈会上的发

❶ 白寿彝.关于民族史的工作［M］//白寿彝民族宗教论集.北京：北京师范大学出版社，1992：73.
❷ 白寿彝.关于民族史的工作［M］//白寿彝民族宗教论集.北京：北京师范大学出版社，1992：73.
❸ 白寿彝.关于民族史的工作［M］//白寿彝民族宗教论集.北京：北京师范大学出版社，1992：73.

言》和《关于中国民族关系史上的几个问题》。

一、白寿彝的《在历史剧与民族关系座谈会上的发言》

白寿彝先生的这篇文章，虽然题名为《在历史剧与民族关系座谈会上的发言》，看似集中探讨历史剧与民族关系的问题，实际上并非如此。这一点认识，可以从文章的开篇部分，有关白寿彝先生参加此次座谈会发言的"开场白"中得到证实。

文化部文学艺术研究院让我来，通知上写的是谈……。这个题目，我没有什么资格好谈的。……也没来得及认真准备，想到一点，说一说。说一说"民族"方面吧，"戏曲"就不行了。没有看过几个戏，更不要说懂了。❶

既然白寿彝先生在座谈会发言"开场白"中这样说，那么这篇文章究竟谈论的什么问题，或者说谈论了哪些问题呢？在文章中，白寿彝先生主要谈论了五个问题，即"中国"这个概念，"民族特征的问题""各族人民共同创造祖国历史的问题""中国历史发展与民族关系发展的关系"，以及"民族英雄问题"。实际上，在这五个问题中，"民族特征的问题""各族人民共同创造祖国历史的问题"及"中国历史发展与民族关系发展的关系"，都是民族关系探讨的问题。从这一点上讲，这篇文章主要还是探讨民族关系问题的。首先，关于民族关系的问题，白寿彝先生是从两个层面论述的。第一个层面，民族特征与民族关系之间的联系。本书认为，民族特征与民族关系紧密相连，是民族关系问题的重要内容。我们知道，民族关系主要表现在民族与民族之间的关系，只有民族与民族之间才会产生民族关系。为什么会有民族关系一说，根本上还是因为有不同民族的存在。❷ 文章中，白寿彝先生谈论的有关"民族特征"的第二个层面就是"民族感情"。对于民族感情，白寿彝先生认为，它有两种不同的发展趋势：一种趋势是民族感情朝着"好"的方向发展，这就是"民族友好"。另一种趋势是民族感情向着"不好"的方向发展，这就是民族纷争。对于民族之间的"纷争"，白寿彝先生认为，大致应该有两种处理方式。一种方式是比较积极地看待民族之间的纷争。与此同时，另一种方式则是不能认真对待民族之间的"特征"或"纷争"。❸ 白寿彝先

❶ 白寿彝.在历史剧与民族关系座谈会上的发言［M］//白寿彝民族宗教论集.北京：北京师范大学出版社，1992：37.

❷ 白寿彝.在历史剧与民族关系座谈会上的发言［M］//白寿彝民族宗教论集.北京：北京师范大学出版社，1992：39.

❸ 白寿彝.在历史剧与民族关系座谈会上的发言［M］//白寿彝民族宗教论集.北京：北京师范大学出版社，1992：39.

生关于民族特征的论述，在当时对人们认识民族现象有借鉴意义。

其次，白寿彝先生谈论的有关民族关系的另一个问题，即"各族人民共同创造祖国历史的问题"❶。为什么要把该问题视为民族关系问题？白寿彝先生在《关于中国民族关系史上的几个问题——在中国民族关系史座谈会上的讲话》（1981）一文中，就中国历史上民族关系的主流问题阐述得很清楚，是各民族不断把中国历史推向前进，也就是各民族共同创造中国历史。关于此问题，本书将在后面"白寿彝的《关于中国民族关系史上的几个问题——在中国民族关系史座谈会上的讲话》"中作详细阐述。

最后，白寿彝先生所谈论的有关民族关系的又一个问题是"中国历史发展与民族关系发展的关系"问题。对该问题，在文章中，白寿彝先生提出的一个基本观点，就是"封建社会的发展，与民族关系的发展分不开"❷。白寿彝先生将中国封建社会划分为四个时期，即中国封建社会的成长时期（秦汉）、中国封建社会的发展时期（三国两晋南北朝隋唐）、中国封建社会进一步发展时期（五代至辽宋夏金元），以及中国封建社会的衰落时期（明清）。然后，从民族关系的角度考察中国封建社会各个不同时期的基本特征。根据这种考察及在民族关系上表现出来的不同特征，白寿彝先生得出一个重要结论：

应该从民族关系角度上，看出中国历史发展和各民族有关系。❸

这种关系在我国封建社会四个不同时期的具体情况是怎样的？白寿彝先生在文章中做了比较详细的阐述。在中国封建社会成长时期，中国历史产生了一个新的民族——汉族。在该时期，有两点与少数民族密切相关。一个是汉民族形成本身。汉民族是在吸收并融合了当时许多部落、民族的基础上形成的一个新的人们共同体，也就是说汉族形成是历史上各民族交往交流交融的结果❹。另一个是这一时期所创造出来的"两汉文化"之所以能够达到当时的文化高度，这也与包括少数民族在内的各民族紧密相关。具体而言，"两汉文化"的高度，一方面离不开汉民族的形成，另一方面也离不开汉民族形成以后"把各民族融合起来"。白寿彝先生认为，"两汉文化"能够达到当时如此的高度，是与这两个方面都有关联

❶ 白寿彝.在历史剧与民族关系座谈会上的发言［M］//白寿彝民族宗教论集.北京：北京师范大学出版社，1992：40.
❷ 白寿彝.在历史剧与民族关系座谈会上的发言［M］//白寿彝民族宗教论集.北京：北京师范大学出版社，1992：42.
❸ 白寿彝.在历史剧与民族关系座谈会上的发言［M］//白寿彝民族宗教论集.北京：北京师范大学出版社，1992：43.
❹ 白寿彝.在历史剧与民族关系座谈会上的发言［M］//白寿彝民族宗教论集.北京：北京师范大学出版社，1992：42.

的。然而，无论是汉族形成，还是"两汉文化"，这两点都与各民族交往交流交融相关。这是在中国封建社会的成长时期，中国历史的发展与各民族交往交流交融的关系。

在中国封建社会发展时期和进一步发展时期，白寿彝先生指出，尽管民族关系不是中国封建社会向前发展的唯一标志，但却是其中重要的一个标志。这一标志，是以"民族杂居地区的封建化"为衡量标准的。在魏晋南北朝隋唐时期，中国北方的少数民族南迁，与中原汉族杂居，加快了其封建化进程。与此同时，中原汉族南迁，与中国南方诸多少数民族杂居，带去了先进的生产技术、劳动经验等，这也推进了南方各少数民族的封建化进程。到辽宋夏金元时期，"新疆、西藏、云南"等广大边疆地区，"进入封建化"。在中国封建社会发展的这两个时期，都与民族关系紧密相连。正因为如此，白寿彝先生才说：

> 讲中国封建社会的发展，不能丢开民族关系的发展，丢开没法讲。光从汉族地区讲，太小了。❶

中国封建社会进入明清时期这样一个衰落的阶段以后，由于中国封建社会矛盾逐渐加剧，各民族在共同反对封建反动统治过程中，彼此之间的联系逐渐增多，相互之间的民族关系相对于前三个阶段有了更进一步的发展。在民族关系上出现了一些新特点。对于这种新特点，白寿彝先生是这样描述的：

> 在共同反对封建统治的斗争中，形成为天然同盟兄弟。特别是清朝，少数民族和汉族大规模起义，共同战斗。这是战斗历史，战斗友谊。❷

各民族之间的联合战斗，能够结成"同盟兄弟"，结下"战斗友谊"，这在中国封建史上是比较少见的，因而这成为民族关系史上交往交流交融的新特点。

二、白寿彝的《关于中国民族关系史上的几个问题》

这篇文章是 1981 年 5 月白寿彝先生在中国民族关系史座谈会上的讲话稿。文章中，白寿彝先生讲述了四个问题，即"民族关系及其形成的空间范围问题""民族关系的主流""汉族的形成"以及"民族关系史的研究工作"。本书仅就除却"汉族的形成"以外的与民族关系密切相关的三个问题进行阐述。

有关"民族关系及其形成的空间范围问题"，白寿彝先生着重谈了三个方面：

---

❶ 白寿彝.在历史剧与民族关系座谈会上的发言［M］//白寿彝民族宗教论集.北京：北京师范大学出版社，1992：43.
❷ 白寿彝.在历史剧与民族关系座谈会上的发言［M］//白寿彝民族宗教论集.北京：北京师范大学出版社，1992：43.

第一，"中国历史是中华人民共和国境内各民族的历史"❶。第二，"今天中国境内的各民族，基本上在过去也可以说是中国的民族"❷。第三，同民族关系及其形成的空间范围问题相关联的问题很多，而原先哪些民族是中国的，哪些民族不是中国的，情况比较复杂，应当引起重视。❸ 在对上述三个问题论述的基础上，白寿彝先生就该问题作了总结，他指出：

> 民族关系……虽是一个复杂的课题，但是有一点可以肯定：尽管有这样那样许多不同的情况，然而总的来讲，好多的少数民族跟汉族一样，在其形成以前都是在中原活动的，后来逐渐分离出去了，这些民族都应该是中国民族。……这就是：今天我们中华人民共和国境内的各民族的祖先，很多都是一开始就在中国土地上生长起来，都是在中国境内活动的，当然也都是中国人、中国民族。❹

白寿彝先生对中国历史上民族关系的主流问题是有独到见解的。他阐述了在中国民族关系史上，有关中国历史上民族关系主流问题研究的两种基本观点，即一种观点认为中国历史上民族关系的主流是"民族友好"；另一种观点则恰好相反，认为中国历史上民族关系的主流是民族纷争。针对当时学术界这两种观点争论不休的情况，白寿彝先生提出了既能够让双方都能够接受、能解决两者之间的长期争论，又比上述两种观点在认识问题的层次上更高的一种观点，该观点是对中国历史上民族关系主流问题的一种创新。究竟以哪种方式看待中国历史上民族关系的主流问题？这一主流究竟是什么？白寿彝先生在文章中有一段精辟的论述。这段论述是：

> 我们研究历史，不能采取割裂历史的方法。从一个历史阶段看问题，固然是必要的；从整个历史发展趋势看问题，则是更为重要的。在民族关系史上，……主流是什么呢？几千年的历史证明：尽管民族之间好一段、歹一段，但总而言之，是许多民族共同创造了我们的历史，各民族共同努力，不断地把中国历史推向前进。我看这是主流。这一点是谁都不能否认的。❺

通过这段论述，白寿彝先生不仅启发我们如何正确看待中国历史上民族关系

---

❶ 白寿彝.关于中国民族关系史上的几个问题［M］//白寿彝民族宗教论集.北京：北京师范大学出版社，1992：46.

❷ 白寿彝.关于中国民族关系史上的几个问题［M］//白寿彝民族宗教论集.北京：北京师范大学出版社，1992：47.

❸ 白寿彝.关于中国民族关系史上的几个问题［M］//白寿彝民族宗教论集.北京：北京师范大学出版社，1992：51.

❹ 白寿彝.关于中国民族关系史上的几个问题［M］//白寿彝民族宗教论集.北京：北京师范大学出版社，1992：52.

❺ 白寿彝.关于中国民族关系史上的几个问题［M］//白寿彝民族宗教论集.北京：北京师范大学出版社，1992：53.

的主流问题，以及中国历史上民族关系的主流究竟是什么的问题，而且给我们看待其他问题尤其是在观点上截然对立的问题提供一种方法论参考。也就是说，要全面地、整体地看待问题，而不是片面地、局部地看待问题。

在对"民族关系及其形成的空间范围问题""民族关系的主流"两个问题探讨的基础上，白寿彝先生谈到了"民族关系史的研究工作问题"。对该问题，白寿彝先生提出了四点。

首先，是白寿彝先生提出在民族关系史研究工作中"最要紧的是什么"这一问题。在白寿彝先生看来，"最要紧的是要放开眼界，发掘潜力，不断综合新的研究成果"❶。对于如何理解"放开眼界"，白寿彝先生指出："放开眼界，是说我们要能提出新问题，不要总是拘泥于过去已经提出的老问题。"❷多提新问题是放开眼界的关键点。怎样才能够做到"多提新问题"，避免"老问题"？白寿彝先生谈到了提问题的视野问题，即"要站得高，要从整个历史发展看问题"❸。紧接着，白寿彝先生从"纵""横"两个方面，对所谓的"从整个历史发展看问题"做出了阐释。他认为：

> 所谓从整个历史发展看问题，一个是横着看，看在全国范围里起了什么作用，产生了什么影响。不要单独地局限于个别事实，揪住不放。那样做，好处不大。……再一个是纵着看，看上下几千年，看一件事情是怎样发生的，怎样发展的，将来又如何，这样就有意义了。❹

其次，是发掘各民族对中国历史的贡献问题。对于该问题，白寿彝先生在文章中又谈了两点：一点是从哪些方面或领域发掘各民族的历史贡献。他认为，各民族无论是在"政治关系"方面，还是"生产技术""学术文化"方面，都存在着能够彰显他们对祖国历史贡献的大量资料，要重视发掘这些资料，阅读、研究甚至要翻译这些资料。另一点则是各民族对祖国历史的贡献是否一定要具有鲜明的民族烙印才算数，不带有民族烙印的历史贡献能不能视为本民族的历史贡献？白寿彝先生认为，各民族对祖国历史的贡献并非一定要具有民族烙印。许多少数民族对祖国历史所做的积极工作，并不带有该民族的烙印，我们也应当视为该民族

---

❶ 白寿彝.关于中国民族关系史上的几个问题［M］//白寿彝民族宗教论集.北京：北京师范大学出版社，1992：61.
❷ 白寿彝.关于中国民族关系史上的几个问题［M］//白寿彝民族宗教论集.北京：北京师范大学出版社，1992：61.
❸ 白寿彝.关于中国民族关系史上的几个问题［M］//白寿彝民族宗教论集.北京：北京师范大学出版社，1992：61.
❹ 白寿彝.关于中国民族关系史上的几个问题［M］//白寿彝民族宗教论集.北京：北京师范大学出版社，1992：61.

对祖国历史所做的贡献。对此，白寿彝先生做了专门的论述：

现在我看，不能对任何事情都这样要求。民族特点是客观存在的，有些特点还应该发展，但少数民族的某些工作，表现不出民族特点却对各民族都有好处，这也是很好的贡献嘛，有什么不好呢。❶

再次，是中国历史工作中最重要的任务——写历史书的问题。白寿彝先生认为，中国历史工作"最重要的任务就是要写历史书"❷。在白寿彝先生看来，写历史书，不仅要搞"专题研究"、历史"考证"、编写"工具书"等，更主要的是要把历史书写出来。写出来的历史书，不仅要"系统"，更为重要的是要"可靠"。写历史书是有重要意义的。对此，他指出："写出历史书可以对各族人民进行历史唯物主义教育，使广大的各族人民有机会懂得祖国的过去、本民族的过去，展望祖国的未来、本民族的未来。"对于写历史书的作用问题，白寿彝先生还通过对比历史专题性论文，来进一步说明。白寿彝先生从未反对写历史专题论文，但是他也指出，开展史学研究，呈现研究成果，并不仅限于展示给历史学领域的研究者们看的。也就是他所说的"不要局限在历史工作者的小圈子里"❸。从这个方面讲，写历史书比写历史专题论文，对社会产生的积极影响可能相对更大些。所以他才再三提出，"还要为广大读者写历史书"，"史学工作者最重要的任务就是这个。"❹也就是要重视中国史学研究与中国现实相结合的问题。对此，他分别列举了历史工作者在国家现代化建设中应发挥怎样的作用。面对20世纪中后期中国青少年教育的现实问题，当时历史工作者又能做些什么样的工作？这就是历史研究与当时中国社会现实相结合的问题。对此，白寿彝先生指出：

建设过程中会存在各种阻力。在我们历史工作者看来，这没有什么奇怪的。阻力，是长远历史遗留下来的，有好多是封建社会遗留下来的，找找这些原因，……清理过去，揭示现在，还要展望未来，这是我们历史工作者的职责。❺

最后，是关心青年人的教育问题。白寿彝先生指出："历史工作者要研究一下，怎样去帮助年轻一代。我认为，现在年轻人有一个很大的问题，就是看不

❶ 白寿彝.关于中国民族关系史上的几个问题［M］//白寿彝民族宗教论集.北京：北京师范大学出版社，1992：62.
❷ 白寿彝.关于中国民族关系史上的几个问题［M］//白寿彝民族宗教论集.北京：北京师范大学出版社，1992：62.
❸ 白寿彝.关于中国民族关系史上的几个问题［M］//白寿彝民族宗教论集.北京：北京师范大学出版社，1992：62.
❹ 白寿彝.关于中国民族关系史上的几个问题［M］//白寿彝民族宗教论集.北京：北京师范大学出版社，1992：62.
❺ 白寿彝.关于中国民族关系史上的几个问题［M］//白寿彝民族宗教论集.北京：北京师范大学出版社，1992：62.

清历史的出路在哪里。在他们内心，有意识无意识地感觉到这个问题：将来怎么办？……我们历史工作者，当然也包括民族史和民族关系史研究者，是要写历史书，通过历史书对青年一代进行宣传教育。这种宣传教育不是假的，不是歪曲历史，不是捏造事实的，而是要根据历史事实进行的。这是历史工作者促进历史发展的最主要的职责。我们历史工作者，应当用自己的工作来促进历史的发展。"❶

这就是当时作为一代爱国主义史学家的杰出代表的白寿彝先生。在史学研究工作中，他时刻不忘自身所承担的时代责任，时刻不忘把自己的工作与国家社会的实际问题紧密结合起来。通过自身的专业知识和技能承担起本应该承担的社会职责，为国家和社会做出自己应有的贡献。笔者之所以将白寿彝先生对诸多问题的经典论述以引文的形式置于本书中，根本上旨在方便更多读者能够清晰地捕捉到这些论述，从这些经典论述中，既要学习白寿彝先生作为学者的高尚的爱国品格和社会担当，更要使广大群众尤其是青少年朋友从白寿彝先生的诸多论述中获得启发，汲取正能量，自觉践行社会主义核心价值观。

在文章中，关于写历史书，白寿彝先生还谈到了中国历史学家的两个重要传统问题。其中，一个传统是"察往观来"❷，另一个传统则是"把写历史书作为不朽之业来看待"❸。就第一个传统而言，白寿彝先生解释道，察往观来，就是要"说明过去的事情，展望将来的事情"❹。进一步说，就是"按照察往观来的原则，我们需要从整个历史的纵的方面和横的方面，深刻地说明我们国家的过去和将来，这样来宣传爱国主义，效果是不是更大一些"❺。至于另一个历史传统，也就是历史学家的历史使命，白寿彝先生指出："我们的工作要直接、间接地为历史的前进提供一些东西，我们要有抱负，有正气，有雄心大志，把历史的责任担当起来。"

以上就是白寿彝先生为什么主张写历史书，把写历史书作为中国历史工作中最重要的任务。其中，中国社会的历史传统，包含着历史工作者对中国社会现实的观察、思考以及问题的担当和职责，更是蕴含着历史工作者作为知识分子的时

---

❶　白寿彝.关于中国民族关系史上的几个问题 [M]//白寿彝民族宗教论集.北京：北京师范大学出版社，1992：63.
❷　白寿彝.关于中国民族关系史上的几个问题 [M]//白寿彝民族宗教论集.北京：北京师范大学出版社，1992：64.
❸　白寿彝.关于中国民族关系史上的几个问题 [M]//白寿彝民族宗教论集.北京：北京师范大学出版社，1992：64.
❹　白寿彝.关于中国民族关系史上的几个问题 [M]//白寿彝民族宗教论集.北京：北京师范大学出版社，1992：64.
❺　白寿彝.关于中国民族关系史上的几个问题 [M]//白寿彝民族宗教论集.北京：北京师范大学出版社，1992：64.

代使命和应有的爱国情怀。在文章的末尾，白寿彝先生还就写历史书作了一简要总结。本书认为，这不仅对历史工作者，而且也对广大科研工作者，具有重要启发价值。

总之，写历史书不是一件简单的事，也不仅是一般知识性方面的事，而是一项很重要的、推动历史前进的科学工作。❶

第三节　关于民族政策等方面的著述

白寿彝民族思想是对中国多民族现象的一种全面而系统的认知体系，其中不仅包含前文所述的民族理论、民族史学思想（含民族关系史思想）等，而且还包括中国历代解决民族问题、处理民族关系等的一系列民族政策，尤其是中华人民共和国成立以来党和国家制定和实施的一系列民族政策和民族工作方法，这些共同构成了白寿彝民族思想体系的主要成分。尽管，白寿彝先生有关民族政策的诸多论述较多地零星散布在其相关史学研究著作中，但还是有一些重要文章是专门阐述民族政策的，这就是白寿彝先生撰写于1954年的《杰出的多民族国家宪法》和1987年的《贯彻民族区域自治法的几个理论问题》。这两篇文章基本上都是讨论中国民族区域自治政策的，尤其是后者。这里，本书就《贯彻民族区域自治法的几个理论问题》中，白寿彝先生有关民族区域自治政策的思想进行论述，以供广大读者认识和把握。这正如他开篇所言：

我想谈谈关于民族工作的几个理论问题的想法，这都是和自治法的贯彻有密切联系的。❷

在文章中，白寿彝先生谈及了"关于统一和多民族的问题""关于权利和义务的问题"以及"人的因素问题"三个方面的问题。由于前文已就"统一和多民族的问题"相关著述做了阐述，这里仅就后两个问题进行论述。

白寿彝先生认为，正确认识和处理权利和义务之间的关系问题，对顺利贯彻民族区域自治法是有利的。在此认识之下，白寿彝先生当时从两个方面认识权利和义务之间的关系问题。一方面，在贯彻落实民族区域自治法过程中，各少数民族享有的权利和应当承担的义务不是对立的，而是相互统一的。白寿彝先生指

---

❶　白寿彝.关于中国民族关系史上的几个问题［M］//白寿彝民族宗教论集.北京：北京师范大学出版社，1992：64.

❷　白寿彝.贯彻民族区域自治法的几个理论问题［M］//白寿彝民族宗教论集.北京：北京师范大学出版社，1992：9.

出，"各族人民当家作主"是民族区域自治法规定的各少数民族享有的基本权利，同时也是各少数民族应当承担的义务。各少数民族"当家作主是权利，也是义务。各少数民族要当家作主，并且能够当家作主，这是权利。要当好这个家，做好这个主，这是义务。这是各少数民族，也是民族地区的干部所必须做到的"❶。另一方面，民族区域自治法规定的"国家要帮助民族地区的发展"问题。正确认识和处理权利和义务之间的关系，是贯彻落实民族区域自治法的重要条件。白寿彝先生关于权利与义务之间关系的思想，对当时促进民族发展具有启发意义。对此，白寿彝先生指出：

把当家作主简单地看作是权利，这是片面的。把帮助简单地看作是恩惠或赠与，也是不对的。❷

白寿彝先生的上述论述，把民族区域自治法贯彻落实过程中在权利和义务处理方面的问题，考虑得非常全面、透彻和细致。这对当时保障民族区域自治法的顺利实施，切实维护该法应有的法律尊严，做好民族工作，具有借鉴意义。这正如白寿彝先生所说：

本来很简单，但因种种原因，一碰到具体事情往往就糊涂了。不断提醒大家正确地认识和对待权利和义务的关系，对于贯彻自治法是有益的。❸

在文章中，白寿彝先生讨论的另一个重要问题是当时民族区域自治法贯彻过程中有关"人的因素问题"。也就是说，在民族自治地方，大力培养各种人才，是当时促进民族区域自治地方加快发展的首要举措。在白寿彝先生看来，在民族区域自治法贯彻实施过程中，在当时推进自治地方各种建设事业大发展的各种工作中，往往存在着一种不利现象，即"见物不见人"❹。也就是说，在此过程中，关注"物的因素"通常甚于"人的因素"。即"忽视或忘记人的因素的重要性"❺。对此问题，归纳起来，白寿彝先生大致有三个观点：第一个观点是，在社会主义建设中存在的"见物不见人"的现象，是因错误理解生产力而造成的。他指出："建设社会主义，就是要解放生产力，发展生产力，但对于生产力的理解

---

❶　白寿彝.贯彻民族区域自治法的几个理论问题［M］//白寿彝民族宗教论集.北京：北京师范大学出版社，1992：10.

❷　白寿彝.贯彻民族区域自治法的几个理论问题［M］//白寿彝民族宗教论集.北京：北京师范大学出版社，1992：10.

❸　白寿彝.贯彻民族区域自治法的几个理论问题［M］//白寿彝民族宗教论集.北京：北京师范大学出版社，1992：10.

❹　白寿彝.贯彻民族区域自治法的几个理论问题［M］//白寿彝民族宗教论集.北京：北京师范大学出版社，1992：10.

❺　白寿彝.贯彻民族区域自治法的几个理论问题［M］//白寿彝民族宗教论集.北京：北京师范大学出版社，1992：10.

却有所不同"❶，这是造成"见物不见人"现象的主要原因。如何解决上述问题，消除"见物不见人"现象，促进民族自治地方的发展。白寿彝先生指出："在生产过程中，资源和技术是生产力必须的要素，但能够开发资源、掌握技术的毕竟还是人"❷。因此，他进一步指出："随着机械化水平和尖端技术的不断提高，人的因素就越来越重要。"❸第二个观点是，白寿彝先生认为，在民族区域自治地方，在"人的因素"上，不仅有人的即工作人员的"技术水平问题"，而且还存在人的"责任感"问题。也就是说，在当时民族区域自治地方各种建设事业中，既要高度重视"人的因素"中的"技术水平"问题，更要重视人的"高度责任感"问题。"人的因素"问题，根本上是由生产过程中的"技术水平"和"高度责任感"构成的。在观点一和观点二的基础上，白寿彝先生以一种辩证的方式，提出了第三个重要观点，即"物质生产活动和精神活动是统一的"❹。实际上，白寿彝先生根据民族区域自治法中有关规定，较为全面地阐述了当时如何推进民族自治地方社会主义建设事业发展的问题。归纳起来：在社会主义建设事业中，既要重视生产中的物质资料、资源等方面的因素，更要重视"人的因素"。对于生产过程中的人的因素，必须要充分重视两个方面，即"人的因素"中的"技术水平"问题和"高度责任感"问题。这在本质上，就是要正确理解生产力的问题。可见，在社会主义建设初期，白寿彝先生敏锐地发现了生产中存在的不能够正确理解"生产力"的问题，并提出自己的建议，这对我国经济建设早期推动民族发展有启发价值。这充分体现了白寿彝先生科学研究与社会现实紧密结合的学术风格。在文章最后，白寿彝先生总结道：

为了加快民族自治地方经济和文化建设，加快培养各种人才，提高各族人民的文化素质，应是极其重要的任务。❺

以上，本书在这一章中较为详细地叙述了白寿彝先生有关思想理论方面的专题性著述，其中涉及白寿彝民族论述的几篇文章。然而，需要强调的是，白寿彝民族思想是一个系统的思想体系，其中所涉及和包含的内容绝不仅限于上

❶ 白寿彝.贯彻民族区域自治法的几个理论问题［M］//白寿彝民族宗教论集.北京：北京师范大学出版社，1992：10.
❷ 白寿彝.贯彻民族区域自治法的几个理论问题［M］//白寿彝民族宗教论集.北京：北京师范大学出版社，1992：10.
❸ 白寿彝.贯彻民族区域自治法的几个理论问题［M］//白寿彝民族宗教论集.北京：北京师范大学出版社，1992：10.
❹ 白寿彝.贯彻民族区域自治法的几个理论问题［M］//白寿彝民族宗教论集.北京：北京师范大学出版社，1992：10.
❺ 白寿彝.贯彻民族区域自治法的几个理论问题［M］//白寿彝民族宗教论集.北京：北京师范大学出版社，1992：10.

述文章中的部分。还有大量的有关民族的论述，由于零星地散布在白寿彝先生的史学著述中，便不在此一一作论述。如前文所述，白寿彝民族思想作为一个系统性的理论体系，总体上是围绕着白寿彝先生关于各民族共同创造中国历史这一核心民族观展开的。该民族观，主要包含着多民族与统一的思想、中国历史上民族关系的思想、少数民族史学思想等主要思想，还有民族的自由与平等思想、民族的权利与义务思想、民族区域自治的思想、中国历史上民族英雄的思想、民族的思想教育、少数民族发展及其封建化思想、民族的形成、中国封建统治者的民族观与民族政策、中国共产党的民族政策、各民族对祖国的历史贡献，以及民族学与史学之间关系的思想等。但是，本书重点围绕白寿彝先生关于各民族共同创造中国历史的思想、多民族与统一的思想、中国历史上民族关系的思想、少数民族史学思想等主要方面，进行全面而系统地研究和论述。

第四章　白寿彝关于各民族共同创造中国历史的思想

如前文所述，各民族共同创造中国历史是白寿彝先生的民族观，也是白寿彝民族思想体系的核心内容。白寿彝先生在民族学领域一直致力于民族平等、团结和统一的多民族国家的巩固、发展和繁荣。为此，他提出各民族共同创造中国历史的基本观点，旨在进一步巩固各民族的平等团结，为社会主义现代化建设和中华民族伟大复兴凝心聚力。围绕这一基本民族观所开展的一系列的民族史学研究及其论述，构成了白寿彝民族思想体系。正因如此，本书将白寿彝先生的这一基本民族观，设置为白寿彝民族思想研究的开篇之章。关于白寿彝先生各民族共同创造中国历史的论述，根据目前笔者掌握的相关材料，20世纪60年代的《学步集》（1962年）一书中已经有过阐述。20世纪80年代，白寿彝先生在《关于中国民族关系史上的几个问题——在中国民族关系史座谈会上的讲话》（1981年）、《中国史学史》（第一卷）、《白寿彝民族宗教论集》等著作中，再做论述。直至21世纪，在龚书铎先生主编的《白寿彝文集·历史教育·序跋·评论》和《白寿彝文集·论中国通史·论中国封建社会》❶两部论文集所收录的有关白寿彝先生的民族论述中，亦有阐述，等等。本章将以这些著述中的相关论述为据，详细阐释白寿彝先生的这一民族理论观点。

第一节　各民族共同创造中国历史的提出及其含义

如前文所述，各民族共同创造中国历史是白寿彝民族思想体系最为基本的观点，是白寿彝先生的核心民族观。这一基本民族观的提出及其发展演变，经历了

---

❶ 龚书铎.白寿彝文集·论中国通史·论中国封建社会［M］.开封：河南大学出版社，2008.

一个过程。白寿彝先生早在《论历史上祖国国土问题的处理》❶中，就曾经有过"可能使本国史成为中华各民族共同的历史"的表述。"本国史"指的是以中华人民共和国疆域为国土范围书写的中国历史。"中华各民族共同的历史"也就是中华各民族共同创造的中国历史。此外，在该文中，相同的含义，白寿彝先生还曾以另外一种方式表达过，即"各民族共同创造中华民族的全世无匹的悠久的历史"。其中，"中华民族的全世无匹的悠久的历史"实际上就是中华民族的历史，也就是中国历史。在这篇文章中，尽管白寿彝先生并没有明确地讲述，中国历史是各民族共同创造的历史或者各民族共同创造了中国历史。但是，文中上述两种表述形式，在其内涵上，就是说中国历史是各民族共同创造的，中国历史就是各民族的历史。而且，白寿彝先生还在文章中，就该观点作了一定程度上的论述。这里的"一定程度"，就是说白寿彝先生并没有专门就该问题进行直接性的阐述，而是表达了这样一种与其密切相关的观点：

国内少数民族，在中华民族历史创造的过程中，有不少特殊的贡献。❷

在这里，显然"中华民族"是一个集合性概念，是由汉族和各少数民族共同构成的。其中的"各少数民族"，不仅是指当前 55 个少数民族，而且也应该包括在中国历史上曾经存在过但现在已经消亡了的民族。"中华民族历史"，就是由汉族和现有的以及历史上曾经有过的少数民族共同的历史，也就是当今中国历史。"国内少数民族"既包括中华人民共和国国土上既有的各少数民族，也涵盖历史上曾经有过但后来消亡了的少数民族。经过上述分析，笔者发现，白寿彝先生在这句话中所要表达的真实含义是，中华人民共和国国土上现有的少数民族以及历史上曾经存在过但又消亡了的民族，都对中国历史作出了贡献。从数量上看，这种"贡献"是"不少"的，是很多的。由此可见，在 20 世纪 50 年代初期，尽管白寿彝先生没有明确表述中国历史是各民族共同创造的历史，但是我们通过剖析他的诸多表述后发现，其实白寿彝先生已经比较清晰地表达出了上述含义。这一时期，翦伯赞先生也持有同白寿彝先生基本相同的观点。在萧超然先生《读〈论历史上祖国国土问题的处理〉以后》一文中，援引了翦伯赞先生的一句话，用以论证白寿彝先生的这一基本论点。引用的翦伯赞先生的这句话是：

真正的中国史，是中国境内各种族历史的总和。如果不研究各民族的历史，

---

❶　白寿彝.论历史上祖国国土问题的处理［N］.光明日报，1951-05-05.
❷　白寿彝.论爱国主义思想教育和少数民族史的结合［M］//学步集.北京：生活·读书·新知三联书店，1962：12.

中国历史就无法得出正确的结论。❶

该时期，翦伯赞先生的观点与白寿彝先生的观点，存在着异曲同工之妙。尽管两人在表述上存在些许差异，但是基本思想是一致的。随着白寿彝先生关于各民族共同创造中国历史思想的发展，不同的表述方式不断呈现出来。

在《中国史学史（第一卷）》中，白寿彝先生指出，许多民族共同创造了我们的历史，"这在魏晋南北朝隋唐时期的史学上已有相当具体的体现"。他把该观点在这一历史时期中国史学上的具体体现看作是"中国史学发展上的大事"❷。对该时期史学上的这种"体现"，他在书中阐述了两点：第一，体现在"民族史的撰述"上。白寿彝先生指出，《晋书》和南北朝时期的许多史书，不仅记载了这一情况，也记载了这一时期各民族的其他方面的史事情况。第二，体现在"中外交通和域外情况的撰述"上。白寿彝先生列举了这方面的诸多著作，其中比较著名的有杜环的《经行记》和玄奘法师的《大唐西域记》等。从以上两点我们可以看到，中国历史的创造，不仅是当前中国国土范围内既有各民族和历史上曾经有过的各民族共同努力的结果，而且也与这些民族在同域外各民族之间的相互交流、借鉴和互通有无有关系。所以，白寿彝先生指出，中国历史是许多民族共同创造的，其中理应包含着中外交流给中国历史发展带来的积极影响和相关贡献。这样一来，各民族共同创造中国历史，就成为一种更广泛意义上的表述形式了。本书认为，是否应该包含这层含义，希望学术界进一步探讨。

实际上，经过20世纪50—70年代这30年的探索和思考，对于各民族共同创造中国历史这一基本民族观，白寿彝先生在表述上都愈趋显得更加成熟。这种成熟性，集中体现在20世纪90年代的相关论述中。如白寿彝先生在《〈白寿彝民族宗教论集〉题记》中，这样表述各民族共同创造中国历史的民族观：

中国的历史，是中华人民共和国国土上现有的和曾经有过的民族共同创造的历史。❸

读者会发现，这一表述形式，较之于20世纪50—80年代的诸多表述，无论是在形式的完整性、规范性上，还是内涵的全面、丰富性上，都达到了一个更为成熟的程度。本书认为，这一表述形式，在某种意义上，标志着白寿彝先生基本民族观的正式形成。为什么这样说？不妨通过回顾自20世纪50年代以来，白

---

❶ 萧超然.读《论历史上祖国国土问题的处理》以后 [M]//学步集.北京：生活·读书·新知三联书店，1962：6.

❷ 白寿彝.中国史学史（第一卷）[M].上海：上海人民出版社，1986：63.

❸ 白寿彝.《白寿彝民族宗教论集》题记 [J].史学史研究，1992（2）：28.

寿彝先生在不同时期的不同表述形式，比较一下各种表述形式存在的差异，在差异中印证上述判断（见表4-1）。

表4-1　白寿彝先生关于"各民族共同创造中国历史"基本民族观不同时期表述形式的发展变化

年代	发表年份	主要表述形式	文献出处	包含要点
20世纪50年代	1951	可能使本国史成为中华各民族共同的历史	《论历史上祖国土问题的处理》	中国历史成为各民族共同的历史
20世纪70年代	1977	中国历史，是讲中华人民共和国各民族的历史	《关于中国封建社会的几个问题》	①中国历史是各民族的历史；②各民族指的是中华人民共和国的各民族；③没有明确各民族可能包括现有民族和历史上有过的民族。④虽已包含此意，但没有明确指出各民族共同创造中国历史
	1978	讲中华人民共和国的历史，是讲中华人民共和国各民族的历史，不仅现在活着的民族要讲，过去同中国有联系的、已经死了的民族也要讲	《在历史剧与民族关系座谈会上的发言》	①中华人民共和国的历史是各民族的历史；②各民族指的是中华人民共和国的各民族；③明确了各民族既包括中华人民共和国土上现有的民族，也包括历史上曾经有过的但现在已经消失了的民族；④虽已包含此意，但没有明确指出各民族共同创造中国历史
	1978	谈谈各族人民共同创造祖国历史的问题。这个问题大家都不反对，都这样说	《在历史剧与民族关系座谈会上的发言》	①各民族共同创造中国的历史；②该论断已经没有争议
20世纪80年代	1981	中国历史是中华人民共和国土上各民族的历史	《关于中国民族关系史上的几个问题——在中国民族关系史座谈会上的讲话》	①中国历史是各民族的历史；②明确指出各民族是中华人民共和国国土上的各民族
	1986	中国历史是国内各民族的历史，这在魏晋南北朝隋唐时期的史学上已有相当具体的体现	《中国史学史（第一卷）》	①中国历史是各民族的历史；②各民族指的是中华人民共和国国内的各民族；③这里的"国内"实际上指的是国家疆域内；④上述论断已经被中国历史具体证明
20世纪90年代	1992	中国的历史，是中华人民共和国国土上现有的和曾经有过的民族共同创造的历史	《〈白寿彝民族宗教论集〉题记》	①中国历史是各民族的历史；②明确各民族指的是中华人民共和国国土疆域范围内的各民族，不是中华人民共和国各民族；③明确中国历史是各民族共同创造的历史；④明确指出各民族既包括中华人民共和国国土上现有的和历史上曾经有过但现在已经消失了的各民族；⑤明确中国历史是中华人民共和国国土上现有的和曾经有过的民族共同创造的历史

注：表4-1由本书作者整理而成。

通过表 4-1，读者会更加清晰地看到：第一，白寿彝先生关于各民族共同创造中国历史这一基本民族观的形成、发展直至在内涵及其表述形式上的愈趋成熟，经历了一个比较长期的过程。最初提出相关认识大致是在 20 世纪 50 年代，然后又经过 70—80 年代的不断发展，到 20 世纪 90 年代，白寿彝先生的民族观至少在表述形式上走向了成熟。通过白寿彝先生基本民族观的表述形式及其所蕴含的思想要点来看，白寿彝先生对此在认识上是不断发展进步的；此外，从白寿彝先生的基本民族观的发展演进过程也能够发现，该民族观的发展主要集中在 20 世纪 50 年代初期、70 年代后期、整个 80 年代，直至 90 年代初期逐渐成熟。这表明，白寿彝先生的基本民族观在 20 世纪 50 年代初期形成并发展着；而 20 世纪 50 年代后期，一直到 1976 年，白寿彝先生的基本民族观某种意义上处在一种发展的"停滞期"；从 1977 年开始，白寿彝先生的民族观又开始进入发展期，并逐渐活跃起来，这种发展和活跃贯穿于整个 20 世纪 80 年代，直至 90 年代走向成熟。

第二，白寿彝先生关于各民族共同创造中国历史这一民族观，在发展过程中曾经出现过多种不同的表述形式。这反映出其民族观经历了一个提出、形成、发展及逐步成熟的过程，也是对多民族中国历史逐渐认识的过程。其中，要注意把握两点：一是表 4-1 中所涉及的民族观的诸多表述形式，在根本内涵上是一致的，这表明了白寿彝先生基本民族观的稳定性。二是这些表述在具体形式上又是不尽相同的。这说明白寿彝先生的基本民族观，在保持基本内涵相对稳定的基础上，表述方式却是不断发展变化的。诸如，从 20 世纪 50 年代的"可能使本国史成为中华各民族共同的历史""中国史是以汉族为主的中华人民共和国各民族的历史"，到 70 年代的"中国历史，是讲中华人民共和国各民族的历史""讲中华人民共和国的历史，是讲中华人民共和国各民族的历史，不仅现在活着的民族要讲，过去同中国有联系的、已经死了的民族也要讲""各族人民共同创造祖国历史"，再到 80 年代的"中国历史是中华人民共和国境内各民族的历史"，直至 90 年代"中国的历史，是中华人民共和国国土上现有的和曾经有过的民族共同创造的历史"。尽管其表述形式逐渐变化，但内涵从未改变。

第三，白寿彝先生有关各民族共同创造中国历史民族观的表述，在文献出处方面呈现出一些特点。即该民族观既呈现在民族史学的专题著述中，如《在历史剧与民族关系座谈会上的发言》《关于中国民族关系史上的几个问题——在中国民族关系史座谈会上的讲话》，以及《〈白寿彝民族宗教论集〉题记》等；也呈现在非民族史学专题研究著述中，如《论历史上祖国国土问题的处理》《对于改造中学本国史教本的几点意见》《关于中国封建社会的几个问题》《中国史学史（第一卷）》等。但总体而言，这一民族观的论述基本上都出现在白寿彝先生的史学著述中，这些史学著述基本都与中国历史教育、教学和研究工作密切关联。从某种程度上可以说，白寿彝先生的民族史学研究，是在他的史学研究过程中完成的。民族史学研究是其史学研究的重要组成部分。

第四，白寿彝先生各民族共同创造中国历史的基本民族观，不同时期不同表述所蕴含的要点是存在些许差异的。这种差异，体现出白寿彝先生基本民族观的发展演进过程。从表4-1中读者可以清晰地看到，白寿彝先生的基本民族观所蕴含的要点有哪些。

第二节　各民族共同创造中国历史的疆域

白寿彝先生在《论历史上祖国国土问题的处理》一文中，提出一个基本问题，即祖国国土成为中国历史的一个必不可少的构成条件。如果该问题处理得当，所书写的中国历史就能够成为真正反映各民族共同创造的中国历史。反之，设若处理稍有不当，中国历史就有可能被书写成为历代皇朝史。也就是说，只有把中国历史书写上的国土问题搞清楚了，原本属于中国的历史就不会记在别国的历史上。同时，别国的历史也就不会书写在中国历史中。

各民族共同创造的中国历史是与历代皇朝史截然相反的两种史观。其中，各民族共同创造的中国历史，要求必须要限定一个相对固定的国土疆域。这块国土疆域是需要满足一定历史条件的。该历史条件的基本要求，就是这块国土疆域不仅能够把当前56个民族的历史活动涵盖进来，而且也能够把现在已经消失了的但历史上在这块国土疆域内曾经活动过的民族包括起来。然而，按皇朝疆域史观书写的中国历史，仅限于历史上该皇朝统治疆域范围内活动的各民族的历史。统治范围以外的民族，尽管也是中国的民族，但由于皇朝疆域范围的限制，这些民族不能够被作为多民族中国历史的书写对象，不能够被纳入中国历史书写之中。正因为如此，为了更好地反映各民族共同创造中国历史的真相，白寿彝先生指出，中国的历史书写在国土这样一个必不可少的重要条件上，应当以中华人民共和国的国土疆域为范围。

第一，以中华人民共和国的疆域为范围，为各民族共同创造中国历史的书写奠定了基础。白寿彝先生指出，以中华人民共和国疆域为国土范围，可以此为基点，向上追溯中国历史几千年，然后，再以所追溯的中国历史的源头为历史的起点，考察自该起点以降，在这几千年的中国历史上，究竟有哪些民族曾经生活过，他们做了什么。这些民族，有的延续到现在，成为中国 56 个民族的重要一员。有的民族可能没有能够延续下来成为一个单一的民族，他们或融入其他民族中成为其他民族的成分，有的可能举族外迁，离开了中华人民共和国这块国土疆域。但是，无论是延续下来的民族，还是在中国历史发展过程中已经消失了的民族，他们都有一个共同的特点，即他们都曾经在中华人民共和国这块疆域内活动过，当时也为这块土地作出了贡献，为中国历史作出了贡献。由此，这些民族都应该成为中国历史的书写对象。中国历史书写不能没有这些民族的活动印记。如果他们在中国历史书写中"缺席"了，书写的中国历史就是一部不够完整的历史，不能真正反映出其真相。

第二，以中华人民共和国疆域为范围，使各民族共同创造中国历史彻底摆脱了"传统的历史观点"或"皇朝历史观点"的"支配"，站在中华人民共和国成立以来人民的立场上书写中国历史。这里，"传统的历史观点"指的就是"皇朝历史观点"。在中国历史的书写上，"人民的立场"，就是多民族人民一直要求的民族平等团结的立场。具体而言，人民的立场，就是要在当前中华人民共和国疆域内，看一看历史上究竟发生过什么，存在过什么样的历史，这些历史又是如何从过去，经过几千年的历史演变，发展成现在这个样子的。很显然，历代皇朝史脱离了"人民的立场"。由于反映了历史的真相，充分体现了人民的立场，各民族共同创造的中国历史是完全站在人民的立场上书写多民族人民共同创造的历史，而不是站在历代皇朝统治者的立场上，讴歌他们的丰功伟绩。

第三，以中华人民共和国疆域为范围，能够丰富中国历史书写的内容。在白寿彝先生看来，其中有两点益处：一是中国历史是当前 56 个民族以及历史上曾经存在过的民族共同创造的历史。这无论从历史的主体还是历史内容上看，都是对中国历史的极大丰富。二是能够把此疆域内现有的民族以及曾经存在过但现已消亡了的民族都包括在一起，使书写的中国历史成为名副其实的各民族的历史，也就是中华各民族共同创造的历史。不仅如此，以中华人民共和国疆域为范围，还能够使中国历史真正能够告诉我们，中华民族大家庭从该疆域内自有人类以来，究竟经历了怎样的过去，各民族成员从何而来、又是怎么来的。

第四，以中华人民共和国疆域为范围，使我们的中国历史更加贴近今天的各族广大人民群众的生活实际。他们本身就生活在中华人民共和国这片疆域内，对这片疆域有着更为直观的认知。以这片疆域为国土范围，中国历史的书写更有利于反映和追溯当前 56 个民族及其祖先的历史活动，有利于在这片确定的疆域范围内去追溯那些尽管已经消亡但却曾经在这里生活过、活动过的民族，在此基础上书写和反映这些民族的历史贡献。也就是说，把中华人民共和国疆域作为中国历史书写的国土范围，能够把各族人民的生活与中国历史紧密结合起来，把现实生活和各民族的历史实际结合起来，从现实生活中去理解历史，从历史中思考现实，达到"彰往思今""彰往知来"的历史效果。

基于以上认识，白寿彝先生指出：采用传统的"皇朝疆域"的旧办法处理中国历史书写的疆域问题，不能够很好地反映各民族共同创造的中国历史的客观事实，而采用中华人民共和国的疆域作为中国历史书写的疆域范围，可以避免"旧办法"带来的一系列弊端，更加贴近中华人民共和国成立以来各族人民的立场、想法和现实生活。因为，在白寿彝先生看来，书写和反映各民族共同创造中国历史的实际，相对于"历史分期"等问题而言，是一个首要的前提性的问题。这种首要的"前提性"，集中体现在各民族共同创造中国历史的疆域问题本身的性质上。这种"性质"，涉及对"中国"一词的理解，也是为什么要放弃"皇朝疆域"的传统观点，采取中华人民共和国疆域观点的原因所在。对此，白寿彝先生指出：

要明确这个概念，讲中国历史，是讲中华人民共和国各个民族的历史。这就比较容易地对咱们历史上的疆域问题或国土问题有个较全面的理解。如果说今天这个"中国"的概念不用，说过去不是这样用法，那咱们用哪个时候"中国"的概念呢？用春秋时的概念呢？还是战国时候"中国"的概念呢？还是南北朝时候"中国"的概念呢？很显然，咱们是现在的中国人，讲中国史，应该用现在的概念，不应用过去的概念。这不只是名词问题，不只是概念问题，是具体的历史分析，是合乎历史唯物主义的。如果单纯地把过去孤立起来一个一个地讲，是不对的。过去提过这个问题。这些年，有二十几年了吧，不断有争论，在历史界有不同的看法，在历史界以外，也有不同的看法。但如果我们既从当时的情况看历史，又从它的发展意义上看，问题还是比较容易解决的。❶

很显然，书写中国历史应当采取中华人民共和国疆域为国土范围。在白寿彝先生看来，中国历史的书写，如果不以当前国家疆域为国土范围，而是采用历史上任何一个朝代的疆域范围，抛开陷入"大民族主义"泥淖不论，在其他方面也是讲不过去的。一方面，中国历史，应当讲现在的"中国人"的历史。如果不

---

❶ 白寿彝.关于中国封建社会的几个问题［M］//龚书铎.白寿彝文集·论中国通史·论中国封建社会.开封：河南大学出版社，2008：195.

是立足于现在的"中国人"来书写中国历史，而是立足于中国历史上任何一个时期的"中国人"来书写中国历史，是很不合适的。另一方面，中国历史的书写应当以现在的如"中国""中国人""中国疆域"等概念为基准，而不是"舍近求远"，采用"过去的"相关概念。这也是不适宜的。为什么？白寿彝先生认为，这种情况，不仅是一个"概念""名称"或"名词"问题，而是一个具体问题具体分析的历史哲学问题，是符合历史唯物主义还是违背历史唯物主义这一科学的世界观、方法论的问题。从根本上讲，更是一个是否符合中国历史实际和真相的问题。为什么可能会出现背离中国历史实际的情况发生？对此，白寿彝先生指出，如果把"中国"比作一个"舞台"，各民族活动的"舞台"，那么这个"舞台"在不同的历史时期在空间大小上是变化着的。作为中国历史书写的一个重要条件——国土疆域范围，究竟是以相对稳定的国土范围为准，还是以历史上的一个变化的疆域范围为准，答案是不言而喻的。既然如此，中国历史书写的疆域问题，显然必须要充分考虑"中国"这个各民族活动的历史舞台本身具有的"稳定"属性。正因为如此，白寿彝先生充分地考虑了这个问题。我们看一下白寿彝先生是如何论述这一问题的。他指出：

我们的历史有个舞台。这个舞台有多大呢？这个舞台应该是我们现在五十几个民族曾经活动的那个舞台。这并没有改变历史。这个意思很要紧。这里牵涉到一个问题是，对"中国"这个概念怎么理解，对中国的历史这个概念怎么理解。……最早的概念，在文献上看，黄河流域中下游叫做"中国"，春秋时期，像河南南部、楚国这一带，就不算"中国"了。后来，楚国和北方这些国接近的多了，西方的秦国反而不算"中国"了，对它"夷狄视之"。……南北朝时，南朝自认为"中国"，北朝也自认为"中国"。北朝说南朝是岛夷，南朝说北朝是索虏，互不承认对方是"中国"。❶

从这段文字中我们看到，中国历史的书写，首先要解决的问题是历史书写对象——各族人民的历史活动范围问题。白寿彝先生把各民族活动的历史范围——"中国"喻为一个大的"舞台"。在他看来，这个"舞台"本身没有发生变化，发生变化的是在这个"舞台"上活动的人群。这个"人群"既可以指不同历史时期或不同皇朝统治下的人的集合体，也可以指不同的民族。这就使得"中国"这一概念的内涵，随着历代皇朝统治及其所辖人口群体的变化，也不断丰富和发展着。这种发展变化大致可以从几个方面认识：一是地理"中国"的变化。这一变

---

❶ 白寿彝.关于中国封建社会的几个问题［M］//龚书铎.白寿彝文集·论中国通史·论中国封建社会.开封：河南大学出版社，2008：195.

化是随着历代王朝统治区域大小的变化而变化的。二是文化"中国"的变化。这一变化大致是伴随儒家思想的普及和"教化"范围的变化而变化的。也就是说，接受儒家思想教化的范围，就不再是所谓的"化外"之地，而是皇朝统治思想教化范围内的区域，也是文化"中国"的思想统治区域。三是统一意识下的"中国"正统思想的变化。这种变化具有思想认识上的相对性。如，白寿彝先生上文所说的"南北朝时，南朝自认为'中国'，北朝也自认为'中国'。北朝说南朝是岛夷，南朝说北朝是索虏，互不承认对方是'中国'。"实际上，他们都认同"中国"，共尊"中华"为"正统"，袭中国传统之"制"，以"中国"一统为共同目标。无论如何，中国历史书写的疆域范围，不能够采纳历代"皇朝疆域"的观点。也就是说，采取白寿彝先生所提出来的中华人民共和国的国土范围的办法，显然是一个正确的处理方式。

对此，白寿彝先生进一步指出，各民族共同创造中国历史的疆域，首先，它是各民族不同时期开展各种历史活动的"舞台"。其次，就中华人民共和国的疆域而言，它不仅是现有的 56 个民族及其祖先居住、生活以及基于生存需要而开展各种活动的空间场域，而且也是在这块疆域内曾经活动过，但后来由于某些原因已经退出这一"舞台"，并消失在这片疆域内的各民族共同开展历史活动的场域。这正如白寿彝先生于 1981 年在中国民族关系史座谈会上的讲话中所说：

我们要讲中华人民共和国疆域内（包括台湾省在内）各民族的历史，同时又不仅是以我国现在的疆域为限，而是包含境内各民族在历史上活动的范围。❶

最后，中华人民共和国的疆域，犹如一面纵横交织的空间网络，把现在和历史上这块土地上的各民族通过一种空间的方式将他们联结起来，也把他们的"今"与"古"的历史活动"贯串"起来。正是由于中华人民共和国疆域这样一个空间网络的存在，中华民族大家庭内各个民族的历史活动被编织进这一空间网络，这为各民族交往交流交融提供便利，为各民族共同创造中国历史创造空间场域。

如前文所述，白寿彝先生在《论历史上祖国国土问题的处理》中提出，正确处理中国历史的疆域范围问题，不仅能够使中国历史在内容上更加丰富，而且可以把中国历史真正书写成为中华人民共和国范围内各民族共同创造的历史，还能够通过撰写多民族的中国历史，让各民族切实了解中华民族这个大家庭究竟是怎么来的。在此基础上，他又在中国民族关系史座谈会上的讲话一文——《关于中

---

❶ 白寿彝.关于中国民族关系史上的几个问题——在中国民族关系史座谈会上的讲话 [J].北京师范大学学报，1981（6）：1.

国民族关系史上的几个问题》中，明确提出了"中国历史是中华人民共和国境内各民族的历史"❶ 这一表述。

从白寿彝先生这段话中，我们可以看到：一是中国历史，确切地说，应该是中国通史。中国通史的书写应当以中华人民共和国的疆域为国土范围。二是现在中华人民共和国疆域内的 56 个民族的活动范围，可以框定在现在国家疆域内。这两点为中国历史的书写创造更多确定性。

第三节　各民族共同创造的中国历史的书写范围

前文论述了白寿彝先生关于各民族共同创造中国历史的基本民族观的提出及其发展演进方面问题，并在此基础上，进一步探讨了各民族共同创造中国历史的一个重要条件，即国土范围问题。既然各民族共同创造了中国历史，中华人民共和国疆域范围应当作为各民族共同创造中国历史的活动"舞台"，那么在这个"舞台"上究竟活跃着以及曾经活跃过哪些民族？对于这个问题，白寿彝先生认为，不能简单地采取"各民族"这种笼统的处理方式。因为该问题本质上涉及中国历史的书写对象范围问题。换言之，撰写一部各民族共同创造的中国历史，究竟要以哪些民族为书写对象，它直接决定着中国通史的内容。换言之，在当前中国国土范围内，是否所有民族都是中国历史的书写对象？他们的历史活动是否都适合写入中国历史中？这是各民族共同创造中国历史之疆域问题之外的另一个重要内容，即中华人民共和国疆域内，历史上和现实中都是哪些民族实际参与了中国历史的创造活动，应当作为中国历史的书写对象。

对此，白寿彝先生在《关于中国民族关系史上的几个问题——在中国民族关系史座谈会上的讲话》（1981）一文中，提出并集中探讨了这个问题。他指出：

我们应该看到……而原先哪些民族是中国的，哪些民族不是中国的，情况比较复杂，问题也多，应当引起重视。❷

在这里，白寿彝先生特别指出，"原先哪些民族是中国的，哪些民族不是中国的，情况比较复杂"。其中，"情况比较复杂"应当作何理解，也就是说究竟有哪些复杂问题？这些问题是如何"情况比较复杂"的？

---

❶ 白寿彝.关于中国民族关系史上的几个问题——在中国民族关系史座谈会上的讲话［J］.北京师范大学学报，1981（6）：1.

❷ 白寿彝.关于中国民族关系史上的几个问题——在中国民族关系史座谈会上的讲话［J］.北京师范大学学报，1981（6）：4.

　　我们先看看白寿彝先生所谓的"情况比较复杂"，究竟有哪些复杂问题需要探讨。

　　关于在当前中华人民共和国国土范围内的各民族是不是都是中国历史的书写对象问题。他认为，对该问题应当坚持具体问题具体分析的原则。在此原则之下，他指出，在中华人民共和国疆域内的各民族，现今都是中国的民族，在中国历史上，尽管不能够绝对地讲，但是基本上可以说这些民族是中国的民族。这是白寿彝先生对该问题所持的基本观点。如何看待这个观点？白寿彝先生主张把这些民族看得更远一些。所谓的"更远一些"，就是从这些民族有历史文献记载之前的"传说时代"讲起。要把有关这些民族的传说与相关文献记载结合起来看。尽管，民族传说方面的材料并不是那么完全可信，但是总体上讲这些民族材料也并不是完全没有历史依据。他认为，如果把这两个方面的资料结合起来看，我们是能够找到这些民族有关历史线索的。他进一步指出，从这些材料结合来看，在当前的长江、黄河中、下游地区，以及作为黄河、长江的最大支流的渭水、汉水流域，在中国历史的初期，存在着诸多的部落、部落联盟甚至由部落发展而来的早期的民族。这些部落或早期的民族，原本就居住和生活在中原地区。也就是说，在中国历史的早期阶段，从这些部落或早期民族居住和活动的区域来看，他们本就是中国的民族。尽管这些民族最初就居住在中原地区，但是其中有些民族后来由于各种原因迁离中原一带，迁徙到了中原以外比较边远的地区，而且这些民族在较大程度上脱离开了中原皇朝的直接统治，那么这些民族还是不是中国的民族？白寿彝先生明确指出，这些民族基本上也应该算是中国的民族。

　　各民族共同创造的中国历史，应该包括曾经在此活动过但后来消亡了的人群的历史。对于这种情况，白寿彝先生认为，应当注意把握这么几个要点：在中华人民共和国的国土疆域内，是存在这样的人群的，诸如汉代的匈奴人、隋唐时期的突厥人等。在其活动期间，也曾经有过相对显赫的历史。但是，由于某些历史原因，他们在中华人民共和国这块疆域内消失了。这应当作为各民族共同创造中国历史的人群的书写对象。不仅"要写"他们在该疆域内的历史活动，而且还要积极地收集这方面的材料。这样才能充分体现各民族共同创造中国历史的基本观点。

　　在各民族共同创造中国历史的认知过程中，还要注意另外一些民族。白寿彝先生指出，这类民族大致存在两个特点：一个特点是这种类型的民族散见于中国古代历史文献记载中，其中包括一些传说性文献。另一个特点则是，尽管这类民族有文献的记载，但是他们究竟与当前56个民族之间有什么样的历史渊源关系，目前我们还不清楚。在各民族共同创造中国历史的认知过程中，对这种民族应当作何处理？换言之，是否要把这类民族列为中国历史的书写对象，他们有关记载的活动是否能够纳入各民族共同创造中国历史的内容之中？白寿彝先生认为，历史文献记载或传说中的这类民族也是中国历史的书写对象，他们的历史活动都应该成为中国历史的重要内容。对此，白寿彝先生阐释的缘由是：

> 只要有适当的材料，对于这些民族也要写，因为他们都曾在这块广大的国土上生存过，活动过。❶

在中华人民共和国国土疆域内，现有的或者曾经有过的但现在已经消亡了的各民族，包含中国历史文献记载的抑或传说中的民族，都应该列入中国历史的书写范围。他们的历史活动，都是构成中国历史的重要内容。

中国古代时期的匈奴、突厥都是北方的游牧群体。在古代中国历史上，北方少数群体在政治、军事等方面的影响，一般来说还是比较大的。在这些群体中，除了前文所述的匈奴、突厥以外，比较有影响的族群还有柔然、敕勒、黠戛斯、回纥等。这些群体在中国历史文献中存有不少的记载。其中，柔然，大致存在于4世纪到6世纪中期，从历史文献记载看，"柔然"这一名称，存在多种称法，如"茹茹""蠕蠕"等。从族源上看，柔然应该是与继匈奴之后在蒙古高原上崛起的鲜卑这一古代游牧群体具有同源关系。起初它是在鲜卑及其建立的北魏政权的统治之下。后来，经过几代人的发展壮大，逐渐成为北魏北方边境上的一个强大竞争"对手"。此外，据白寿彝先生讲，柔然还跟前文所述的突厥关系密切。至于这是怎样一种密切关系，相关历史文献记载比较零散，这需要史学工作者付出较为辛苦和细致的工作来梳理。敕勒，历史文献上又称之为"丁零""高车"以及"回鹘"等。其中，"丁零"是匈奴人对他们的称呼。"高车"则是鲜卑人对他们的称谓，大概是因其惯常使用"车轮高大的车子"而得名。西汉时期，汉廷击败匈奴以后，敕勒开始南迁，于是与当时的中原人有了更多交往交流交融机会。从时间上看，敕勒是在4世纪末期到6世纪中期，是继匈奴、鲜卑之后，同柔然一样活动在大漠南北，以及中国西北地区的一个相对比较有影响力的群体。在北方过着游牧生活的敕勒各部渐趋强大起来，对当时的北魏统治构成了威胁。为此，北魏统治者曾多次攻打敕勒各部，结果他们败给了北魏，为北魏政权所统治。但是，到了隋朝初年，敕勒开始强大起来。据白寿彝先生考证，突厥、回纥、黠戛斯都与敕勒有密切的关系，他们都出自敕勒。其中，"回纥是今维吾

❶ 白寿彝.中国通史·导论（第一卷）[M].上海：上海人民出版社，1989：80.

尔族的先民，黠戛斯是今柯尔克孜族的先民"❶。

这是中国历史上北方地区的一些群体力量。他们基本上都应该写入中国的历史。

至于南方的一些群体，尤其是中国西南地区，诸如古代时期的吐蕃、乌蛮、白蛮等这些在历史上相对来说影响比较大的群体势力，白寿彝先生也进行了研究。他指出，这些群体见于《新唐书》《通典》《宋史》等。首先讲吐蕃。从来源上看，据《新唐书》援引《后汉书》以来的历史文献记载，"吐蕃本西羌属，盖百有五十种，散处河、湟、江、岷间。"（《资治通鉴》卷二四九）早在1—2世纪之时，西羌诸部落中的发羌、唐旄，就已经居住在了析支水迤西，距离中原地区比较远，彼此之间交往较少（《旧唐书》卷二一六下）。《新唐书》依据"蕃发声近"的记载，认为吐蕃就是发羌的后裔。还有一种说法，认为吐蕃是鲜卑的南凉王朝秃发利鹿孤之后。秃发利鹿孤有两子，一个叫樊尼，另一个叫傉檀。后来，樊尼率残部臣服于北凉沮渠蒙逊。北凉亡，樊尼率部过积石山，西越黄河，成为诸羌部的首领。在唐代，吐蕃变得很强大。在玄宗年间，由于安禄山发动"安史之乱"，吐蕃趁机出兵占领了陕甘界山的陇山以西地区，即陇山以西、黄河以东地区的"陇右"地区，也就是现在的甘肃天水市、平凉市、定西市、兰州市等地。后来，由于大唐君臣不睦，唐廷在朔方镇的驻军放吐蕃军东进，吐蕃集中约20万军队东进，占领长安。后，唐廷收复长安。吐蕃则在内外交困下败亡。这里的"吐蕃"，就是当今藏族的先民，历史上就是中华人民共和国疆域内的一个少数民族群体。其次谈乌蛮。实际上，乌蛮并非哪一个具体民族，而是中国古代特定时期对西南诸群体的统称。具体地说，它是隋唐时期中原汉族对西南地区经济社会发展水平较低的群体的一种泛称。与"乌蛮"相对应的是"白蛮"。具体而言，该时期中原汉族指称西南地区发展水平较低的诸多群体统称为"乌蛮"。最后谈白蛮。当时发展水平相对较高，或者说基本接近中原汉族发展水平的西南诸群体，称为"白蛮"。这种称谓，基本上是限定在中国隋唐时期西南诸多群体之中。对于"乌蛮"和"白蛮"，白寿彝先生指出，唐代的南诏政权是在白蛮的协助下由乌蛮建立的。后来的大理段氏政权，则是由白蛮建立的。无论是乌蛮还是白蛮，自古以来他们就是中华人民共和国国土范围内的重要群体，都是中国历史的书写对象。

不仅如此，白寿彝先生还认为，滇、黔等西南地区，在中国历史上是一个

---

❶　白寿彝.中国通史·导论（第一卷）[M].上海：上海人民出版社，1989：17.

多民族聚居的地区。这里的民族，自古以来就是中国的民族。对于这方面的史料，如东晋时期常璩撰写的《华阳国志》。如前文所述，作为一部地方志著作，该书专门记叙了古代中国西南地区地方历史、地理、人物等，是有关西南民族的重要著述。再如，元末至正年间，由丞相脱脱和阿鲁图先后主持编修的《宋史》，该书"蛮夷四卷"，即"蛮夷一：西南溪峒诸蛮上"（《宋史》卷四百九十三·列传第二百五十二）、"蛮夷二：西南溪峒诸蛮下"（《宋史》卷四百九十四·列传第二百五十三）、"蛮夷三：抚水州、广源州、黎洞、环州"（《宋史》卷四百九十五·列传第二百五十四），以及"蛮夷四：西南诸夷——黎州诸蛮、叙州三路蛮、威茂渝州蛮、黔涪施高槛外诸蛮、泸州蛮"（《宋史》卷四百九十六·列传第二百五十五）等。无论是《宋史》还是《华阳国志》，甚至包括后来清代张廷玉等编撰的《明史》，都对西南地区的广大少数民族有比较详细的记述。显然，西南地区广大少数民族是各民族共同创造的中国历史的重要书写对象，他们的历史活动是中国历史的重要内容。

这是中国历史上南方（含西南）地区的少数民族。他们无疑都是中国的民族，应该被写入中国的历史。

对于白寿彝先生的上述观点，武尚清在《白寿彝先生论中国统一的多民族国家的形成与发展》一文中指出，应当客观而科学地认识中华人民共和国国土范围内各民族的居住区域、流动情况。首先他阐述了白寿彝先生经过多年研究而得到的两个重要历史事实。

一个事实是，在中华人民共和国的国土范围内，秦汉时期的匈奴，隋唐时期的突厥，以及辽宋夏金时期的契丹、女真，以及后来的蒙古族等在历史上都是很重要的族群。尽管，我们一度看到这些族群基本上是居住在当今中国的边疆地区，但是那并不是他们最初的居住区域和活动范围。据白寿彝先生多年研究证明：在历史的早期，这些族群都是从中原地区迁徙到边疆地区的。从这个层面上讲，他们都是中国历史的书写对象。❶

另一个重要事实是，有的民族在其构成成分上，尤其是最早的一部分构成成分上，的确有外来的部分。但是，这些民族确实是在中华人民共和国的疆域内形成的，是在外来成分的基础上，经过几百年甚至上千年的时间，经过同其他民族一系列交往交流交融，吸收和融合了其他民族的成分，逐渐发展成为崭新的民族

---

❶ 白寿彝.关于中国民族关系史上的几个问题——在中国民族关系史座谈会上的讲话 [J].北京师范大学学报，1981（6）：3-4.

的。❶

在白寿彝先生列举的上述两个历史事实的基础上，武尚清就白寿彝先生的上述观点作了进一步的阐发。他认为，要科学认识中华人民共和国国土范围内的各民族，就必须要紧紧把握一个基本点：中华人民共和国这块土地，原本就是中华各民族形成的历史舞台，是各民族世代繁衍、生生不息的空间场域，也是各民族生存、发展和开发的历史舞台。既然如此，各民族在这块土地上就应该享有同样的权利，承担履行与享有的权利相对等的义务，以及无论在政治上、经济上还是文化上具有同等的社会地位。武尚清先生认为，只有这样看待问题，才真正符合中国历史的实际情况，才能够真正理解白寿彝先生关于各民族共同创造中国历史这样一个基本民族观。

汪高鑫在其《白寿彝民族史学理论述略》一文中，曾就中国历史的书写范围和对象进行过阐述。中国历史，确切地说是中国通史，究竟应该记叙些什么，有没有一个相对明确的书写范围，这是一个问题。从表面上看来，这是一个再简单不过而似乎无须再做探讨的问题。然而，就其实际情况而言，是否真的如此？答案是否定的。

通过以上论述，本书认为，中华人民共和国国土范围内现有的 56 个民族，以及历史上曾经有过的但后来消失了的群体，都是中国历史的书写对象，即在各民族共同创造中国历史的书写范围之内。这些群体，从类型上讲，大致分为以下几类。

第一类是汉族，汉族是与各民族一起共同创造中国历史的主要民族。

第二类就是除汉族以外的当前中华人民共和国国土范围内的 55 个少数民族及其祖先不同时期的各种历史活动。其中，包括中华人民共和国国土范围内的、自有历史以来就有过的，并从部落发展成民族的中国土生土长的各少数民族，诸如苗族、彝族、藏族等。在中国历史上，由于躲避战乱、社会动荡等社会客观因素，从外国迁居中国，加入中国国籍，成为中华民族大家庭重要一员的少数民族，如俄罗斯族。这些民族，现在看来，确定性的都是中国的民族，跟汉族一样，也都是中国历史的书写对象。

第三类是曾经在中华人民共和国国土范围内活动过，但后来由于某些原因消失了的各少数群体。白寿彝先生认为，他们应当列入各民族共同创造的中国历史的书写范围。

❶ 白寿彝.关于中国民族关系史上的几个问题——在中国民族关系史座谈会上的讲话 [J].北京师范大学学报，1981（6）：3-4.

　　第四类是曾经生活在中华人民共和国国土范围内并且是中国的民族，但是后来由于战乱、避祸等各种因素，被迫迁离中国，加入其他国家的国籍，成为其他国家的民族或某一民族的一部分成员。这部分民族或某一部分，迁离中国并加入外国国籍之前，他们的历史活动，依然应当写入中国历史，要予以重视。加入他国国籍以后，就不再属于中国的民族或某一民族的一部分。这时，他们的历史活动不适于写入中国历史。

　　第五类就是中国古代史上居住在边境线上的族群。由于国界的不确定性，这种类型的族群既不是"自成一国"，也不属于哪一国家。对这种类型的族群，白寿彝先生认为，应当视为中国的族群，他们的历史活动，应当成为中国历史的一部分。

　　白寿彝先生认为，实际上各民族共同创造中国历史的疆域、书写对象与范围问题，尽管是一个比较复杂的问题，但是有一点是基本可以肯定的：无论情况如何复杂，在整体上讲，这些群体基本上跟汉族一样，都是在中华人民共和国疆域范围内活动过的群体。最初他们的祖先很多都在中原地区活动过，后来离开中原，迁居边疆地区。但是，这丝毫不会影响他们都是中国人的群体这一基本事实。

　　以上五类中国历史的书写对象，除迁居国外加入外国国籍之外，这些群体所居住的区域，实际上自古以来就是他们活动的区域。也就是说，我们要正确理解各民族共同创造中国历史，就不能够局限于中国历史上的皇朝统治下的"版图"，不能拘泥于历朝历代的疆域范围，那样会写不出能够切实反映各民族共同创造中国历史实际的中国通史。此其一。其二，各民族共同创造中国历史，能够充分尊重现今各兄弟民族的思想感情。那么，各兄弟民族的思想感情是怎样的？那就是他们都认为自己所在的民族，"自古以来就是中国的民族"。他们现在居住的地区及其先人们历史上活动的地区，就是中国的地区。这种认知是基于历史史实而长期形成的，是无法改变的，也是不可能和不允许改变的。如果稍有改变，各民族的人民在民族感情上"说不过去"，也"讲不通"。对此，白寿彝先生有一段非常能够贴近和反映各族人民这种民族感情的表述，他这样讲：

　　兄弟民族说，我们原来就是中国人，我们的地方就是中国的地方。如硬要给人家泼冷水，说这原来不是中国的地方应该不应该？这个问题不是小事情，不是

单纯的历史问题。❶

最后，白寿彝先生就各民族共同创造中国历史这一基本民族观，作了两段结论性的表述。本章以白寿彝先生的这两段表述作结。

其一：

今天咱们的中国，是中华人民共和国，今天咱们的历史，是中华人民共和国各族人民的历史，不是哪一个皇朝的历史。今天的"中国"，是新的概念，不是旧的。❷

其二：

从历史上看，我们中华民族是很有作为的民族。❸

---

❶　白寿彝.关于中国封建社会的几个问题［M］//龚书铎.白寿彝文集·论中国通史·论中国封建社会.开封：河南大学出版社，2008：196.

❷　白寿彝.关于中国封建社会的几个问题［M］//龚书铎.白寿彝文集·论中国通史·论中国封建社会.开封：河南大学出版社，2008：195.

❸　白寿彝.史学概论［M］.北京：中国友谊出版社，2012：251.

第五章　白寿彝关于多民族与统一的思想

　　各民族共同创造中国历史的过程，本质上讲，就是各民族基于各自民族的生存与发展方面的利益而展开的交往交流交融的过程。该过程的主流是各民族不断地把中国历史推向前进。多民族的统一，既是中国历史不断向前推进的主要方式，也是各民族共同创造中国历史的实践过程。其中，最主要的问题就是多民族与统一的问题。对于该问题，自 20 世纪 50 年代白寿彝先生已经开始探讨。直至 20 世纪 90 年代，他在该问题上取得了一系列的研究成果，提出了诸多论述。这对于我们理解和把握多民族与统一问题，具有参考意义。这些研究成果，确切地说，关于多民族与统一的相关论述，主要分布在白寿彝先生的《杰出的多民族国家宪法》（1954 年）、《关于中国封建社会的几个问题》（1977 年）、《关于民族史的工作——1988 年 10 月在中国民族史学会上的讲话》（1988 年）、《贯彻民族区域自治法的几个理论问题》（1988 年）、《中国通史·导论卷》（1989 年）、《关于"统一的多民族国家"的几点体会》（1991 年），以及《〈白寿彝民族宗教论集〉题记》（1992 年）等有关论文和著作中。其中，《关于"统一的多民族国家"的几点体会》（1991 年）一文，是白寿彝先生集中探讨多民族与统一问题的专题性成果。但是，白寿彝先生对于多民族与统一的思想论述，是一个由提出、形成、发展直至相对成熟的过程。据目前掌握的材料，1954 年 7 月白寿彝先生早在《杰出的多民族国家宪法》一文中，就已经提出了这个问题。经过 20 世纪 80 年代的发展，90 年代的逐渐成熟，它最终形成了白寿彝统一的多民族国家的理论体系。在该体系中，白寿彝先生围绕多民族与统一的问题，主要论述了"统一的多民族国家"的概念，统一的形式，统一意识，历史上统一的多民族国家的历史作用与影响等方面思想。

第一节 统一的多民族国家的概念

白寿彝先生认为，"中国自古以来就是一个统一的多民族国家"❶，对于这一论断，白寿彝先生在不同时期有不同的阐释。

首先，他认为"统一"是一个不断发展的过程。1984年3月5日，白寿彝先生在中共中央统战部、国家民委召开的"民族问题五种丛书"工作会议上的讲话——《谈民族史》中，就"统一问题"进行了阐发。他指出，多民族中国的"统一"，不是一蹴而就实现的，而是逐步完成的，是经历了各种"统一"的不同发展阶段而形成的。基于这种认识，白寿彝先生指出，"统一"是一个历史概念，属于历史范畴。既然"统一"是一个历史范畴，那么这就说明"统一"是一个不断发展的过程。"统一"的概念也是一个不断发展的概念，即不同时期的统一，在特点上是不尽相同的。"统一"既是多民族的统一，也是国家政治上的统一。也就是说，没有民族，没有国家，就谈不上统一的多民族国家问题。既然国家和民族都是历史上形成的，都有一个不断发展的过程，那么多民族国家的"统一"自然也就是一个历史概念，也会经历一个不断发展的过程。为此，白寿彝先生指出：

统一问题是逐步的、阶段性的问题。统一的概念，是一个不断发展的概念。在国家形成以前，存在许多部落。从部落过渡到国家，就是一个统一的过程。从小地区统一到大地区，也是一个统一的过程。❷

白寿彝先生这段话，论述了作为一个历史范畴的概念的"两个发展阶段"问题。这两个不断发展的阶段，指的是民族与国家形成之前的"统一"，以及民族与国家形成之后的统一的多民族国家。前者是氏族、胞族、部落以及部落联盟等，诸种以血缘为纽带的人们共同体的"统一"。这种阶段的统一，是一个不断发展的过程。后者则是民族与国家出现以后，基于地缘关系的统一的多民族国家。这种阶段的"统一"，也是一个不断发展的过程。所以，对于统一问题，白寿彝先生的基本观点是，要紧紧把握几个方面的要点：

一是要把握"统一"是一个历史概念，有一个不断发展的历史过程；

---

❶ 白寿彝.关于民族史的工作——1998年10月在中国民族史学会上的讲话 [J].史学史研究，1998（4）：2.

❷ 白寿彝.论民族史 [M] //白寿彝民族宗教论集.北京：北京师范大学出版社，1992：66.

二是要把握"统一"过程中的两种不同的发展阶段的问题。也就是说，在民族与国家形成以前，各种人们共同体之间存在着"统一"的问题，这种统一是一个不断发展的阶段；随着人类历史的发展与进步，民族与国家形成以后，民族内部以及多民族之间也存在着"统一"的问题，这种阶段的统一也是一个不断发展的过程；

三是要把握中国多民族国家的统一，说的是民族与国家形成以后的统一。本书所阐述的多民族国家的统一，是就民族与国家形成以后的"统一"而言的。

具体到中国，他列举了中华人民共和国疆域内两汉以前各民族内部的统一。他讲到了中国历史上春秋时期的统一，战国时期的统一，秦王嬴政领导的秦朝的统一等；他提到了西藏地区的统一，成吉思汗对蒙古高原各部的统一，以及努尔哈赤对于东北地区女真各部的统一等。由此，白寿彝先生旨在说明：人类社会一般意义上的统一不仅是一个不断发展的过程，而且具体到中国多民族国家的统一亦是一个不断发展的过程。既然如此，统一的多民族国家起自何种形式？他进一步指出：

首先是民族内部的统一，然后各民族混合起来统一。❶

也就是说，既然统一的多民族国家是一个不断发展的过程，那么该"过程"的"开始端"则是民族内部的统一，止于多民族国家的完全统一。

其次，他认为"中国自古以来就是一个统一的多民族国家"这一提法，作为一个政治概念是正确的。实际上，中国统一的多民族国家的形成，是经历了一个历史过程的。在中国历史上，不同历史时期，统一的多民族国家情况是各有其时代特点的。这需要结合不同时期的特点，具体分析和看待。

第二节　统一形式

统一的多民族国家是一个不断发展的过程，在历史上多民族的中国经历过多种形式的统一。在多种形式的统一问题上，白寿彝先生提出过几种不同的表述形式。他在《中国通史·导论卷》（上海人民出版社，1989年）第90页中，把多种形式的统一，表述为"单一民族内部的统一""多民族内部的统一"和"多民族的统一"。其中，"多民族的统一"，又分为"区域性的多民族的统一"和"全

---

❶ 白寿彝.论民族史［M］//白寿彝民族宗教论集.北京：北京师范大学出版社，1992：66.

国性的多民族的统一"。在《中国通史·导论卷》第365页中，他又把"多民族的统一"表述为"各民族内部的统一""地区性的多民族的统一"和"全国性的多民族的统一"。1991年，白寿彝先生在《关于"统一的多民族国家"的几点体会》一文中说："在国家历史上的统一的规模有好几种形式"。他明确指出，第一种形式是"单一民族内部的统一"，第二种形式是"地方性的多民族的统一"，第三种形式是"全国性的多民族的统一"。次年，白寿彝先生又在《〈白寿彝民族宗教论集〉题记》中，基本上坚持并重申了《关于"统一的多民族国家"的几点体会》中的表述方式，即"单一民族内部的统一""区域性多民族的统一""全国性多民族的统一"。《关于"统一的多民族国家"的几点体会》和《〈白寿彝民族宗教论集〉题记》中的两种表述形式，在整体上是一致的，没有根本性的区别。只是，在对第二种统一形式的表述上，一个使用了"地方性的"，另一个使用了"区域性"。直至1996年，在《不断开展民族史的理论学习——在中国民族史学会第四次会议上的讲话》中，白寿彝先生指出，他于1990年在本会的讲话中说到民族统一的问题，然后，他陈述了他所说的"民族统一"的几种形式，即"民族内部形成的单一民族的统一""地区性的多民族的统一""全国性的多民族的统一"等。这里，"1990年在本会的讲话"，讲话稿题目即是发表于1991年的《关于"统一的多民族国家"的几点体会》。随着时间的推延，白寿彝先生对于统一形式的表述，愈趋成熟和定型化。这集中体现在，1991年、1992年以及1996年三个年份，统一形式的表述日趋相近，差异较小。换言之，白寿彝先生关于统一形式问题，在表述方式上，已经稳定下来。白寿彝先生关于统一形式的论述，对我们认识历史上多民族中国的统一过程提供了借鉴。

一、单一民族内部的统一

单一民族内部的统一，是中国统一过程中的多民族国家的最初级的一种统一形式，是区域性多民族统一直至走向全国性多民族统一的起点。单一民族内部的统一，既不同于区域性多民族的统一，也不同于全国性多民族的统一，它是在一个单一民族内部完成的统一。这不仅表明，历史上单一民族内部可能存在割据势力的客观现实，而且说明即使是在同一个民族内部，古代历史上也可能存在着区别于民族的、层级上低于民族的其他形式的人们共同体，如部落、部落联盟等。换言之，在人类生存的早期阶段，由于交通闭塞，居住区域的不同，以及交往交流交融的贫乏，各区域、各族群和各血缘群体可能是一个独立活动的人的群体单元，这在根本上阻碍了人类社会的发展。在这种情况下，不同人群单元彼此之间的交往交流交融以及互通有无，便成为彼此之间生存与发展的必要条件。为了达到和具备这种条件，各种人的群体单元之间的统一，在当时情况下，是达到和具备这种条件的一种主要途径。也就是说，某种意义上讲，实现单一民族内部各种人的群体单元彼此之间的统一，是人的生存与社会发展的客观要求和动力。在中华人民共和国国土范围内，各民族内部的统一，可以说也是基于这种人及由人构成的社会的客观需求而实现的。由此，在中国历史上，各民族在某些客观条件允许的历史背景下，一般都会有这种客观需求。

例如，关于汉民族内部的统一，白寿彝先生是从中国历史的纵向维度展开分析的。他认为，谈汉民族内部的统一，绕不开汉民族的形成问题。在中国历史上，汉族不是突然形成的，更不是自古以来就存在着的，而是有一个形成和发展的历史过程。众所周知，汉民族大致形成于两汉时期，因汉朝这个朝代而得名。在两汉时期，汉族是基于夏、商、周等时期的华夏族群而形成的。华夏族群大致形成于中国原始社会末期至奴隶社会时期。在华夏族群形成之前，在黄河中、下游地区，以及长江中、下游地区，广泛地存在着诸多部落和部落联盟。这是在中国历史的早期，也是夏朝形成以前的时代。在夏朝形成之前，在当前中国国土范围内，就已经存在着统一的问题。从黄河、长江等诸多流域生存着的众多部落，最终发展成民族。这些部落过渡到民族，这本身就是一个统一的过程。对此，白寿彝先生指出："从小地区统一到大地区，也是一个统一的过程。"❶这种统一过程，在汉族甚至是华夏族群形成之前，各个部落之间的统一已经存在了。在汉族形成以前，即在华夏族群阶段，在中国疆域内的各种人们共同体之间，也存在着统一的问题。汉族形成以后，在汉民族内部的统一中，从小地区统一到大地区，这种表现更为明显。他列举道，在春秋时期（公元前770年至公元前476年），由于东周实行诸侯分封制，在当时的历史舞台上，周朝分封了大大小小的很多诸侯。这些诸侯中，显得相当活跃的大概有十几个。这些大小诸侯都有自己的封地，封地上建有诸侯国。当时的诸侯国就有百余个，较大的有齐、宋、晋、秦、楚、吴、越等。到了战国时期（公元前475年至公元前221年），经过春秋时期诸侯之间旷日持久的争霸战争，周朝境内的诸侯国，形成为秦、魏、韩、赵、楚、燕、齐7个主要诸侯国。公元前221年，秦王嬴政统一其余六国，建立了中国历史上第一个大一统的封建王朝——秦朝。秦灭六国，"统一了，发展了，统一的规模越来越大，越来越密切"❷。对于汉族内部的统一，白寿彝先生指出：

❶ 白寿彝.论民族史［M］//白寿彝民族宗教论集.北京：北京师范大学出版社，1992：67.
❷ 白寿彝.论民族史［M］//白寿彝民族宗教论集.北京：北京师范大学出版社，1992：67.

春秋战国时期的分裂走向秦的统一，这是一个民族内部的统一，这就是汉族内部的统一。把各个民族、部落统一到一个民族整体中，这是一种形式。❶

例如，成吉思汗统一蒙古各部落。金大定二十九年（1189年），铁木真即后来的成吉思汗，在众人推举和拥戴下，成为蒙古乞颜部的可汗，从此开始了他统一蒙古各部落的征程。他先是击败了札木合率领的"12部联军"；宋嘉泰二年（1202年）成吉思汗统一了塔塔儿部，宋嘉泰四年（1204年）统一了克烈部，后又统一了乃蛮部等。经过一系列的部落之间的统一战争，宋开禧二年（1206年），蒙古贵族们在斡难河（今鄂嫩河）源头召开大会，铁木真被尊称为"成吉思汗"，这标志着他基本完成了蒙古族内部的统一。

例如，努尔哈赤统一女真各部落。努尔哈赤在额亦都等人的拥戴下，使用祖、父遗留下来的十三副铠甲起兵，开始了对建州女真各部的统一战争。他击败了苏克苏浒部、董鄂部、哲陈部、雅尔古部等，战胜完颜部，统一了建州。后，又经过一系列战争，统一了女真各部。最后，在明万历四十四年（1616年），努尔哈赤建立后金国。

例如，西汉时期的冒顿单于统一匈奴。公元前209年，冒顿单于弑父自立。即位不久的冒顿单于通过不断满足东胡王各种要求的方式，使东胡王放松了对其的警惕。在内部，冒顿单于却加紧扩军备战，待东胡王放松警惕之际，突袭东胡，杀死东胡王，统一了原东胡所统辖地区。之后，冒顿单于又率领众部征服了楼兰、乌孙等20多个小国，控制了西域大部分地区，然后，先后征服了北边的屈射、丁零、鬲昆、薪犁等诸多小的国家。向南，又吞并了楼烦、白羊河南王之辖地，占领了河套以南广大地区。至此，冒顿单于统一了北方草原。

关于各民族内部的统一问题，白寿彝先生于1977年在中国历史博物馆所作的演讲，后经当时北京市教育局教研室历史组，以及内蒙古通辽师范学院政史系，根据演讲录音整理，题名为《关于中国封建社会的几个问题》。他在文中指出，无论是成吉思汗对蒙古各部落的统一，努尔哈赤对建州女真的统一，还是冒顿单于统一匈奴：

这是在他民族区域里的统一。他这个统一比以前的混乱进步，要肯定他这个统一❷。

后来，在1990年10月，他又针对成吉思汗、努尔哈赤等对本民族的统一，

❶ 白寿彝.关于"统一的多民族国家"的几点体会［J］.史学史研究，1991（2）：5.
❷ 白寿彝.关于中国封建社会的几个问题［M］//龚书铎.白寿彝文集·论中国通史·论中国封建社会.开封：河南大学出版社，2008：211.

再次指出：

成吉思汗对蒙古的统一，努尔哈赤对满族的统一，也是单一民族内部的统一。这对每个民族，在他形成过程中，差不多都是要经历过的。●

由此，白寿彝先生指出："各民族的统一也是不断发展的。首先是民族内部的统一，然后是各民族混合起来统一。"● 就民族内部的统一，白寿彝先生认为，大致又有两种情况：

其中，第一种情况是，单一民族内部的统一是按照其内部自身发展的逻辑规律，经由如氏族、胞族、部落抑或是部落联盟等这种以血缘为纽带的人们共同体发展而成的。他认为，汉族内部的统一，基本上就属于这种情况。在白寿彝先生看来，汉族的主体部分华夏人群，它经历了一个基本发展过程。但是，对于华夏人群究竟是怎样发展而来的，这是又一个需要进一步研究的重要课题。白寿彝先生在其《中国通史·导论卷》一书第90页中这样说：

有时，一个民族遭到重大的挫折，分散了，后来重新组合，形成这个民族内部新的统一。●

第二种情况是，单一民族内部的统一基本上就不同于由部落过渡到民族而再达成民族内部的统一这种情况。对于这种情况，严格意义上讲，这应该属于民族内部的重组。经由民族内部不同部分或部落的重组，而实现单一民族内部的统一，这种情况在中国历史上也较为多见。例如，吐蕃、契丹、女真等，其内部的统一，基本上就是将原本分散着的各个部落重新凝聚起来，形成一个新的人们共同体。白寿彝先生举例指出，匈奴原本是中国北方草原上的一个又一个的分散生存的部落。不仅各部落彼此之间互不统辖，而且即使相互之间有一些联系，这种联系也是极其不稳定的。对此看法，白寿彝先生在其《中国通史·导论卷》著作中，援引司马迁《史记·匈奴列传》的记载，给以佐证：

自淳维以至头曼千有余岁，时大时小，别散分离。

也就是说，匈奴在作为一个新的族群共同体形成之前，是以部落这种人们共同体的形式存在着的。但是，白寿彝先生指出，这种状况到了匈奴头曼单于及冒顿单于时代，有了根本上的改变。这两位单于通过武力的方式，将原来分散在北方草原上的各个部落聚合起来，在北方草原上建立起了强大的奴隶制政权，完成了匈奴内部的统一。白寿彝先生认为，匈奴内部的统一，是通过各个部落重新组

● 白寿彝.关于"统一的多民族国家"的几点体会［J］.史学史研究，1991（2）：5.
● 白寿彝.论民族史［M］//白寿彝民族宗教论集.北京：北京师范大学出版社，1992：67.
● 白寿彝.中国通史·导论卷［M］.上海：上海人民出版社，1989：90.

合实现的，而松赞干布统一吐蕃、阿保机统一契丹、努尔哈赤统一建州女真等，基本上都是通过把原有分散的各个部落重新组合这种方式实现的。这正如白寿彝先生所言：

　　都有一个统一民族内部的过程，都是由分散的许多部落统一起来，形成更高发展阶段的民族共同体。❶

　　对此，他以努尔哈赤统一女真各部落为例。努尔哈赤统一女真之前，女真各部自完颜阿骨打建立的金朝亡国以后，基本上都是处在一种分散的状态之下。努尔哈赤将"海西女真和建州女真的各部重新组合起来，形成了女真内部新的统一"❷。很显然，这种内部的统一，是通过各个分散部落的重组而实现的。这种民族内部统一的情况，与由部落过渡到民族的情况，存在着些许差异。

二、区域性多民族的统一

　　如前所述，白寿彝先生指出，中国历史上的统一形式，"首先是民族内部的统一，然后各民族混合起来统一。"各民族混合起来统一，也就是多民族的统一。从统一的规模上来看，又可分为区域性多民族的统一和全国性多民族的统一。本节将就区域性多民族的统一进行阐述。首先，区域性多民族的统一，比前文所述的单一民族内部的统一，无论是在规模上还是层次上都是更高一级的统一，是对单一民族内部统一形式的发展，是一种"较高的发展阶段"。这种较高的发展阶段，就其特点而言，集中体现在其统一的民族数量扩大了。这种统一已经超越了单一民族内部统一的范畴，"不限于一个民族"，是在多个民族之间完成的一种统一形式。

　　其次，区域性多民族的统一，除了多民族参与统一这样一个特点之外，还有一个非常鲜明的特点，即在参与统一的多民族之间，往往要有一个主要民族。所谓的主要民族，主要是该民族的人口数量占优势的民族。除了在人口数量上占优势外，该民族还在文化、政治等领域占据优势。一般情况下，它是区域性多民族统一范围内的主要民族。对此，白寿彝先生列举了秦、魏、韩、赵、楚、燕、齐"战国七雄"，三国时期的魏、蜀、吴，以及南北朝时期的南朝和北朝，它们都属于区域性的多民族统一政权。如，三国时期的魏、蜀、吴。其中，曹魏政权是北方广大地区的多民族的统一体。这一"多民族的统一体"，大致以秦岭淮河为界，曹魏的统治疆域与吴、蜀接壤，后又将益州和南中归入曹魏的版图。在这

❶ 白寿彝.中国通史·导论卷［M］.上海：上海人民出版社，1989：90.
❷ 白寿彝.中国通史·导论卷［M］.上海：上海人民出版社，1989：90.

三四百万平方千米的土地上，曹魏政权实现了对所辖区域内多民族的统一，形成了魏国这一区域性的多民族的统一体。刘备建立的蜀汉，也是一个区域性的多民族统一体。据相关记载，蜀汉鼎盛时期，其所辖疆域东抵巫峡一带，南括现在的贵州、云南，西部到达缅甸的东部地区，北到当前甘肃省陇南市下辖的武都区及陕西省的汉中市。总体上，蜀汉政权统辖着现在的云南全省、广西西北、贵州和四川两省的大部、陕西和甘肃的南部地区等。其境内少数民族数量较多，是一个比较典型的区域性的多民族的统一体。孙吴政权则主要是对长江以南地区完成的统一。在孙吴的全盛时期，其所辖区域东至东海，南达现在的越南中部地区，西抵广西东部一带，北至今天的江苏中部地区。整体看来，孙吴政权的统辖疆域包括了现在的福建、浙江、广东、江西以及湖南等省的全部地区，还有江苏、广西、湖北、安徽、上海、重庆等地部分地区。由此，孙吴政权也是一个比较典型的区域性的多民族的统一体。但是，魏、蜀、吴三国境内，尽管居住有诸多少数民族，但是其中的汉族无论在人口数量、政治、经济及文化等方面，依然占据着优势地位，是各自区域内的主要民族。所以，白寿彝先生指出：

三国时期的魏、蜀、吴，也都是地区性的多民族的统一，它们都以汉族为主体，而分别与本地区的少数民族统一起来。❶

南朝、北朝也是区域性的多民族统一政权。实际上，北朝、南朝并非一个朝代的名称，而是先后建立的几个朝代的总称。如，北朝包括了先后经历过的北魏、东魏、西魏、北齐以及北周等，曾经存在于中国北方的五个朝代的统称。北魏是鲜卑人建立的政权。北魏历经魏孝文帝改革以及"六镇之乱"后，最终分为东魏和西魏。后来，东魏权臣高欢之子高澄篡魏国政权未成而被杀，其弟高洋废掉东魏傀儡皇帝孝静帝后，即位称帝，建国号为"齐"，史称"北齐"。西魏权臣宇文泰之子宇文觉，待其父宇文泰死后继承其宰相位，自封为"周公"。次年，宇文觉废掉西魏恭帝自称皇帝，建国号为"周"，这就是"北周"。周武帝宇文邕建德六年（577年），北周灭掉北齐，统一了中国北方地区。北朝，作为区域性的多民族统一体，结束了大约150年的中原混战局面，为隋唐的大一统奠定基础。在诸多方面南朝的情况与北朝较为相似。尽管南朝许多是少数民族建立的政权，但实际上这些政权也都是区域性的多民族统一政权。他们在认同"中国"，尊崇"中华"正统，追求"中国"一统等方面是相同的。同时，这些政权治下的主要民族都是汉族。对此，白寿彝先生说：

---

❶ 白寿彝.中国通史·导论卷［M］.上海：上海人民出版社，1989：90-91.

南北朝时期，我们习惯上认为它们是汉人的朝廷和鲜卑人的朝廷，实际上他们都是地区性的统一的多民族朝廷。南朝的（作者注：主要民族）是汉族，北朝尽管鲜卑人当权，但这个地区的（作者注：主要民族）仍然是汉族。❶

对此，在1991年白寿彝先生发表的《关于"统一的多民族国家"的几点体会》中，就南北朝时期的区域性多民族的统一，又进行了一番论述。他指出：

从整个历史形势讲，南北朝是南方同北方分裂了。但就南方讲，或就北方讲，都不是一个民族的组合。北朝是由原来的汉族同北方的一些南下的民族的统一，南朝也是汉族同南方各族联合起来的政权。这是地方性的多民族的统一。❷

在这段话中，白寿彝先生就区域性多民族的统一问题，以南北朝为例，进行再探讨。这时，白寿彝先生就该问题谈到至少三个要点。

第一，我们通常认为，魏晋南北朝时期，是中国历史上的一个动乱时期。对此，白寿彝先生认为，这种说法不够准确，不够客观。这是因为，从全国范围来看，这一时期多民族的中国是处于动乱状态；但是从局部范围来看，这一时期多民族的中国在局部又存在着区域上的统一，在区域上它又是稳定的状态。

第二，单从区域来看，南北朝时期的中国，在南方和北方的区域上，是统一的。由北魏、东魏、西魏、北齐和北周这五个政权构成的北朝，先后对北方地区各民族完成了统一。由宋、齐、梁、陈统称的南朝，也同样完成了对南方广大地区的统一。这种统一，尽管不是全国性的多民族统一，但至少是区域性的多民族的统一，是比单一民族内部的统一更高阶段的一种统一形式。北朝和南朝分别对中国北方和南方地区完成的、这种区域性的多民族的统一，在中国多民族国家的统一进程中，同样具有重要历史意义。它结束了自西晋"八王之乱"以来，大约150年的中原混乱局面，为隋唐的全国性多民族的大一统，奠定了基础。

第三，尽管北朝的建立者多为少数民族，但是北朝政权的统治却是在北方南迁的少数民族与中原一带的汉族共同完成的。在北朝各政权统治时期，统治区域内的主要民族依然是汉族。汉族的这种地位，集中体现在人口数量、经济、文化等各方面。北魏孝文帝拓跋弘学习汉族推行的，如"均田制"和"户调制"，变革"官制"和"律令"，迁都洛阳，"改易汉俗"等一系列改革措施，俗称"孝文汉化"，即说明了汉族在诸多方面的重要性。南朝所经历的宋、齐、梁、陈各政权，也同样是南迁的汉族同南方各少数民族的联合执政，汉族依然是区域性多民族统一状态下的主要民族。这些区域性政权，在追求"中国"一统的过程中，

---

❶　白寿彝.中国通史·导论卷 ［M］.上海：上海人民出版社，1989：91.
❷　白寿彝.关于"统一的多民族国家"的几点体会 ［J］.史学史研究，1991（2）：5.

始终以"中华"正统自称。

通过以上分析，区域性的多民族统一，较之于前文所述的单一民族内部的统一，有其自身的特点。换句话说，区域性多民族的统一与单一民族内部的统一之间，既有区别又有联系。从差异性上讲，区域性多民族的统一是在一个相对更加广大地区内的多民族之间的统一，统一的空间一般超越了单一民族活动的空间；域内统一的民族在数量上也已经远远超出了单一民族的数量范围；而单一民族内部的统一，是在单一民族内部完成的统一，它在统一的空间范围上，通常而言相对较小。统一的对象并非各个单一的民族，而是单一民族内部的各个部落或割据势力。

从两者的共性上讲，无论是区域性的多民族的统一，还是单一民族内部的统一，都是在中国疆域范围内实现的，都是中国历史上统一的多民族国家的重要形式，他们认同"中国"和追求"中国"一统的实践活动都对中国大一统具有重要历史意义。

两者所具有的共性与差异，某种意义上决定了区域性多民族的统一与单一民族内部的统一这二者之间同处在一种辩证统一的关系之中，共同构成一种矛盾的统一体。从某种意义上讲，区域性多民族的统一，是在单一民族内部统一的基础上完成的。没有单一民族内部的统一，区域性多民族的统一可能较难实现。单一民族内部的统一，有待于发展成为区域性多民族的统一，它为区域性多民族的统一提供了重要条件，奠定了坚实政治基础。可以说，区域性多民族的统一是单一民族内部统一的目标，单一民族内部的统一则是区域性多民族统一的条件。没有单一民族内部的统一，可能就很难完成区域性多民族的统一；没有区域性多民族的统一，单一民族内部的统一在很大程度上将会失去统一的意义。它们都是全国性多民族统一的重要发展阶段，是实现全国性多民族统一的重要基础。对于这种关系及其历史作用，早在 1978 年 9 月 6 日，白寿彝先生在历史剧与民族关系座谈会上的发言中，就已经指出：

全国性的统一，与各民族的统一分不开。没有各民族内部的统一，全中国不能统一。❶

可见，单一民族内部的统一和区域性多民族的统一，为全国性的统一创造了条件。从单一民族内部的统一，走向区域性多民族的统一，直至达到全国性多民族的统一，从某种意义上讲，可以说这是中国这样一个统一的多民族国家历史发

---

❶ 白寿彝.在历史剧与民族关系座谈会上的发言［M］//白寿彝民族宗教论集.北京：北京师范大学出版社，1992：44.

展的重要特点。

三、全国性多民族的统一

正确理解单一民族内部的统一和区域性多民族的统一，是正确把握全国性多民族统一的重要条件。全国性多民族的统一，单纯地从概念上看，应该注意掌握三个要素，即"全国性""多民族"以及"统一"。其中，这里的"全国性统一"，就不是区域性的统一，更不是单一民族内部一个相对狭小的空间范围内的统一，显然它是一个更加广阔空间范围内的全国性统一。更加广阔的范围，究竟是怎样的一个范围，它不再是前文所述的华北地区、长江以南地区、西南地区等这样相对性的区域概念，而是把这些所有地区都包括在内的一个更为广阔的区域。这个区域，不能以中国历史上的任何一个大一统皇朝的统辖区域为标准。这一点，本书在前文有关各民族共同创造中国历史的疆域问题中，已经有了比较翔实的阐述。这个区域应该以当前中华人民共和国的疆域范围这样一个空间规模，来理解和衡量"全国性"在地域空间上的基本内涵。在"全国性"的空间地理概念上，既不能缩小，也不能扩大。也就是说，全国性的多民族的统一，在地理空间上，指的就是中华人民共和国国土范围内的多民族的统一。此其一。其二，就是"多民族"。在全国性多民族统一状态下，"多民族"究竟要"多"到什么程度？这也是一个值得探讨的重要问题。本书在前文讲过，单一民族内部的统一，是局限于一个民族内部的统一。区域性多民族的统一，则是在一个相对地理空间下完成的两个及其以上民族的统一。这两种统一形式，无论在统一的空间规模上还是所辖区域的民族数量上，都是一个相对有限的概念。全国性多民族统一中的"多民族"，其涵盖的范围远远超越了区域性多民族统一的民族数量，基本包含了中华人民共和国疆域范围内现有的民族以及历史上曾经有过但后来又消失了的民族。全国性统一状态下的"多民族"概念，既是一个历史性的概念，也是一个当下性的概念，是集历史上的多民族与现今的多民族二者的融合性概念。其三，全国性多民族的统一，从统一的规模、历史内容等方面看，是怎样的一种统一形式，这是正确把握全国性多民族统一的又一个重要问题。这种形式下的"统一"，在空间上基本是中华人民共和国疆域内的统一；从民族范畴上，则是对中华人民共和国疆域范围内现有的和历史上曾经有过的所有民族的统一。这种形式下的统一，不仅是空间和民族范围上的统一，而且还包含着政治、经济、教育、文化、军事以及思想领域内的统一。可见，仅仅从概念的表层上看，正确理解和把握全国性多民族的统一，需要从各方面切入，进行诸多的思考，做更多更全面的工作。

第三节　多民族与统一的辩证关系

多民族与统一的辩证关系，是白寿彝先生统一与多民族的辩证关系思想的又一个重要内容。对多民族与统一之间辩证关系问题开展研究，一方面，可以破除中国历史上长期存在的多民族"问题论"或"包袱论"。在中国历史上，尤其是两千多年的封建社会发展过程中，历代王朝及其统治者大多把多民族的存在当成维护和巩固其统治地位的一个"负面存在"。他们认为，中原以外的边疆少数民族，尤其是那些强大的少数民族，往往对中央政权构成危机，成为中原王朝统治者维护统治的重要隐患。在中国古代，中原王朝把边疆少数民族视为"负面存在"的实例，不乏有之，这就是中国古代历史上有关多民族的"问题论"。至于"包袱论"，严格意义上讲，主要存在民国时期。历史上，在国家统一和发展的历史进程中，相对于中原汉族地区，边疆少数民族地区及其少数民族通常被当权者视为"贫困""落后"的代名词。在当时的统治阶层看来，国家要实现统一和经济社会的整体大发展，边疆地区和各少数民族在某种意义上，被当成一种发展进程中的沉重"包袱"。认为边疆各少数民族的贫困与落后，迟滞了整个中国社会发展的进程。白寿彝先生关于多民族与统一之间的关系思想，否认了上述所谓的"问题论"和"包袱论"，认为多民族的存在对统一的多民族国家是有益的，是多民族国家发展过程中的一种优势。

另一方面，正确理解多民族与统一之间的辩证关系，有利于消除影响统一多民族国家的因素。白寿彝先生认为，在中华人民共和国国土范围内，多民族离不开、也不可能离开国家的统一。自古以来多民族的统一就是中国历史发展的主流，是中国历史发展中的一个重要传统。没有国家的统一，多民族人民必然会失去安定祥和的社会环境。中国封建社会发展史上的大割据时期，以及中国近代史上军阀混战时期，各族人民遭受到的残酷境遇即印证了这一基本观点。

也就是说，白寿彝先生关于多民族与统一的辩证关系思想，首先是从正面看待中国的多民族现象，其次将多民族与统一视为一个不可分割的统一体。多民族离不开国家的统一，统一的多民族国家在发展进程中也同样离不开多民族。开展多民族与统一之间辩证关系的研究，不仅具有学理价值，更具有现实意义。正因如此，白寿彝先生对多民族与统一之间的辩证关系进行了长时期的思考，提出了诸多见解。其中，包括以下几个方面：一是民族区域自治下，统一国家与多民族的辩证关系；二是民族利益与统一国家的共同利益之间的辩证关系，等等。

一、统一与多民族之间辩证关系在民族区域自治上的表现

1954 年，白寿彝先生在《杰出的多民族国家宪法》一文中，在民族区域自治的基本框架下，谈到了统一国家与多民族之间的辩证关系问题。这或许是白寿彝先生就统一与多民族之间辩证关系的最早论述。目前为止，据现有材料，还没有看到比其更早的论述。实际上，在这篇文章中，白寿彝先生并非对多民族与统一之间辩证关系进行的专题性探讨和论述，而是在阐释 1954 年《中华人民共和国宪法（草案）》中有关"宪法草案对民族问题规定的两大特点"时，涉及了多民族与统一之间的辩证关系问题。这里的"两大特点"之一，就是宪法草案"在民族关系问题上之辩证的处置"。他认为，这种"辩证的处置"，主要体现在"国家组织""建设过程和改造过程"，以及"关于民族特点的问题"三个方面。

在统一的多民族国家组织上，白寿彝先生强调了"统一的国家"与"多民族"在相互结合上的辩证关系。他认为，在中国这样一个统一的多民族国家里，在民族区域自治的实行过程中，实行民族区域自治的各少数民族聚居区，既是中华人民共和国的领土，更是中华人民共和国领土范围内不可分割的重要组成部分。这注重了民族区域自治政策下，"统一的国家"对"多民族""统一"的一面。在国家统一基础上，还要注意"统一的国家"在统一状态下保障各民族区域自治地方享有的权利。即：

每个民族自治地方可以按照本地区大多数人民的意愿规定自治机关的形式，每一个自治机关可以行使各种自治权。❶

但是，各民族自治地方在享受相对更多的自治权利的同时，也需要承担更多的政治义务。具体而言，每一个民族自治地方及其自治机关都必须要对其上级国家机关在政治、经济、文化、社会以及生态环境等领域负责任。这些民族自治地方的自治机关都必须接受党中央和国务院的集中统一领导。民族自治地方及其自治机关的一切行为，还必须要遵照国家统一的宪法、全国性各种法律法规以及各项规章制度行事，不得违制和逾越。

白寿彝先生还认为，统一与多民族之间的辩证关系，也体现在各民族的风俗习惯上。在民族风俗习惯方面，白寿彝先生认为，也应该注意把握"统一"与"多民族"之间的辩证关系。各民族的风俗习惯，是历史上长期形成的一种

---

❶ 白寿彝.杰出的多民族国家宪法［M］//白寿彝民族宗教论集.北京：北京师范大学出版社，1992：7.

习俗文化。随着社会的发展，这些习俗文化既有传承的必要，可能亦有改革的需求，以适应变化着的社会情况，满足各族人民的现实需要。基于此，在"改革"与"传承"之间，就存在着一种辩证的关系。白寿彝先生称之为"领导的帮助"与"群众的自愿"相互结合的辩证关系，即：

> 如果群众的意见愿意保持本民族某种风俗习惯，群众有宪法上许可的自由。如果群众对本民族的某种风俗习惯愿意有所改革，领导上为了发展各种建设事业而进行适当的帮助，也是为宪法所许可的。❶

在这段文字中，白寿彝先生很好地阐发了"领导的帮助"与"群众的自愿"之间的辩证关系。也就是说，在各民族风俗习惯的改革与否问题上，"领导的帮助"与"群众的自愿"是统一的。只有建立在"群众的自愿"基础上的习俗改革，才存在"领导的帮助"的可能。没有"群众的自愿"改革习俗，也就是说，如果各族群众并没有改革本民族习俗的意愿，既无所谓"领导的帮助"的必要，也无需"领导的帮助"。"领导的帮助"改革习俗，是建立在各族群众有意愿或想要改革本民族习俗的基础上的。与此同时，在"领导的帮助"下进行的"群众的自愿"的本民族习俗改革，则更容易获得改革的成功，更能够获得社会各方面的认可和尊重。离开了"领导的帮助"的任何改革，其改革都不会太轻松，也不能够轻易取得成功，得到认可。这里所谓的"领导的帮助"，实际上代表的是在民族习俗改革问题上的法律许可和国家层面上的对于改革的顶层设计并积极推动，可以说这也是一种"统一"。而"群众的自愿"则是在国家法律法规许可下的"群众的自愿"。离开了国家法律法规的许可，任何民族"群众的自愿"行为，可能都是空洞的"群众的自愿"。因为这种"群众的自愿"实际上根本无法付诸具体的行动。然而，任何的改革，无论国家层面顶层设计如何完美，国家法律法规怎样许可，没有"群众的自愿"，或者说各族群众对某项改革没有任何的愿望，甚至说是不愿意改革，那么国家层面推行的任何改革，由于不能得到各族群众大多数人的支持，可能终究不能推行。在各民族习俗改革方面是这样，在民族地区及其少数民族经济社会等各项事业的发展方面亦是如此。"领导的帮助"与"群众的自愿"之间的关系，实质上是国家的集中"统一"与"多民族"之间的辩证关系，是在民族风俗习惯以及社会发展事业等方面的具体表现。

不仅如此，白寿彝先生认为，在各民族利益与国家整体利益之间、各民族的命运与国家整体命运之间，也存在着一种辩证统一的关系。所以，1988年，他

---

❶ 白寿彝.杰出的多民族国家宪法［M］//白寿彝民族宗教论集.北京：北京师范大学出版社，1992：7–8.

在《中国民族》杂志第 2 期上发表的《贯彻民族区域自治法的几个理论问题》一文中（第 20 页）说：

统一和多民族之间不是简单的加法关系，而是辩证的关系，这就是任何民族利益脱离不了国家的共同利益，任何民族受了损害，国家也必然受到损害。民族的命运和国家的命运是息息相关的，不能单从一方面去理解。这对加强民族团结，贯彻区域自治法有很大的好处。❶

在上述论述中，白寿彝先生有关"统一"与"多民族"的辩证关系的思想，至少在两个方面得到充分体现，即民族利益与统一国家的共同利益之间的辩证关系，以及民族命运与统一国家命运之间的辩证关系。

二、民族利益与统一国家的共同利益之间的辩证关系

这里"民族利益"中的"民族"，是指多民族中的一员，是统一的多民族国家中的重要成分。"民族利益"，不仅是单一民族自身的利益，也是统一的多民族国家整体利益的重要部分。"共同利益"是统一国家的共同利益，也是由 56 个民族所构成的中华民族整体的利益，也是多民族国家的利益。统一国家的共同利益与各民族所构成的中华民族整体的利益，在本质上是统一的。"民族利益"是"统一国家"内部的各民族的利益。"统一国家的共同利益"，实际上不是 56 个民族各自"民族利益"的"简单相加"，而是 56 个民族各自"民族利益"的共同部分，是 56 个民族的各自利益的"交汇点"，是整个中华民族的根本利益。从这个意义上讲，"民族利益"与"统一国家的共同利益"之间，是既有区别也有联系的。各民族的"民族利益"指的是现实存在的 56 个民族中具体的单一民族的"民族利益"，是民族利益中的"个性"。"统一国家的共同利益"，则是指具体的单一民族的"民族利益"所属的一类"共同利益"，它是在当前 56 个单一民族的"民族利益"中"重复出现"的一种利益，是把 56 个民族各自的"民族利益""联系起来的相似点和共同点"。由此，它又是 56 个民族的"民族利益"的"共性"。

然而，"统一国家的共同利益"同 56 个民族各自的"民族利益"又是"同一的"。这种"同一性"集中体现在，56 个民族各自的"民族利益"与"统一国家的共同利益"，彼此之间相互连结而存在。"统一国家的共同利益"，只能在 56 个民族的"民族利益"中存在，只能通过 56 个民族的"民族利益"表现出来。

---

❶ 白寿彝.贯彻民族区域自治的几个理论问题［M］//白寿彝民族宗教论集.北京：北京师范大学出版社，1992：9.

从这个意义上讲，任何一个民族的"民族利益"都是"统一国家的共同利益"。任何"统一国家的共同利益"，通常也都是 56 个民族的"民族利益"中的某一方面或部分。在中华人民共和国范围内，"统一国家的共同利益"与 56 个民族的"民族利益"之间的"辩证法具有普遍性"。

第四节　统一意识和统一的方向

一、统一意识

白寿彝先生认为，在几千年的中国社会发展过程中，不仅很早就形成了统一的意识，而且统一的意识已经形成了一种传统。何谓传统？统一的意识形成传统，这意味着什么？"传统"一词，具体出自何处，本书未曾进行过翔实考证。但是，据说"传统"这个词较早出现在我国现当代著名小说家、散文家孙犁先生的《秀露集·耕堂读书记（一）》中，即：

从庄子到柳宗元，我以为是中国散文的非常重要的传统。

就"传统"一词的含义而言，国内较为共识性的认知是，认为"传统"是指世世代代传袭下来的具有某些特点的道德、思想、艺术、习俗、作风、制度等社会要素。从这一基本的界定中，我们可以看到，作为一种传统的统一的意识，一方面，它是在中国历史上世世代代传袭下来的。也就是说，它经历了时间经久的考验而没有断绝过，一直延续至今。另一方面，则是它作为一种思想传承了下来。换言之，统一意识的传统，不仅承载于中国几千年的浩如烟海的历史文献中，而且作为一种思想铭刻在世世代代中国人的脑海中，从来未曾中断过、消失过。不仅如此，历朝历代仁人志士，在统一意识和统一思想的驱动下，不断传承着统一的传统，进行着统一的实践。也正因如此，中国经历了秦汉、隋唐，直至元明清诸多大一统皇朝，它们的统治者不断践行着统一的意识，弘扬和传承着统一意识的传统。然而，仅从这些方面去认识白寿彝先生关于统一意识的传统是不够的。对此，白寿彝先生指出，要想全面和透彻地理解、掌握统一意识问题，应当从以下几个方面入手。

首先，统一意识与社会存在是有密切关系的。这种密切的关系，根本上是由中国社会长期以来处于大一统的社会存在决定的，而社会意识与社会存在之间的辩证关系，是马克思主义唯物史观在社会意识方面的基本关系。要正确认识统一意识与中国社会存在之间的关系，就必须首先搞清楚社会意识与社会存在之间的关系。对于二者之间的关系，白寿彝先生曾指出：

思想意识是社会存在的反映，这一点我们注意得还相当不错。但是对于思想意识对社会存在的反作用，有时注意得不够。❶

由此，我们看到，一则是社会存在决定着社会意识。换言之，社会意识依赖于社会存在。社会意识对社会存在的依赖性，主要从两方面看：一方面，是社会意识的内容是来自社会存在的。具体到中国的统一意识，它是在几千年中国所经历过的统一实践的基础上，对社会大一统实际情况的一种反映。作为社会中的人，人的大脑是有形成意识的基本机能的。然而，需要说明的是，人的大脑本身是不能够自动地形成意识的。意识是在社会客观实际的作用下形成的。意识的内容来自社会客观实际。另一方面，是社会意识总是随着社会客观实际的变化而变化。在中国历史上，在中华人民共和国国土范围内，国家统一作为一种社会存在，延续了几千年。如前文所述，中国历史上的统一存在多种形式，即单一民族内部的统一、区域性多民族的统一、全国性多民族的统一等。甚至还要包括国家和民族形成之前的中国漫长的原始社会时期，尤其是原始社会末期，黄河中、下游及长江中、下游地区存在的部落或部落联盟之间的兼并统一。在国家和民族出现之前，部落或部落联盟之间的兼并战争，本身就是一种统一战争。换言之，在当前国家疆域范围内，统一实践及统一的状态，在中国历史上一直都是客观存在的。只不过，这种统一实践和统一的状态在形式和规模上存在差异而已。既然中国的统一是一种社会存在，那么作为对这种客观存在进行反映的统一意识，自然也是客观存在着的。

二则是社会意识（统一意识）也并非总是被动地受到社会存在的制约，而是它也有自身的相对独立性，并且还会对社会存在产生某种反作用。如何理解社会意识所具有的相对独立性？社会意识本身是有其能动性的。也就是说，社会意识并非仅仅被动地反映社会存在，也非仅仅被社会存在所决定。社会意识本身是有自己特定的运行规律的。这种运行规律集中体现在，社会意识的发展变化与社会存在的发展变化并不是完全一致的。它往往要迟于社会存在的变化而变化。也就是说，社会存在已经变化了，基于原社会存在而形成的社会意识未必紧跟着也发生变化。从这种意义上看，社会意识具有相当的独立性。也就是说，作为社会意识的重要表现形式的统一意识，一经形成，便具有自身相对的独立性。社会意识

---

❶　白寿彝.关于"统一的多民族国家"的几点体会［J］.史学史研究，1991（2）：5.

具有相对独立性，也就是说，社会意识对社会存在有能动作用，即社会意识对社会存在具有能动的反作用。具体到，统一意识对统一的多民族国家具有的这种能动的反作用，白寿彝先生在相关著作中亦有较少篇幅的论述。尽管如此，白寿彝先生认为，应当从两个方面理解这种能动的反作用。其中，一方面是统一意识对多民族国家统一实践的发展，具有积极的推动作用，能够促进统一的多民族国家不断向前发展。另一方面是积极防范和沉重打击多民族国家的割据意识，这种割据意识对统一的多民族国家发展进程起到阻碍或破坏作用。与此同时，防止和最大限度地减轻割据意识对统一的多民族国家发展进程的延缓作用。同时，应当正确理解和掌握一个关键点，即统一意识对统一的多民族国家发展进程能动的反作用，它通常是通过各族人民群众的社会实践活动得以发挥作用的。也就是说，如果统一意识不能够被全国各族人民正确理解和掌握，那么统一意识所具有的这种能动的反作用，可能会受到影响，这是充分发挥统一意识对多民族国家积极的能动作用的关键环节。对此，早在 1844 年 2 月，马克思在《德法年鉴》上发表的《〈黑格尔法哲学批判〉导言》中曾说：

批判的武器当然不能代替武器的批判，物质力量只能用物质力量来摧毁；但是理论一经掌握群众，也会变成物质力量。理论只要说服人，就能掌握群众；而理论只要彻底，就能说服人。所谓彻底，就是抓住事物的根本。但人的根本就是人本身。❶

也就是说，统一意识对多民族国家实现统一所发挥的积极的能动作用，需要通过以下几点来实现。

第一，统一意识应当"掌握群众"，为各族人民群众所理解。统一意识若要发挥其对多民族国家实现或保持统一的作用，就必须要被各族群众所理解和掌握。实际上，统一意识被各族群众理解和掌握，并不意味着统一意识已经掌握了群众。各族群众"掌握统一意识"和"统一意识掌握群众"，是两个在层次上截然不同的概念。其中，各族群众掌握统一意识，基本可以理解为各族群众明白了、搞懂了"统一意识"所具有的思想内涵，这距离"统一意识掌握群众"还有较大的距离，而"统一意识掌握群众"，不仅仅是统一意识被各族群众所理解，而是在搞懂统一意识基本内涵的基础上，被广大的各族群众所信服、"深以为然"或应当如此，抑或不如此根本不行。这是充分发挥统一意识对多民族国家积极的能动作用的第二个层级，即统一意识要能够"说服"群众。

---

❶ 马克思.黑格尔法哲学批判·导言［M］//马克思恩格斯选集.北京：人民出版社，1972：9.

第二，统一意识要"说服"各族群众。"说服"的思想与行为，在统一意识掌握各族群众的过程中，对多民族国家完成统一或维护统一，具有极其重要的作用。"说服"一词，出自《礼记·学记》，即：

夫然后足以化民易俗，近者说服，而远者怀之，此大学之道也。

其中的意思是说，这样才能够有效地教化群众，改变原有的风俗习惯，周围的人们才能够打心底里心悦诚服，这样远方的人无须征伐就会来归顺，这就是"大学"教人的基本道理。一言以蔽之，用充足的理由劝导人，使被劝导者完全心服口服。换言之，统一意识若要"说服"各族群众，就应当摆出充分的理由，使各族群众心悦诚服。"心悦诚服"就是马克思所说的理论上的一种"彻底"性。什么是理论的"彻底"性？统一意识作为一种思想理论，又怎样使其具有"彻底"性。马克思认为，"所谓彻底，就是抓住事物的根本。但人的根本就是人本身。"也就是说，统一意识能够"掌握群众"，能够对统一的多民族国家及其维护统一具有能动作用，就必须能够"说服"各族群众。就必须要使统一意识作为一种思想理论在"说服"各族群众上更加"彻底"，就必须要"抓住事物的本质"和"人本身"。

其次，全面透彻地理解掌握统一意识问题，要重视统一意识在民族关系史中的重要性。

统一意识在中国民族关系史上具有重要作用。中国民族关系史，从根本上讲，就是各民族共同创造中国的历史，也是不断推动中国社会向前发展的历史。各民族人民是中国历史的创造者和中国社会不断向前发展的推动者和根本动力之源。在此过程中，国家的统一和基于国家统一基础上的民族团结，是中国社会发展的保证，而国家的统一以及在此基础上的各民族之间的团结，在某种意义上，是作为社会意识的统一意识对社会存在的一种能动的反作用的结果。如前文所述，各民族共同创造的中国历史，某种意义上，就是一部中国民族关系史。各民族共同创造的中国历史、中国民族关系史与统一的多民族国家，在本质上是一致的。从某种意义上讲，它们都与统一意识及其实践，有着密切的联系。这种联系，是统一意识作为一种社会意识，能动地反作用于社会存在的重要渠道和方式。

统一意识的能动作用，主要是通过统一意识所引发的统一实践，在凝聚和组织各民族人民完成国家统一的过程中实现的。也就是说，统一意识造成统一的实践；统一的实践过程，根本上就是在各族人民基于共同利益，凝心聚力共同完成国家统一的过程。在统一过程中，团结和凝聚各族人民的力量，是完成国家统一的保障。对此，白寿彝先生列举了三个实例，旨在说明无论是实现统一还是维护统一，都必须要依靠各族人民的力量。

实例一：周武王伐纣、灭商过程，得到了人民的支持。即：

周武王伐纣的时候，参加的人就不止一个民族。其中，有住在江淮流域的民族，有住在四川的民族，还有住在西北的民族。可见，在那时，武王伐纣也不仅仅是姬姓的参加了，也不是只有姜太公、周武王，还有好多少数民族参加。❶

实例二：西汉王朝完成全国性的统一。即：

从整个国家历史的发展来看，凡是盛大的皇朝，没有少数民族的支持是不行的。汉，是个大皇朝。汉朝当然跟汉族有关系，汉朝建立的过程是跟汉族形成的过程相联系的。汉朝不可能把全国人都变成汉族，它是在它的统治范围内得到了很多少数民族的支援、拥护才强盛起来的。❷

实例三：唐太宗李世民创造"贞观之治"的大一统皇朝的鼎盛局面。即：

唐朝是当时世界上的大国，李世民是很难得的一个皇帝。李世民的成就反映在好多方面，其中有一条，他是"天可汗"。这个称号是少数民族给他取的，表示佩服他、尊重他。李世民当了"天可汗"，唐朝就特别显得强盛。当时长安成为国际市场，经商的有各少数民族商人，还有许多外国商人。从这些事实来看，大的皇朝，没有少数民族的支持，不跟少数民族搞好关系，是不行的。❸

从上述三个实例，我们可以看出，无论是周武王伐纣、灭商而完成中原的统一，西汉王朝完成全国性的统一，还是唐太宗李世民创造"贞观之治"大一统皇朝的鼎盛局面等，从整个国家历史的发展来看，凡是盛大的皇朝，没有各族人民的支持是不行的。

最后，统一意识是否受到国家割据等方面因素的影响。在中国历史上，先后经历过春秋战国时期、三国两晋南北朝时期以及五代十国至宋辽夏金时期等诸多大割据的时期。这种大割据状态，会否削弱统一意识甚至消除统一意识？对于这个问题，白寿彝先生认为，中国历史上的大割据状态，并没有削弱统一意识，更没有消除统一意识。

---

❶ 白寿彝.关于中国民族关系史上的几个问题——在中国民族关系史座谈会上的讲话［J］.北京师范大学学报，1981（6）：2-3.

❷ 白寿彝.关于中国民族关系史上的几个问题——在中国民族关系史座谈会上的讲话［J］.北京师范大学学报，1981（6）：6.

❸ 白寿彝.关于中国民族关系史上的几个问题——在中国民族关系史座谈会上的讲话［J］.北京师范大学学报，1981（6）：6.

二、统一的方向

在中国历史上，存在过多种形式的统一。统一形式的多样性，某种意义上决定了统一方向问题在理解上的复杂性。实际上，从中国历史发展的全过程来看，结合中国统一形式的多样性和中国历史的实际，统一的方向问题应当具体分析和认识。

然而，中国社会的发展方向，或中国历史发展前途的方向，是包括 56 个民族在内的中国社会的发展方向或历史发展前途的方向。在马克思、恩格斯等世界无产阶级革命导师看来，人类社会形态发展演变是一种不以人的主观意志为转移的客观规律，是建立在一种"经济的社会形态的发展"基础之上的。即：

我的观点是把经济的社会形态的发展理解为一种自然史的过程。不管个人在主观上怎样超脱各种关系，他在社会意义上总是这些关系的产物。同其他任何观点比起来，我的观点是更不能要个人对这些关系负责的。❶

经济的社会形态在根本上决定着人类的社会形态的基本演变规律，而且这种演变规律并不会因为个人的喜好和意愿而有所改变。这就使得中国社会整体的社会方向和社会历史发展前途的方向，在某种意义上具有了"自然规律"和"科学的基础"。

白寿彝先生认为，把当前中国社会发展的统一方向，确定在共产主义方向上，目前看来更好一些。至于为什么要把中国历史发展前途方向确定在共产主义上，白寿彝先生没有为我们作进一步的阐释。但是，我们可以从马克思主义社会形态学说，以及白寿彝先生关于这种方向的"更好一些"的表述中，作出一些论断。本书认为，把当前中国社会发展的统一方向，确定在共产主义方向上，既是人类历史发展的自然趋势，更是中国历史发展的现实要求，是人类社会发展普遍规律与中国社会实际相结合的产物。从人类社会发展普遍规律看，世界各国家或民族的历史，在其自然运行的状态下，即在没有外力干预的情况下，一般来说是要遵循着从低级到高级、由简单到复杂的基本规律，即由最初的原始社会，经历奴隶社会、封建社会、资本主义社会，直至共产主义社会的发展过程，这是人类社会发展的自然规律，带有很强的普遍性。但是，马克思主义唯物史观还认为，人类社会形态发展的这种普遍性，是与各个国家或民族在具体所经历的发展道路的多样性是统一的。也就是说，中国社会的发展在遵循社会发展基本规律的基础上，有着自己独特的社会发展轨迹，这是由中国社会发展的具体实际决定的。

---

❶ 马克思恩格斯选集（第二卷）［M］. 北京：人民出版社，1995：101-102.

全国性多民族的统一，不能仅作为一种统一形式，而是要看到全国性多民族的统一是由中国社会发展方向及社会历史发展前途的方向决定的。这一"方向"，根本上是由人类社会发展的普遍规律和中国社会的实际情况综合决定的。从这个层面上，理解白寿彝先生所说的"如果简单地作为形式上的统一的看法，是不够的"这句话的深层蕴含，本书认为，这是比较恰当的。而当前的中国依然处在共产主义初级阶段即社会主义阶段，且是社会主义的初级阶段。

如前文所述，中国社会的发展方向是共产主义，依据马克思主义关于人类社会形态发展演变的基本规律，将来中国社会发展的方向应该是共产主义的高级阶段，也就是通常所说的共产主义社会。

以上是白寿彝先生关于当前中国社会的发展方向或中国历史发展前途的方向问题。实际上，中国历史上的统一方向，从某种意义上讲，具有某种阶段性或统一方向上的渐进性。具言之，中国社会发展的方向或前途是共产主义。众所周知，中国社会发展先后经历了原始社会、奴隶社会、封建社会，以及现在的社会主义社会。其中，在中国封建社会与社会主义社会这两种社会形态之间，根据中国的历史特点，还出现过中国近代史上的半殖民地半封建社会，以及中华人民共和国成立后的新民主主义社会。在这些不同的社会形态中，多民族中国的统一方向又在哪里？如前文所述，我们可以说，现在的多民族中国的统一在共产主义方向上。然而，如果我们讲春秋战国时期的多民族中国，魏晋南北朝时期的多民族中国，甚至是中国近代半殖民地半封建社会的多民族中国等，也是统一在共产主义方向上？这一问题需要进一步研究，实际上，多民族中国的统一方向问题，在不同的历史阶段具有不同的特点。也就是说，多民族中国的统一在方向上具有渐进性。这或许就是白寿彝先生所说的各民族的统一有一定的"限制"和"规程"。即：

当然，是否各民族之间、各民族的统一，也要有一定限制、一定的规程，那当然要。❶

这里的"限制"和"规程"，是否就是前文所述的人类社会形态发展演变的基本规律，这还有待于国内学术界开展进一步探讨。但是，无论如何，中国历史上的多民族统一，在很大程度上是受到人类社会发展演变普遍规律制约的，而不是以人类的个别民族的意志为转移的。也就是说，纵观中国历史发展的整个过程，在漫长的原始社会时期，当时中国疆域内所存在的各个部落或部落联盟，他

---

❶ 白寿彝.关于"统一的多民族国家"的几点体会［J］.史学史研究，1991（2）：42.

们的发展方向或前途为何？这些部落或部落联盟是不是朝着下面这个方向发展？即由血缘的统一的人们共同体转向一种地缘的统一的人们共同体，也就是由部落这种血缘人们共同体统一成为民族这种地缘的人们共同体。地缘性的民族这种人们共同体的形成，也就意味着国家的出现。这时的国家，是奴隶制的国家，这在人类国家发展历史上或许是第一次。也就是说，原始社会时期，中国疆域上生活着的各个部落的社会发展方向是奴隶制社会的方向。中国历史进一步向前推进，经过夏、商、周奴隶社会，进入到东周末年的诸侯割据纷争的春秋战国时期。在春秋战国时期，在当前中国国土范围内，存在很多诸侯国。这时期的多民族中国的统一方向与原始社会末期的各个血缘性部落社会的发展方向显然是存在差异的。春秋战国时期，中国疆域内的各民族的发展方向，或者说统一的方向，实践证明，是全国性的多民族的封建主义方向，这是由这一时期的中国社会发展的具体特点决定的。当然，此时，中国社会进入了漫长的封建社会时期，先后经历了封建社会的"成长时期"（秦汉）、"发展时期"（三国两晋南北朝隋唐）、"进一步发展时期"（五代十国至辽宋夏金元），直至进入中国封建社会的"衰老时期"（明清）。那么，如何看待这样一个漫长的封建社会国家统一的方向问题？本书认为，从秦汉以来至明清时期，尤其是明清以来，中国多民族统一的方向，从理论上讲，应该朝着资本主义全国性多民族的统一方向发展。但是，实践证明，事实并非如此。事实是，这段时期中国多民族统一的方向基本上还是停留在封建主义全国性多民族的统一上。在农业上，明朝初年，开垦出来的田地大幅增加，南方的水稻及经济作物的推广，新的作物品种得以引进。手工业方面，明中后期，纺织业已经开始从自给自足的家庭副业逐渐向商品化生产转变。以江西景德镇为代表的陶瓷产业、制盐业、冶铁业、船舶业等为代表，这些产业在明清时期得到很大发展。工商业方面，明清时期，已经出现了诸如南京、北京、苏州、杭州、成都、武汉等相对繁华的工商业城市。不仅如此，这时，在以医学技术为代表的科技领域也已经取得很大的成就，等等。即便如此，明清时期出现的资本主义萌芽，并没有真正成长起来。究其原因，白寿彝先生曾在《中国简明通史》一书中说：

第一，是由于中国长期封建社会中自给自足的经济结构的顽固性。

第二，手工业行帮限制了资本主义生产的发展。

第三，封建国家对于商业手工业的压迫剥削阻碍了资本主义生产的发展。

第四，在手工业商业必须经常承担风险的情况下，封建地租和高利贷有更大的吸引力。

第五，明清朝廷都对海外贸易作了严格的限制，甚至有时根本不许商民下海，这是人为地削弱、封锁商品的对外销路，很不利于商品生产的发展。❶

在上述这五点原因的基础上，白寿彝先生还作了进一步总结。他指出：

资本主义萌芽得不到正常成长的这些原因，归结到一点，是封建势力还很顽固，资本主义萌芽还没有突破这一桎梏的力量。明清时期的封建主义生产关系已不能促进社会生产力的发展，但能拖住社会生产力的发展。已经腐朽了的社会制度却能阻碍新社会制度的产生，这是中国封建社会衰老时期的最大特点。❷

明清时期，由于封建势力人为因素的干预，多民族的中国社会本可以朝着资本主义全国性多民族的统一方向发展，但直到清朝取代明朝统治，以及清王朝在中国资产阶级革命派所发起的辛亥革命的打击之下土崩瓦解之后，也没有确立起资本主义制度。由此，两千多年的中国封建社会统一的多民族国家方向，事实上一直延续着封建主义全国性多民族的统一方向在前进。

直到中国历史进入近代史阶段，多民族中国社会的发展方向和前途问题，真正摆在了当时国民面前。实际上，多民族中国社会发展方向或统一方向问题，是在近代西方资本主义列强欺凌下，被迫成为一个亟须思考的重大问题。在此过程中，无论是农民阶级、清王朝内部以"洋务派"为代表的封建统治势力，还是后来以康有为、梁启超为代表的资产阶级改良派和以孙中山先生为代表的资产阶级革命派，在不同程度上，或学习、借鉴西方资本主义发展经验，或主张直接走上资本主义发展道路，等等。这些不同的社会力量，也曾欲将多民族的中国社会的发展方向统一在资本主义上。但是，由于主、客观等方面的原因，多民族的中国社会发展的方向，并没有能够统一到资本主义上。而是中国共产党领导各族人民，经过几十年前仆后继的革命斗争，于 1949 年 10 月 1 日成立中华人民共和国。在此基础上，中国社会又经过对农业、手工业和资本主义工商业的社会主义三大改造，中国共产党人把多民族中国社会发展的方向，统一在社会主义方向上，也就是共产主义的初级阶段上。

由此，在漫长的中国历史发展长河中，多民族中国社会发展的方向，在不同历史时期，结合中国社会的实际情况，总是表现出它的特点。中国社会的发展及统一的多民族国家的统一在方向上具有渐进性特点。这种特点使得多民族中国的统一在方向和前途问题上具有了一定的相对性。但是，现在多民族的中国统一在共产主义方向上，这是中国历史的选择，也是人类社会形态发展演变普遍规律的

---

❶ 白寿彝.中国简明通史［M］.南京：江苏文艺出版社，2008：256–258.
❷ 白寿彝.中国简明通史［M］.南京：江苏文艺出版社，2008：256–258.

基本体现，是完全符合中国历史实际的一条正确的方向。

在中国历史上，统一意识及统一方向，在某种程度上决定了统一的多民族国家的历史作用及其影响。在上述论述基础上，撰写一部统一的多民族国家的历史，便具有了重要历史意义。

第五节　历史上统一的多民族国家的作用与影响

人类社会发展史中，存在着一些文明最早诞生的区域。如两河流域、尼罗河流域、恒河流域、黄河流域等，它们都是人类文明的发祥地。在这里，曾经诞生了四大文明古国，即古代巴比伦、古代埃及、古代印度以及古代中国。作为人类文明中的早期部分，其中的很多文明古国的早期文明都曾经出现过断裂现象，诸如，古代巴比伦、古代埃及、古代印度等。但是，中国的古文明却能够做到源远流长，从未出现过中断，延续至今。实际上，这已经不再是一个新的研究课题。国内外学术界曾就该问题进行过长期的探索，旨在揭示中国文明为什么能够延续五千多年而不曾断绝的深层次问题。对此，早在20世纪八九十年代，白寿彝先生就有过自己的思考。对此，白寿彝先生曾说：

纵观世界历史，古国文明源远者未必流长；中国文明源远而流长，这是极为难得的。文明恰似江河，如果渊源深远，那末只有在前进的流程中得到足够的川流的汇注，才有可能越来越宽阔、丰富，形成不竭的长流。中国文明所以没有中断，与国家统一的发展和巩固是有密切关系的。❶

从白寿彝先生这段话中，我们能够看到，中国文明延续下来，不致中断，从根本上需要满足两个条件：前一个条件是崭新文明的不断创造和注入，后一个条件是不断创造和注入崭新文明的保障机制。在中国文明延续数千年的历史过程中，这两个条件是揭示中国文明不致间断地延续下来的一对范畴。中国文明延续五千多年的历史真谛，是从正确地提出和解答"为什么"而开始的。正是因为如此，这两个条件构成了中国文明得以延续和能够延续的一对重要范畴。后一个条件是指引起前一个条件的一种现象，前一个条件指的是由后一个条件的作用而引起发生的一种现象。后一个条件作为中国文明延续数千年的要素，引起了中国文明延续数千年或延续数千年的现象的发生。前一个条件则受到后一个条件或后一

❶ 白寿彝.中国通史·导论卷［M］.上海：上海人民出版社，1989：360.

个条件存在的现象的作用而产生。中国文明能够延续数千年的现象，是有它产生的原因的，而致使中国文明延续数千年的原因也必然会引发中国文明延续数千年而不致中断这样一个结果。中国文明延续数千年而不致中断这一现象中，包含的这种"引起"和"被引起"的关系，便构成了一对因果关系。在中国文明延续数千年的历史过程中，一般而言，后一个条件在前，前一个条件在后。与此同时，在中国文明发展延续的过程中，这两个条件既是明确的又是不明确的。如果把这两个条件从中国文明延续数千年而不中断这种现象所蕴含的因果关系中抽离出来分别考察这两个条件时，这两个条件的界限是基本明确的，即后一个条件是原因，前一个条件是结果。也就是说，由于能够不断创造和注入崭新文明的保障机制的存在，这才使得中国文明不断有崭新文明要素的创造和注入。但是，如果超出中国文明延续数千年而不中断这一现象所蕴含的因果关系，把这对关系中的"因"与"果"置于一个更加广阔的关系中去考察，其中的"因"与"果"又是不确定的。这就告诉我们，使中国文明延续数千年不中断的这两个条件，相互之间又互为因果关系。也就是说，崭新文明的不断创造和注入既是不断创造和注入崭新文明的保障机制的结果，又是它的原因；反之，不断创造和注入崭新文明的保障机制既是崭新文明的不断创造和注入的原因，同时也是结果。它们二者共同作用产生了中国文明延续数千年而不中断这样一种现象。从统一的多民族国家的作用角度，深入研究和探讨中国文明延续数千年而不中断的历史根源问题，必须要把握这种现象中蕴含的因果关系及其辩证性。正是由于这种辩证关系的存在，这才使得中国文明延续数千年而不中断的这两个条件，彼此之间构成了一对矛盾的统一体。换言之，崭新文明的不断创造和注入，使得中国文明如同"江河"一般从未"断流"；而作为不断创造和注入崭新文明的保障机制的统一的多民族国家，又确保了崭新文明的不断创造和注入的实现。也就是说，保障中国文明如同"江河"一般从不"断流"的根本原因在于：统一的多民族国家的存在。这就是白寿彝先生所说的"中国文明所以没有中断，与国家统一的发展和巩固是有密切关系的"的真正内涵。由此，统一的多民族国家的历史作用，在创造中国文明延续数千年而不中断这一现象中，得到了充分体现。

自古以来，中国就是一个统一的多民族国家。在中国历史的发展进程中，统一的多民族国家从根本上保持了中国文明的持续发展和延续，没有发生过中断。中国文明的延续和发展又为统一的多民族国家的维护和巩固，在统一意识和文化思想方面提供了保障。其中，统一的多民族国家为历代中国社会整体的发展提供了统一安定的社会环境。中国文明的延续和发展又通过统一的多民国家所创造的社会环境，对不同时期中国社会整体发展产生重要影响。对此，白寿彝先生指出：

中国各民族统一的过程，及其统一的深度，都直接影响到我们全国社会发展的水平，是全国的大事情。从各民族统一的程度，统一情况的发展看，往往标志着整个国家的历史进程。❶

也就是说，统一的多民族国家的形成对全国社会发展的水平产生重要影响。白寿彝先生主要是从以下几个方面看待这种影响，即统一的多民族国家的形成过程影响全国社会发展的水平和统一的多民族国家"深度"影响全国社会发展的水平。

第一，统一的多民族国家的形成过程影响全国社会发展的水平。统一过程是指多民族国家实现全国性统一所经过的程序、步骤或阶段。纵观中国历史，统一的多民族国家的形成过程，大致存在两种情况：一种情况是封建主义全国性统一的多民族国家过程，如秦、汉的全国性统一过程，隋、唐的全国性统一过程，元、明、清的全国性统一过程。在这种情况下，统一的多民族国家的形成过程，通常是平定地方割据势力及彼此之间的混战、结束社会战乱的过程。中国古代平定混战和结束战乱，采取的主要方式是"以战治乱"。如秦的全国性统一是通过灭六国完成的，西汉王朝的全国性统一经历了"楚汉之争"，东汉刘秀经过了长达十二年的统一战争，隋文帝杨坚平定叛乱完成统一，唐高祖李渊扫除群雄统一全国，元朝统一全国之前经历了灭金、灭西夏以及灭南宋等诸多战争，明太祖朱元璋经过南征北战统一全国，清军入关也是经历了腥风血雨的平叛战争，等等。但凡大一统的皇朝，封建主义全国性统一的多民族国家的形成过程，无不伴随着"以战治乱""乱而治之"的过程。换言之，在统一的多民族国家的形成过程中，战乱给各族人民及其生产生活带来了极大影响。然而，尽管统一的多民族国家的形成过程带来了战争的灾难，但是这种战乱从另一个方面也促进了各族人民的迁徙、流动，也为各族人民之间的交往交流交融创造了机遇，为各族人民的大融合创造了条件。如白寿彝先生所言：

战乱使北方劳动人民大量南下，迁入了原先有大量山越人和蛮族人居住的荆、扬等州，互相错杂居住。山越人和蛮人，也逐渐接受了从北方传来的先进生产技术和社会制度，使他们也加速实现了封建化的进程。

民族杂居地区的封建化，在中国历史发展过程中意义甚为重大。汉族和少数

---

❶ 白寿彝.谈民族史［M］//白寿彝民族宗教论集.北京：北京师范大学出版社，1992：67.

民族在这样的过程中互相吸收对方的积极因素，活跃了社会生产力，促进了社会经济的繁荣。❶

也就是说，统一的多民族国家的形成过程所带来的社会战乱局面，在促进民族交往交流交融并通过这种交往交流交融，影响全国社会发展方面是有其积极作用的。此外，封建主义统一的多民族国家的形成过程，根本上是一个"由乱转治"的过程。多民族国家统一过程的完成和大一统局面的实现，又是推动全国社会整体发展的重要条件。这是封建主义全国性多民族的统一过程对全国社会发展的影响。也就是说，统一的多民族国家的形成过程，尽管会带来一定时期内的社会战乱，但它对全国社会发展的影响是长期的、深远的，是符合历史发展规律的。

第二，统一的多民族国家"深度"影响全国社会发展的水平。统一的多民族国家"深度"基本可以从统一的"时间""空间"等方面来理解。统一的多民族国家"时间深度"，是指全国性多民族大一统国家存在的时间长短问题。很显然，全国性统一的多民族国家局面维持的时间越长，社会安定局面的保持时间也就越长。实践证明，没有和平稳定的社会环境，社会发展无从谈起，这必然会影响全国社会发展的水平。中国历史已经雄辩地证明了这一基本论断。一般而言，在中国历史上，两汉、唐以及明清等，这些维持全国性多民族国家大一统局面越长久的朝代，在政治、经济、文化等诸多社会领域，创造出来的社会文明及其社会发展总体水平，应该是超越了秦、隋等这样一些维持统一局面相对短暂的封建王朝。通常情况下，统一的多民族国家"时间深度"与它所达到的社会发展水平以及对这种发展水平的影响，可能存在着一种正比关系。这有待于学术界开展进一步的探讨和论证。统一的多民族国家"空间深度"，可以理解为统一的多民族国家疆域范围。也就是说，统一的多民族国家"空间深度"对全国社会发展水平的影响，主要是指统一的多民族国家疆域范围的大小对全国社会发展水平的影响。是否可以说，统一的多民族国家疆域范围越大，全国社会发展的水平就越高，目前还没有确切的证据验证这一论断的正确性，学术界也不可能想当然地做出这样的结论。然而，对于统一的多民族国家疆域范围越大，是否就意味着全国社会发展的水平就越高这个问题，实际上也并非没有可供探讨的空间。但是，对该问题的探讨，需要注意一个前提，即如何理解和界定"全国社会发展的水平"问题。一个国家及社会发展的水平，通常是由一系列的指标构成的一个衡量体系做出判定。但是，一般情况下，社会生产力的发展水平是全国社会发展水平的主要衡量

---

❶ 白寿彝. 中国简明通史［M］: 南京: 江苏文艺出版社, 2008: 165.

标准。从社会生产力的发展水平来看，统一的多民族国家疆域范围的大小，对全国社会发展的水平的影响是否存在一种正比例关系，依然是一个需要进一步研究的问题，目前作出任何结论都可能不太适宜。但是，统一的多民族国家疆域范围的大小，对全国社会发展的水平是否存在影响以及存在何种影响，通常情况下，这可以从两个方面来探讨：一个是统一的多民族国家疆域范围越大，是否全国社会发展的经济总量越大？另一个是统一的多民族国家疆域范围越大，是否越有利于创造更高的社会生产力水平，或为创造更高的社会生产力水平提供更为有利的条件或潜质？这是从统一的多民族国家"空间深度"对全国社会发展的水平的影响的角度，提出来的两个问题，供学术界探讨。

在中国历史上，统一的多民族国家，不仅为中国文明延续数千年而不中断提供了保障机制，而且影响着全国社会的发展进步。如何更好地理解统一的多民族国家在中国历史发展进程中的作用和影响，撰写一部统一的多民族国家的历史或是前提条件。

第六章　白寿彝关于历史上民族关系的思想

　　中国历史上的民族关系，是白寿彝民族思想体系的又一个重要成分。在民族关系思想方面，白寿彝先生主要阐述了几个方面的问题，即历史上民族关系的形成、历史上中国各民族的混合运动、民族的团结、历史上中国各族人民反抗侵略和压迫的斗争精神，以及历史上中原地区人民和新疆各族人民的交往交流交融等。这几个方面内容散布在白寿彝先生的诸多著述中。其中，《在历史剧与民族关系座谈会上的发言》（1978 年）、《中国通史纲要》（1980 年）、《关于中国民族关系史上的几个问题——在中国民族关系史座谈会上的讲话》（1981 年）、《史学工作在教育上的重大意义——在北京史学会 1982 年年会上的讲话》（1982 年），以及《谈民族史》（1984 年）等文章，涉及了中国民族的特点问题。《中国交通史》论述了历史上中国各民族的混合运动问题。《论爱国主义思想教育和少数民族史的结合》（1951 年）、《杰出的多民族国家宪法》（1954 年）、《关于史学工作的几个问题》（1979 年）、《史学工作在教育上的重大意义——在北京史学会 1982 年年会上的讲话》（1982 年），以及《开创史学工作的新局面——在河南师大历史系第七次教学、第十二次科学讨论会上的讲话》（1983 年）等文章，在不同程度上论述了白寿彝先生的历史上民族团结思想。关于历史上中国各族人民反抗侵略和压迫的民族斗争精神思想，主要分布在白寿彝先生的《论爱国主义思想教育和少数民族史的结合》（1951 年）、《论历史上祖国国土问题的处理》（1951年）、《对于改造中学本国史教本的几点意见》（1952 年）、《在历史剧与民族关系座谈会上的发言》（1978 年）、《中国通史纲要》（1980 年），以及《中国通史·导论卷》（1989 年）等著述中。此外，白寿彝先生就历史上中原地区人民与新疆各族人民的交往交流交融进行了专题性论述，即《汉族人民和新疆各族人民的传统友谊》（1955 年），该文收入到《学步集》一书中。上述有关民族关系的诸方面内容，彼此之间存在着密切关系，它们共同构成了白寿彝关于历史上民族关系思想体系。

第一节　历史上民族关系的形成

历史上各民族在相互交往交流交融的过程中，基于民族权利、利益、感情等方面差异，形成了历史上的民族关系。可以说，民族区别是历史上民族关系形成的基础。设若各民族之间没有什么区别，那么这也就无所谓民族关系。民族关系是发生在不同民族之间的关系，并不存在于民族内部。各民族彼此之间没有了区别，这时各民族趋同化，趋向于民族融合，世界各民族会成为一体。在这种情况下，世界上没有了民族，也就不会形成民族关系。由此，民族区别是民族关系形成的基础。

马克思主义民族理论长期以来致力于协调民族关系，在此基础上促进民族发展方面的研究。民族关系的协调需要化解各民族之间的不同，形成一个各民族都能够接受的共识，以此方式化解民族纷争。任何一个民族的发展都需要从本民族的实际情况出发，制定适合于本民族发展的策略。从民族实际出发，制定各民族发展策略的过程就是一个认识、把握和充分利用本民族区别的过程。在当前，大力推进中国特色社会主义事业大发展、大繁荣是实现中华民族伟大复兴中国梦的根本途径。如何推进中国特色社会主义事业不断向前发展，一方面要靠各族人民凝心聚力、团结合作，另一方面还要依靠营造和谐的社会主义事业发展的良好社会环境。无论是哪一个方面，都需要从各民族的实际入手。只有切实认识、尊重并以此作为民族工作的出发点，才能够真正协调好民族关系，促进民族团结。在此基础上，各民族才能够凝心聚力，共同推进社会主义事业向前发展，为实现中华民族伟大复兴中国梦创造条件。正因如此，白寿彝先生重视历史上民族的区别问题，提出了诸多有关民族区别的重要论述。

早在1978年，在有关历史剧与民族关系座谈会上的发言中，白寿彝先生就已经详细阐述了民族区别问题。

他首先从一般意义上阐述了民族区别。他指出，"区别"是什么，区别就是"不同"。具体而言，民族区别就是指民族之间的"不同"，它是形成民族关系问题的重要根源。即：

民族（关系）问题的产生根源，有两个基本因素：一是自然的因素，即民族的特征、特点的因素，这是民族（关系）问题产生的前提和条件。民族之间在交往联系中，由于各个民族在其特征特点等自然特性（或民族性）上的区别而呈现

出民族之间的差别。这种民族之间的差别，在一定条件下会产生出民族之间的矛盾。❶

这就是说，我们应当重视这种民族区别，它是形成民族关系的基本条件，也是导致民族之间发生纷争的根源。

民族区别与民族感情有紧密关系。白寿彝先生认为，有民族区别，就一定会有民族感情。民族感情又与民族关系密切相关。他认为，在民族作为一个客观事物存在的过程中，无论是在中国历史上任何一种阶级社会中，还是在当前社会主义社会中，民族感情都是存在的，应当引起高度重视。对此，他指出：

> 不管哪个阶级都有民族感情。有的同志认为无产阶级没有民族感情，我看这个说法不对。人家大骂中国，咱们中国人不高兴，为什么？这就是民族感情。我们有民族自豪感没有？那还是有的。无产阶级没有吗？有。民族存在是客观事实嘛。有民族就有民族感情。这是难免的。❷

在白寿彝先生这段有关民族区别与民族感情的论述中，我们看到，民族、民族区别、民族感情与民族关系之间存在着密切联系。认识民族关系应当从民族及其实际情况这一基本方面切入，深入探讨它们对于民族关系的影响。在白寿彝先生看来，有民族存在，就有民族区别。有民族，就有民族感情。民族感情是基于民族的存在和民族区别的存在而客观存在着的，而民族感情问题，在很大程度上影响着民族关系。如白寿彝先生所说，中国人在面对"人家大骂中国"时，会表现出很不高兴的情绪，这就是"民族感情"的一种外在表现形式。这种"不高兴"，既是一种民族感情，也是影响民族关系的重要因素。民族自豪感是民族感情的一种表现形式，是建立在民族存在以及民族区别的存在之上的一种重要民族感情。然而，民族感情往往存在着"两面性"。民族感情上的这种"两面性"特征，在某种程度上影响了民族关系的好坏，这就涉及民族感情发展的趋势问题。白寿彝先生认为，有民族感情，就有了民族关系问题。民族关系的好坏，在很大程度上取决于民族感情发展的趋势和方向。总体而言，民族感情大致存在两种发展趋势：一种是"民族友好"的趋势，另一种则是民族纷争的趋势。民族感情的这两种发展趋势，都涉及了民族关系。白寿彝先生认为，民族感情的存在并没有什么不好，关键在于如何引导民族感情的发展趋势。如果把民族感情引向"民族友好"的趋势上，那么这就能够创造良好的民族关系。这种良好的民族关系，大

❶ 金炳镐.民族理论通论［M］.北京：中央民族大学出版社，1994：165.
❷ 白寿彝.在历史剧与民族关系座谈会上的发言［M］//白寿彝民族宗教论集.北京：北京师范大学出版社，1992：39.

致可以用"尊重"和"互助"来表述。对此，白寿彝先生指出：

你尊重我的差异，我尊重你的差异；你尊重我的民族感情，我也尊重你的民族感情，而且各有特点，好嘛！你以畜牧为主，我以农业为主，可以互相合作，互相促进。❶

也就是说，只要各民族之间相互尊重彼此的不同，相互尊重各自的民族感情，那么民族感情的发展必然会趋向于民族友好的方向，创造出和谐的民族关系。即：

尊重民族感情，汉族尊重少数民族，少数民族尊重汉族。❷

只强调民族共性，忽视民族区别，这不是马克思主义辩证唯物主义的立场。但是，只看到民族区别而忽视民族之间的共性，这在一定程度上也会影响民族关系，不利于民族团结。所以，我们在看待民族的时候，既要看到各民族的区别，更要看到彼此之间的共性。基于此种认识，白寿彝先生在《中国通史纲要》一书中，就各民族在经济生活及文化生活等方面存在的共性和各自的区别进行了阐述。他指出：

在经济生活和文化生活上，不少民族有许多共同的地方，也各有自己的特点。❸

以汉族为例。白寿彝先生认为，在农业生产方面，汉族有着悠久历史。这可以追溯到中国原始社会末期炎帝神农氏时期。炎帝是中国社会上古时期一个姜姓部落首领。传说中，神农氏由于最早懂得如何创造和使用火而被推举登上王位，这是中国历史上的"炎帝"。相传炎帝发明了刀耕火种，创造用于翻耕田地的农具，教授百姓垦荒种粮。不仅如此，他还带领所在部落创造出了可供食用的炊具和陶器制品，对农业生产和日常生活作出了重要贡献。在手工业方面，汉族在很早的时候就已经达到了相对较高的水平。如早在商代工匠在陶器的制造实践中，已经能够烧制最原始的瓷器，东汉时期已经先后能够生产青瓷和白瓷。唐代逐渐形成了青瓷和白瓷两大系统。宋代涌现出了官窑、钧窑、汝窑、定窑等制瓷名窑。元朝时期，逐渐形成了以江西景德镇瓷窑为代表的全国性的制瓷中心。明清时期的制瓷业，在前期发展的基础上，不仅形成了以景德镇为中心的"瓷都"，而且还在前期青花瓷等基础上，发展出了花样繁多的"彩瓷"。汉族在制瓷业方

---

❶　白寿彝.在历史剧与民族关系座谈会上的发言［M］//白寿彝民族宗教论集.北京：北京师范大学出版社，1992：39.

❷　白寿彝.在历史剧与民族关系座谈会上的发言［M］//白寿彝民族宗教论集.北京：北京师范大学出版社，1992：40.

❸　白寿彝.中国通史纲要［M］.上海：上海人民出版社，1980：11.

面独具特色，在经济和社会生活方面作出了突出贡献。再如丝绸业。丝绸业究竟起源于何时，目前尚无定论。但是，据可靠证据，早在距今五六千年前，中国已经出现了"养蚕""抽丝"以及蚕丝织绸等。商代养蚕抽丝织绸已经有了一定的规模，出现了"提花丝织物"。秦汉时期的丝绸贸易繁荣空前，成为丝绸之路上的重要货品，被运往中亚、西亚直至欧洲。尽管魏晋南北朝时期的丝绸业受到社会动荡的影响，但是无论在内涵上还是花样方面，都有较大的进步，这为唐中后期丝绸业在江南的大发展创造了良好条件。隋唐时期的丝绸业伴随着中国封建社会的发展也达到了一定的高潮，这集中体现在，不仅出现了黄河流域、中国东南地区以及四川巴蜀一带等重要丝绸产区，而且成为促进唐代经济社会发展繁荣的重要产业力量。两宋时期，丝绸业发展的重心由上述三大区域逐渐向江南转移。浙江已经成为当时闻名全国的丝绸产地。元代，丝绸业得到官方的高度重视，逐渐形成了当时庞大的官营丝绸织造系统。明代的中国丝绸商品化趋势更加明显，丝绸贸易相当活跃。清代，丝绸的官营规模相比前朝有所减少，但民间丝绸业得到了更大发展。但是，直至晚清时期，这种情况发生了变化，丝绸业进入了发展的困难期。在科技方面，涌现出了以造纸术、印刷术、指南针、火药等为代表的中国古代"四大发明"。在思想艺术领域，汉族在历史上出现了大量的思想家、军事家、文学家、艺术家等。在中国历史革命斗争中，还成就了一大批政治家、革命家、农民起义领袖等。这些历史成就，充分代表着汉族对中国历史的贡献，也表现出了汉族作为一个民族自身的特征与优势。

我们在认识各民族时，更要注意民族之间的共性。民族的共同特征是各民族中共同的、共有的东西，把各民族的共同特征运用到对民族现象的理解和研究实践中，这对于我们正确认识中国的民族、协调民族关系、促进各民族的共同繁荣发展，均具有特殊的重要意义。

我国56个民族中，其共同的特点就存在于各民族中间。当我们研究民族现象的时候，要注重各民族共同的特征，这对于我们通过各民族共性的研究，建构中华民族共同体，铸牢中华民族共同体意识，具有重要的启发意义。

对民族区别及民族关系的形成问题，在1982年北京史学会年会上的讲话中，白寿彝先生作了进一步的阐发。他指出：

各民族之间有差别，也有共同的地方。没有差别，不能形成不同的民族。没有共同的地方，我们几十个民族不能建立这么伟大的祖国。❶

---

❶ 白寿彝.史学工作在教育上的重大意义——在北京史学会1982年年会上的讲话［J］.历史教学，1982（8）：4.

这段论述是白寿彝先生在民族区别、民族共性等方面的进一步发展。他不仅再次重申了民族区别存在的客观性，而且还就各民族共同的特征做了进一步的阐述。对此，白寿彝先生谈到了几个方面的观点。

第一，在中华人民共和国这样一个统一的多民族国家中，各民族之间一定会有区别，这是由各民族自身的历史状况决定的。与此同时，各民族之间更有共同的地方，这些民族共性就存在于各民族之中。所以，既要看到民族区别，更要重视民族共性。

第二，民族区别是不同民族及其民族关系形成的前提条件。如前文所述，民族的形成是有条件的。这个最基本的条件就是民族所具有的、体现在斯大林"民族"定义中的"四个基本特征"，即民族的"共同语言""共同地域""共同经济生活"以及"共同心理素质"，这是民族形成的主要标志，它们为民族关系的形成创造了条件。

第三，各民族共性的存在又是统一的多民族国家建立的前提条件。建立统一的多民族国家是有条件的，这些条件基本上是各民族共同的东西。换言之，各民族共同性的因素与统一的多民族国家建立所需要的条件，在很大程度上存在着交叉性。各民族的共性与统一的多民族国家建立的条件之间究竟存在着怎样的关系，这是铸牢中华民族共同体意识的重要研究课题。当前学术界对这一问题的探讨还远远不够，存在着很大的研究空间。

第四，要更加注重民族之间的共同性。对此，白寿彝先生着重阐述了三个基本观点。一是研究民族现象，不讲各民族的共同性，是"片面"的。这一观点，本书前文已经有比较多的深入阐述。二是强调各民族之间的共性是客观存在的。三是发掘各民族之间的共性。即：

我们各个民族之间都有它共同的地方。只因有共同的地方，才能叫这么多民族团结在一起，建设一个国家。❶

在中国历史上，各民族在相互交往交流交融和迁徙运动过程中，形成了民族关系。因此，民族之间的迁移和混合运动是民族关系形成的一个重要前提。

---

❶ 白寿彝.史学工作在教育上的重大意义——在北京史学会1982年年会上的讲话 [J].历史教学，1982（8）：4.

第二节　历史上中国各民族的混合运动

白寿彝先生在其《中国交通史》中，就中国历代交通问题进行了全面而综合的阐述。这部著作在国内外产生了重要学术影响。然而，国内学术界在关注交通方面研究成果的同时，却很少注意到其中有关的中国历史上各民族的混合运动问题。该问题既是交通方面的问题，也是一个民族关系方面的问题。当然，这里的民族关系，主要涉及了中国先秦时期的民族关系，即先秦时期各民族在混合运动中形成的民族关系。

首先要认识历史上中国各民族的"混合运动"。在近两千年的时间里面，这种民族之间的混合运动，不论是以一种怎样的现象存在着，但它总是没有停止过，并且在中国历史上"扮演"过重要的角色，发挥了极为重要的作用。如白寿彝先生所言：

在这一千七八百年中，中国历史上最大的事件，是民族与民族间连续不断地一种混合运动。在这样长的时期内，表面上，尽管有形形色色的现象，白云苍狗地变幻；骨子里，这种混合运动却总是贯彻始终地在扮演着。❶

然而，遗憾的是，中国历史上这样一个存在的，并且发挥了重大作用的历史事件，却长期以来似乎没有引起学术界的重视和研究。白寿彝先生认为，宗周时期，周民族的发展方向与殷商民族的发展方向就不同，甚至在方向上是相反的。在发展方向上，周民族是由西而东的，而夏后殷商的发展方向则是由东而西的。殷商民族和周民族在发展方向上存在截然不同的特点，即：

宗周时期，交通区域比殷时还要广阔。周民族发展的方向是由西往东，和夏后殷商由东往西的发展，正相反对。❷

其次要把握中国历史上各民族混合运动的历史价值和影响。商，是中国历史上的第二个奴隶制王朝。商的先祖是早期在黄河中下游地区兴起的一个原始部落，其始祖与中国原始社会末期传说的"大禹治水"中的"禹"，或大致处在同一个时期。夏朝的联合城邦国——"商国"国君商汤灭亡夏朝以后，在现在河南商丘东南方向的"亳"这个地方，建立商汤的都城，取国号为"商"。后来，商朝的都城迁徙频繁。自商汤开始，历经十六世以后，王位传至盘庚时期。盘庚迁

---

❶　白寿彝.中国交通史［M］.北京：团结出版社，2011：9.

❷　白寿彝.中国交通史［M］.北京：团结出版社，2011：9.

都到"殷"，这时的商朝又称之为"殷商"。迁都后的商朝，经济社会得到较快的发展。此时的"殷都"成为当时的政治、经济、文化的中心。后有学者把迁都后的殷商时期的人们共同体称之为"殷民族"，迁都之前的商朝统治下的人们共同体称之为"商民族"。这种称谓是否恰当，有待学术界讨论。为了论述的便利，我们采用这种称法，将商朝盘庚迁都前后所统辖的人们共同体分别称为"商民族"和"殷民族"。白寿彝先生认为，迁都前的"商民族"和迁都后的"殷民族"之间的"混合运动"，成就了"殷商时期的局面"。之后，随着周朝取代殷商的统治，"周民族"形成。白寿彝先生又进一步指出，"周民族"形成以后，由西向东运动，"殷民族"则由东向西发展，这就形成了"殷民族"和"周民族"之间继"商民族"和"殷民族"间"混合运动"后，又一次较大规模的"混合运动"。这次"混合运动"的结果是，成就了"宗周时期的局面"。随着历史的推延，此时的"周民族"又与中原地区以外的西戎、北狄、东夷、南蛮构成的所谓的"四夷"之间新的"混合运动"，成就了"春秋战国时期的局面"。无论是"殷商时期的局面"还是"宗周时期的局面"，抑或是"春秋战国时期的局面"，它们的形成过程不仅在情形上的确存在某种程度上的差异，而且这种局面的形成方式以及具体的形成进程，也是存在较多差异的，并不是完全一样。但是，它们在三个方面是相同的：一是它们都属于民族之间的"混合运动"，并非一种各民族之间"老死不相往来"的状态，这本身就是历史发展的一种积极因素，即推动历史不断向前发展的动力。也就是说，有民族之间的"运动"就有民族交往交流交融，民族之间的交往交流交融存在于民族之间的"混合运动"中。二是这种"混合运动"在历史价值和影响上，不是促使各民族愈趋走向"分散"、走向多元，而是逐渐走向集中，走向"一体"，至少在方向上是这样的。三是民族融合的意识和各民族统一的意识，就是在这种民族之间的"混合运动"中逐渐产生、发展并形成为一种统一传统的。也就是说，在中国历史上，各民族之间的"混合运动"，要特别注意和强调其中包含的积极因素、历史方向以及对于统一意识和传统的形成等方面的问题。无论如何，从"商民族"与"周民族"之间发生的"混合运动"，"周民族"与"殷民族"之间发生的"混合运动"等中，我们看到了中国历史上的"混合运动"的积极面，看到了这种"混合运动"所带来的历史走向，以及它对多民族统一意识的产生和统一传统的形成，具有重要历史意义。也正是由于这些积极因素的存在和推动，各民族之间的"混合运动"发展到了战国末年，逐渐趋于"成熟化"，并把中国历史推向了一个"崭新的时代"，即秦始皇统一六国，在中国历史上首次开创了"大一统"局面，开启了中国历史封建社会时期多民族国家"大一统"的先河。

最后要正确理解和把握各民族之间的交往交流交融与发展同各民族间的"混合运动"之间的辩证关系。民族之间的交往交流交融,既有民族之间集体性的交往交流交融形式,如民族之间的纷争,或民族的整体性迁移,加入另外一个民族中,抑或中国历史上的"朝贡"、使团交流等,又有民族成员之间的个体性交往交流交融。实际上,在中国历史上,各民族之间的交往交流交融更多地体现为各民族成员之间个体的交往交流交融。相对于民族成员之间的交往交流交融,各民族之间的"混合运动"却更多地表现为民族之间的集体行为。也就是说,一方面,民族之间的交往交流交融更侧重于各民族之间的个体行为,民族之间的"混合运动"则更多表现为一种集体行为,两者在侧重点上还是存在差异的。另一方面,两者之间的辩证关系,恰恰存在于这种差异之中。马克思主义哲学的矛盾学说主张差异即矛盾。也就是说,两者之间的差异为彼此之间形成一个辩证的矛盾统一体创造了条件。既然各民族之间的交往交流交融与发展同各民族间的"混合运动"之间存在一种统一关系,那么我们看看这种统一的关系究竟是如何表现出来?第一,民族之间的"混合运动"为各民族之间的交往交流交融与发展提供了条件、机会,奠定了基础。各民族之间的交往交流交融与发展,在某种意义上讲,可以理解为各民族间"混合运动"创造出来的一种结果,它又进一步促进各民族之间的交往交流交融与发展。各民族之间的交往交流交融与发展有利于推进各民族之间的交往交流交融与发展。这两个方面共同促进了各民族之间的融合和多民族国家的"大一统"。或许这是我们正确看待中国历史上尤其是夏、商、周时期,直至秦王朝统一之前这段时期中的各民族之间的"混合运动",应当坚持的一个基本观点。换言之,要把中国历史上各民族之间的"混合运动"与统一的多民族国家这样一个基本问题,紧密结合起来看待。第二,各民族之间的"混合运动"发展到一定程度,是否标识着各民族之间的交往交流交融及发展也达到了一定的程度,这个问题有待于学术界进一步研究和探讨。第三,各民族之间的交往交流交融及其发展取得一定的进展,是否有时候也可以理解成为一种新的各民族之间的"混合运动"即将出现的"倾向",这也是一个值得进一步探讨的问题。这种情形,或许在中国历史上各民族之间的交往交流交融过程中,表现得更为明显一些。如南北朝时期,北方的少数民族向中原汉族地区的迁徙"运动"以及中原汉民族向南方广大少数民族地区的迁徙"运动"等。这种"混合运动",在很大程度上促进了杂居地区少数民族的封建化进程和边疆民族地区的封建化进程,促成了各民族之间大融合局面的出现。对此,白寿彝先生

指出:

先秦的民族混合运动,使中华民族有了一个真正的基础;国界之设定,大一统政府之建立,都在这一千七八百年的民族混合运动中孕育到了成熟的程度。❶

白寿彝先生通过中国历史上一千七八百年时间里各民族之间的"混合运动"的直接结果——秦王朝的"大一统政府之建立",很好地说明了这一点。

此外,各民族之间的"混合运动",某种程度上破除了交通障碍,"充实"了域内交通。白寿彝先生指出,在春秋战国时期,各诸侯国内部交通的充实,在很大程度上得益于各民族之间的"混合运动"。一般来说,各诸侯国的对外扩张,成为这一时期的一个重要时代特征。诸侯国尤其是那些比较强大的诸侯国的对外扩张,通常采取"硬核扩张"的方式,也就是我们通常所说的对外发动战争或征讨。与此同时,如果要实现诸侯国内部交通便利,交流顺畅,通常也会对散居境内的诸多少数民族采取一定的措施,或者"消灭驱逐",或者"使之屈服同化",即采取一种"柔性扩张"的方式。对这两种旨在实现"充实"域内交通的方式,白寿彝先生引用了《左传》和《后汉书》上的实例给予佐证。

例证一,《左传》襄公十四年:

姜氏之戎驹支对晋范宣子说:"昔秦人负恃其众,贪于土地,逐我诸戎。惠公蠲其大德,谓我诸戎是四岳之裔胄也毋是翦弃。赐我南鄙之田,狐狸所居,豺狼所嗥。我诸戎除翦其荆棘,驱其狐狸豺狼,以为先君不侵不叛之臣,至于今不贰。"❷

白寿彝先生指出,这是"屈服同化"戎夷的一个实例。

例证二,《后汉书·西羌传》,即:

诸戎"当春秋时期,在中国,与诸夏盟会。鲁庄公伐秦,取邽冀之戎。后十余岁,晋灭骊戎。是时,伊洛戎强,东侵曹鲁,后十九年,遂入王城,于是秦晋伐戎以救周。后二年,又寇京师,齐桓公征诸侯戍周。后九年,陆浑戎自瓜州迁于伊川,允姓戎迁于渭汭,东及轘辕。在河南山北者,号曰阴戎。阴戎之种,遂以滋广。晋文公欲修霸业,乃赂戎狄,通道以匡王室。""及晋悼公,又使魏绛和诸戎,复修霸业。是时楚晋强盛,威服诸戎。陆浑伊洛阴戎事晋,而蛮氏从楚。后陆浑叛晋,晋令荀吴灭之。后四十四年,楚执蛮氏而尽囚其人。是时,义渠大荔最强,筑城数十,皆自称王。至周贞王八年,秦厉王灭大荔,取其地,赵亦灭伐戎,即北戎也。韩魏复共稍并伊洛阴戎,灭之。其遗脱者,皆逃走,西踰汧

---

❶ 白寿彝.中国交通史[M].北京:团结出版社,2011:4–5.

❷ 白寿彝.中国交通史[M].北京:团结出版社,2011:14–15.

陇。自是中国无戎寇，唯余义渠种焉。"（义渠戎后灭于秦，见本章第六节引史记匈奴列传文。）❶

白寿彝先生指出，这是消灭驱逐戎夷的一个实例。

对于上述两个实例，白寿彝先生分析指出：采取"柔性扩张"的方式同化各少数民族，可以"使之辟田垦荒"，也可以使诸侯统治区域内各地方之间"增加联络的密度"，便利交通和交往交流。采取"硬核扩张"征讨的方式驱赶甚至是消灭"戎狄"，不仅可以肃清统辖范围内的"捣乱分子"，而且还可以清除域内的许多交通障碍，达到域内交通便利的目标。由此可见，各民族之间的"混合运动"，无论是采取上述哪一种方式，都是社会历史的进步。对此，白寿彝先生认为，春秋战国时期的人们做到了这一点。他认为：

先秦交通区域之所以能做后来中国交通区域之基础者，这也是一个很大的原因。❷

很显然，民族之间的"混合运动"，无论通过哪种方式，都促进了中国历史上各民族之间的交往交流交融。民族之间交往交流交融的过程，本身就是各民族之间增进了解、互信、互通有无以及合作的过程，实际上这也是一个民族团结的过程。

第三节　历史上民族的团结

在中国历史上，各民族之间的交往交流交融的方式和结果通常存在两种情况，即民族之间的友好和民族之间的相互纷争，也就是民族团结和民族纷争，这是民族关系的两种表现形式。历史上民族团结的思想，在白寿彝民族关系思想体系中占有重要地位。早在1951年，白寿彝先生就有关历史上民族团结问题已经有所论述。从20世纪50年代以来，白寿彝先生先后在《论爱国主义思想教育和少数民族史的结合》《关于史学工作的几个问题》《史学工作在教育上的重大意义——在北京史学会1982年年会上的讲话》，以及《开创史学工作的新局面——在河南师大历史系第七次教学、第十二次科学讨论会上的讲话》等篇目中，均有相关论述。这些论述，构成了白寿彝历史上民族团结思想的体系。在这样一个思想体系中，民族团结是什么，为什么要强调民族团结问题，以及如何增强民族团

❶　白寿彝.中国交通史［M］.北京：团结出版社，2011：15.
❷　白寿彝.中国交通史［M］.北京：团结出版社，2011：15.

结等，成为这个体系的重要组成部分。

一、何谓民族的团结

白寿彝先生提出了民族团结是什么的问题。他指出，民族团结是民族关系的一个重要内容。通常所说的民族关系，他认为它实际上是一个民族团结的关系问题，并指出民族团结的关系是一个值得认真分析的一种关系，尤其是中国封建社会发展史上的民族团结关系问题。对此，白寿彝先生从三个方面展开论述。

首先，明晰何为"团结"。白寿彝先生认为，如果事物本身就是"一个"，那么在这种情况下，也就谈不上"团结"问题。也就是说，没有必要再去强调"团结"这个问题。正是由于事物本身就是多元的，在这种情况下才有必要强调"团结"问题。就民族这样一种人们共同体而言，事实也是如此。民族团结，就是说明历史上民族的存在是多元的，是存在着诸多的民族。正是因为存在着诸多的民族，才有可能存在"民族团结"这个问题。民族内部的团结，从理论上讲，是不能够叫作"民族团结"的。因为"民族团结"通常是指不同的民族之间发生的一种友好关系。也就是说，民族团结就是由于"多个"民族的存在，强调各民族之间的友好关系，这就叫作民族团结。有多个民族的存在，多个民族之间存在着区别，在这种情况下，我们才能够强调"民族团结"，才有必要做好"民族团结"的工作。

其次，要明确民族区别是民族团结存在的首要前提。在某种意义上说，民族区别是民族团结存在的根本条件。没有民族区别就没有民族团结。民族区别与民族团结之间存在着辩证关系。民族区别是民族团结的前提和基础，民族团结是民族区别存在的必然结果，又是进一步重视民族区别、尊重民族区别的保障。没有民族区别的存在，就不会有民族团结的问题，也就无须强调做好民族团结的工作。重视民族区别、尊重民族区别是为了达到民族团结。民族团结的目标，是为了各民族凝心聚力、团结奋斗，促进社会的发展，直至最终实现人类"大同"，即最终是为了消灭民族区别，不再存在和强调民族团结的问题，这是一个民族融合的过程。对于民族区别、民族消亡以及民族融合之间的关系，金炳镐先生指出：

民族融合是民族消亡的途径和方式，民族消亡是民族融合的实现结果。民族融合实现之日，就是民族最终消亡之时。❶

---

❶　金炳镐.民族理论通论［M］.北京：中央民族大学出版社，1994：165.

最后，要敢于承认民族区别是客观存在的。白寿彝先生强调，一方面要"敢于承认"民族区别的存在，另一方面还要"敢于承认"民族区别是民族团结的前提。对此，白寿彝先生进一步指出，不承认民族区别是民族团结的前提，就不可能处理好民族关系，维护民族团结。只有"敢于承认"民族区别，才能够处理好民族关系，维护好民族团结。这是因为，承认民族区别是重视民族区别、尊重民族区别以及由民族区别引起的民族感情的重要基础。如果不承认民族区别，在各民族之间的交往中就很有可能出现忽视民族区别，甚至藐视民族区别的现象，这种现象很可能导致伤害民族感情的事情。这将会在很大程度上损害民族团结，破坏民族关系。

由此可见，民族团结与民族区别、民族关系等有着密切的关系。白寿彝先生关于民族区别是民族团结的前提的思想，对于我们正确看待民族区别，正视民族区别，进而尊重民族区别，具有启发价值。

此外，白寿彝先生还认为，承认民族区别是正确处理民族关系的前提。对此，他指出，民族区别的存在与民族关系处理的难易程度之间并没有直接的关系。也就是说，存在民族区别，并不意味着民族关系难以协调。反过来，他认为，民族区别的存在，承认并尊重民族区别的存在，这是处理好民族关系的重要前提。

白寿彝先生还指出，中国各民族之间的团结与友爱，是有其历史传统的。也就是说，在中国几千年历史上，各族人民的团结是一贯的，不是暂时性的。

对此，白寿彝先生认为，就中国历史上各族人民的团结友爱这一历史传统进行阐述，是有重要意义的。一方面，它可以使得人们充分认识到，各族人民的团结友爱已经形成了一种悠久的传统。另一方面，当前在中国共产党的领导下，各族人民的团结是有历史基础的。也就是说，各族人民应当加倍珍惜和维护各族人民团结的历史传统。

二、为何要强调民族的团结

白寿彝先生在阐述民族团结是什么的基础上，就为什么要加强民族团结这个问题做了进一步的论述。对此，白寿彝先生早在20世纪50年代初就提出这样一个重要观点，即：

民族团结将为祖国建设提供巨大的力量。❶

---

❶ 白寿彝.杰出的多民族国家宪法［M］//白寿彝民族宗教论集.北京：北京师范大学出版社，1992：4.

　　白寿彝先生的这句话包含着多层含义。正确理解和揭示其中的含义，是正确认识白寿彝先生民族团结思想价值的重要条件。其中包含着这样一些基本问题，即这里的"民族团结"应当如何理解，"民族团结"与"祖国建设"之间存在着怎样的关系，为什么说民族团结能够为祖国建设提供巨大力量，提供这种力量的途径和方式是怎样的，等等。

　　前文我们已经就白寿彝先生对于什么是民族团结这样一个基本问题，做了较为详细的阐述。在这里，"民族团结"是有其具体蕴含指向的。也就是说，不能够笼统地，从一般意义上理解"民族团结"和"祖国建设"的问题。我们理解"民族团结"，应当紧密结合白寿彝先生当时所处的那个时代。首先，看白寿彝先生所讲述的那个时代的"民族团结"具体所指究竟是什么？白寿彝先生阐述这句话的具体时间应该是 1954 年 7 月。当时我国已经开始了民族识别工作。但是，这时的民族识别工作还远没有完成。也就是说，在 1954 年，白寿彝先生讲述这句话的时候，第一阶段的民族识别工作已经完成。但是，从 1954 年开始的新一阶段的民族识别工作才刚刚启动。在 1954 年，56 个民族还没有完全得到明确识别，但是已经识别出的民族已经有约 40 个。其中包括公认的一些民族，诸如蒙古族、藏族、维吾尔族、瑶族、苗族、朝鲜族、彝族、满族等，另外还有逐渐确定的诸多民族，如侗族、白族、壮族、布依族、傣族、黎族、哈萨克族、哈尼族、高山族、东乡族、傈僳族、佤族、水族、景颇族、纳西族、拉祜族、塔吉克族、乌孜别克族、柯尔克孜族、土族、保安族、羌族、塔塔尔族、鄂温克族、锡伯族、裕固族、撒拉族、俄罗斯族、鄂伦春族等近 40 个民族。也就是说，在当时情况下，除了已经确认的上述民族之外，还有大量的民族名称尚待识别和确认。换言之，此时白寿彝先生所说的"民族团结"，还不能够简单地理解成为现在的 56 个民族的团结，而应当理解为已经识别和确认的民族和尚待识别和确认的民族的大团结。此其一。其二，在这里，白寿彝先生所说的"民族团结"，是在中国共产党领导下的"民族团结"，它不同于中国历史上各民族在反抗阶级压迫斗争中形成的那种自发的"团结亲爱"关系。其三，白寿彝先生所说的"民族团结"是有历史基础的。这种历史基础，大致可以从两个方面来讲：一方面，在中国共产党成立之前，各民族为了生存而联合起来反对封建统治阶级的剥削和压迫的斗争历程。另一方面，在中国共产党成立以后，在党的领导下，各族人民从北伐战争……到为中华人民共和国的成立和巩固而进行的一系列团结联合斗争都是为中华人民共和国成立后，建立一个平等、团结、互助、和谐的社会主义新型民族关系，奠定了坚实的历史基础。换言之，在这一时期白寿彝先生所讲述的

"民族团结"问题,是中国历史上尤其是中国近代史上各民族之间团结友爱传统的继承与发展。其四,这里白寿彝先生所说的"民族团结",已经超越了历史上中国共产党领导下进行的为争取国家独立、民族解放这样一个历史目标而展开的团结斗争,而是为了争取国家富强、人民幸福而进行的团结奋斗。也就是说,这里所谓的"民族团结"奋斗的目标已经发生了变化,这决定了对"民族团结"历史意义的理解也相应地发生改变。所以,我们在理解和把握白寿彝先生关于"民族团结将为祖国建设提供巨大的力量"这一重要表述中的"民族团结"问题时,至少应当从这四个方面切入。

其次,"民族团结"与"祖国建设"之间存在着怎样的关系。前文我们论述了民族区别与民族团结之间的关系。这里,我们将探讨"民族团结"与"祖国建设"之间的关系。这里的"民族团结"不是为了革命斗争的"民族团结",而是根本上为"祖国建设"的"民族团结"。"祖国建设"也不是历史上的任何一种国家建设或任何其他国家的建设,而是中华人民共和国成立以后的社会主义多民族的国家建设。在这种关系中,"民族团结"与"祖国建设"之间形成了一对统一关系。具体而言,"民族团结"是"祖国建设"的基础和前提条件,没有各民族之间的团结奋斗,"祖国建设"将成为"镜中花""水中月"。"祖国建设"目标的实现是"民族团结"奋斗的结果,也是进一步实现"民族团结"的重要保障。没有民族之间的团结和共同奋斗,就不可能顺利完成"祖国建设"的目标。坚持"民族团结"是为了广泛凝聚起各民族人民的力量,完成"祖国建设"的共同目标。"祖国建设"的目的是达到社会主义的本质要求,是为了实现共同富裕,使各族人民群众都有获得感、幸福感,更好地实现民族平等,更好地做到各民族之间的团结。正确理解和掌握"民族团结"和"祖国建设"之间的统一关系,不仅是理解白寿彝先生关于民族团结思想的重要途径,也是深刻认识白寿彝先生有关民族团结的真正用意。

最后,为什么说"民族团结"能够为"祖国建设"提供巨大力量?中华人民共和国成立后,"祖国建设"的主要依靠力量是谁?换言之,进行"祖国建设",需要大批的建设力量。"祖国建设"的主要力量来自哪里?谁是我们主要依靠的力量?这个问题是"祖国建设"的首要问题。在革命战争年代,在中国共产党的领导下,经过不断地探索,搞明白了"谁是我们的敌人?谁是我们的朋友?"最终我们党领导"我们的朋友",战胜了"我们的敌人",取得了新民主主义革命的胜利,建立了中华人民共和国。在和平建设时期,在"祖国建设"的过程中,我们同样需要团结可依靠的力量,完成"祖国建设"的伟大历史任务。在此情况下,要团结可依靠的力量，就要明确"可依靠的力量是谁"。在"祖国建设"时期，可依靠的力量是全国各族劳动人民。怎样才能真正做到调动和依靠全国各族人民？这只能通过"民族团结"。"民族团结"是调动和依靠全国各族人民，进行"祖国建设"的根本途径。对此，毛泽东同志曾指出：

> 这种团结是当前民族和民主革命的最重要的基础；因为只有经过共产党的团结，才能达到全阶级和全民族的团结，只有经过全阶级全民族的团结，才能战胜敌人，完成民族和民主革命的任务。❶

革命战争年代是这样，"祖国建设"时期更是如此，这都依赖于"民族团结"。还有，"祖国建设"所需的这种力量提供的途径和方式是怎样的，这是另外一个重要问题。"祖国建设"任务，主要是通过加强"民族团结"，凝聚"民族团结"的力量，为着"祖国建设"这样一个历史任务而努力奋斗实现的。换言之，加强"民族团结"，凝聚"民族团结"的力量，是"祖国建设"所需力量提供的根本途径和方式。

所以，白寿彝先生在 20 世纪 80 年代，从历史工作者的角度上一再强调民族团结的重要性。他指出：

> 讲历史，民族团结的问题是一个很重要的问题。❷

当时，他还呼吁历史教育工作者要注意对学生加强民族团结教育，把民族团结教育作为历史教育的一项重要任务。即：

> 历史教育很重要的一个任务，是进行民族团结的教育。在今天来讲，民族关系比以往任何时候都好，但也不能说没有一点问题。❸

三、如何增强民族的团结

对于如何增强民族的团结，白寿彝先生从一个历史教育工作者的角度进行了思考。对此，他着重强调了三点。

第一，要加强对民族史的研究。他指出，作为历史教育、教学和研究工作者，我们对于各民族的历史了解和研究还不够。他以藏族的历史为例，予以说明。他指出，藏族是一个历史悠久的民族。在漫长的历史发展过程中，藏族创造

---

❶　毛泽东.为争取千百万群众进入抗日民族统一战线 [M]//毛泽东选集（第一卷）.北京：人民出版社，1991：278.

❷　白寿彝.史学工作在教育上的重大意义——在北京史学会1982年年会上的讲话 [J].历史教学，1982（8）：4.

❸　白寿彝.开创史学工作的新局面——在河南师大历史系第七次教学、第十二次科学讨论会上的讲话 [J].河南师大学报（社会科学版），1983（1）：5.

了比较丰富的民族文化，同时也积累了不同历史时期的丰富的档案材料。然而，尽管如此，国内历史教育、研究工作者们，对这方面的研究工作开展得不够深入。应当加强对包括藏族在内的各民族历史的进一步研究工作。

第二，从民族关系和民族之间的相互影响上，研究各民族的历史，这对于增强民族团结是有益的。具言之，从民族关系的角度研究中国历史，这对于增强民族团结是有利的。一部多民族的中国历史就是一部各民族相互交往交流交融的历史。在此过程中，各民族之间有团结友爱的一面，也有相互纷争的一面。无论各民族之间是团结友好还是纷争战争，这些确实在中国历史上客观地存在着。但是，这种存在也仅限于中国历史的某一个阶段、某一个时期，并不能够代表整个中国历史。也就是说，从中国历史的整体来看，民族之间的团结和纷争都不能够代表中国历史的总体特征。中国历史的整体特征，是各民族之间越来越团结。所以，从民族关系的角度研究中国通史，我们会很容易看到，各民族在中国历史上是越来越团结的，这是中国历史发展的一个基本特征，也是一个主流特征。在这个意义上，白寿彝先生认为，增强民族团结，应当从历史上民族关系的角度研究中国历史，研究中国历史的整体，而非部分。与此同时，他还主张从各民族之间的交往交流交融上研究历史，这也是有利于增强民族团结的。

第三，白寿彝先生指出，从历史学的角度不断探索增进民族团结的路径，是历史工作者的一项责任。国内历史工作者应当勇敢地肩负起这份责任。

基于以上三点，白寿彝先生特别指出：

我们对少数民族的历史知道得太少。譬如藏族，他们的文化是丰富的，档案也很多，但是工作没有开展。从民族关系上研究历史发展，从民族间的相互影响上研究，也有利于团结。这是历史工作者的责任。❶

如前文所述，中国的历史是一部各民族共同创造的历史。在中国历史的创造过程中，各民族之间的交往交流交融中既有团结友爱，也有相互纷争。这种纷争又有两种基本类型：一是各民族之间基于民族利益等方面的问题而进行的纷争。还有一种纷争，从某种意义上更能反映出民族之间的团结，这就是各民族并肩战斗，一方面他们共同反抗封建统治阶级的剥削和压迫，另一方面共同抵御外国的侵略，这在中国近代史上表现最为显著。然而，在此过程中，各民族逐渐形成了反抗侵略和压迫的民族斗争精神。

---

❶ 白寿彝.关于史学工作的几个问题［J］.社会科学战线，1979（3）：127.

第四节　历史上中国各民族反抗压迫的斗争及精神

如前文所述，在中国历史上民族关系发展过程中，民族之间的友好团结是中国民族关系史的基本内容，民族之间的纷争在中国历史尤其是中国民族关系史上也占有重要的地位，同样也是推动中国历史前进的重要因素。这样看待中国历史上各民族之间的关系，才是符合中国历史实际情况的。关于这方面的研究，早在20世纪50年代白寿彝先生就已经开始了。尽管如此，这种研究，主要集中在两个时期内，即20世纪50年代和80年代。与此同时，应当特别指出的是，对于中国历史上民族之间的纷争的研究，当前学术界似乎并没有呈现出专题性的研究成果，这方面的内容散落在白寿彝先生的一些文章和著作中。20世纪50年代的相关文章主要有《论爱国主义思想教育和少数民族史的结合》（1951年）、《论历史上祖国国土问题的处理》（1951年）以及《对于改造中学本国史教材的几点意见》（1952年），等等。20世纪80年代的相关著述主要有《中国通史纲要》（1980年）、《关于中国民族关系史上的几个问题——在中国民族关系史座谈会上的讲话》（1981年）、《中国通史·导论卷》（1989年），等等。在这些相关研究中，在中国历史上各民族之间的纷争方面，白寿彝先生提出了一些颇具见解的观点。

其一，白寿彝先生认为，历史上中国国内各民族既是"酷爱自由"的，又是"富于革命传统的"。白寿彝先生指出，在中国历史上，中国各民族都是不能够容忍社会上黑暗、反动势力存在的。在面对黑暗、反动势力的时候，各民族都是具有打倒反动、黑暗势力，争取民族自由精神的。对此，白寿彝先生列举了《大理事略序》和《明史·土司列传》中的两个实例，以此说明在中国历史上，各民族人民不仅有经常遭受历代皇朝统治阶级的压迫和剥削，而且还具有强烈的反抗统治阶级压迫和剥削的斗争精神。

实例一，元代诗人虞集《大理事略序》的相关记载：

虞集的《大理事略序》说当时的边疆官吏对少数民族"无治术，无惠安遏荒之心，禽兽其人而渔食之。无以宣布（朝廷）德泽，称旨意，甚者起事造衅以毒害其人。其人故暴悍素不知教，冤奋窃发，势则使然"。《明史·土司列传》说："广西惟桂林与平乐、浔州之藤峡，梧州之岑溪，皆烦大征而后克。卒不能草薙

而兽狝之，设防置戍，世世为患。"❶

实例二，清代名臣张廷玉《明史·土司列传》的相关记载：

广西惟桂林与平乐、浔州之藤峡，梧州之岑溪，皆烦大征而后克。卒不能草薙而兽狝之，设防置戍，世世为患。❷

在上述两个实例中，我们看到，在中国封建社会中，统治者对各民族底层人民的阶级压迫和剥削，以及他们对统治者中的反动、黑暗势力所作出的正义的反抗斗争，以及在这种反抗斗争中所表现出来的不屈不挠的反抗斗争精神。

与此同时，白寿彝先生列举了清代各民族反抗清廷压迫的斗争案例。首先是在贵州苗族的几次主要反清廷统治压迫的斗争。清雍正十三年到乾隆元年，贵州古州即现在的榕江县苗疆腹地巴拉河地区（当时称之为"九股河"，即清政府"开辟苗疆"时的"生苗"聚居区）的苗族群众，由于无法忍受清廷委派的官吏以及地方上司的剥削和压迫，在古州苗族领袖包利等人的领导下，为反抗清政府的征粮、派藏等，联合起来进行抗争。最终，在乾隆元年被时任贵州巡抚的张广泗镇压下去。为了反抗当时的官吏、地主以及高利贷者的政治压迫和经济剥削，清乾隆十六年元月，在贵州省松桃厅大塘汛大寨营苗族农民石柳邓等人的领导下，乾州（今吉首）和永绥（今花垣）等地的苗族群众，发起了反清大起义。经过一年多的艰苦斗争，终因寡不敌众失败。清咸丰五年，在苗族农民领袖张秀眉的领导下，贵州苗族又爆发了反清农民大起义。清同治十一年，这次运动伴随着起义领袖张秀眉等人的牺牲而宣告失败。其次是在湖南、广西瑶族反抗清廷统治压迫的斗争。在历史上，湖南瑶族主要居住在山区，不服徭役，不纳税。直到19世纪中叶，这种情况发生了改变。为了增收赋税，清政府在各地搜刮民脂民膏。清道光十一年（1831年），清政府下令在常年不纳税的湖南瑶族广大山区征税。在缴纳规定的赋税数额之外，当地瑶族还要受到当地官府的加税增赋，地主也强行霸占瑶族群众的山林。面对来自各方面的经济剥削和政治压迫，湖南瑶族群众被迫起来反抗。道光十二年（1832年），广西3000多瑶族群众，在盘均华的带领下，在广西贺县宣告起义，反抗清政府的反动压迫和剥削。清代各民族的反抗斗争，几乎无一不是在统治阶级的压迫下，被迫开展的反抗斗争，这都体现出了各民族在中国历史上反抗压迫、争取自由的斗争精神。

---

❶ 白寿彝.论爱国主义思想教育和少数民族史的结合［M］//学步集.北京：生活·读书·新知三联书店，1962：13.
❷ 白寿彝.论爱国主义思想教育和少数民族史的结合［M］//学步集.北京：生活·读书·新知三联书店，1962：13.

在中国历史上，各民族反抗压迫和剥削的斗争，在性质上都是属于阶级斗争。这些斗争也是基于阶级压迫和剥削基础上的正义斗争。各民族的这种反压迫斗争，在本质上是阶级斗争，是阶级斗争在民族关系问题上的一种反映。

其二，认为在中国历史上，以战争去解决民族纷争，是解决不了的。白寿彝先生指出，以战争的方式解决民族纷争，这在中国历史上并没有取得好的效果。他以汉武帝时期西汉王朝对匈奴的用兵为例说明这一论断。他指出，在处理与各民族之间的关系上，汉武帝所采取的军事行动及其活动范围，超过以往的任何一个时期。他先是派遣大将军卫青对北方的匈奴进行了大规模的进攻，然后又派遣西汉天才将领霍去病再次对北方的匈奴用兵。汉武帝时期包括卫青、霍去病等在内的几次大规模对匈奴的用兵，确实在短时间内显现出了一定的效果：一方面，"迫使其远徙，不能再在大漠以南建立王庭"，另一方面，对北方匈奴在军事上的接连的沉重打击，在较长时期内解除了北方匈奴对于中原的威胁，这使得中原广大居民得到了一定时间的安宁。但是，汉武帝时期对匈奴的战争，并没有彻底解决中原人民与北方匈奴之间的纷争。例如，汉武帝之后，汉宣帝本始三年（公元前71年），汉朝也曾派遣十余万大军，联合乌孙共同打击匈奴。也就是说，汉武帝时期，前所未有的几次大规模对匈奴的战争，并没有完全解决汉、匈之间的纷争。也正因为如此，汉王朝也曾采取过非战争的方式解决民族纷争。例如，西汉王朝初期，采取"和亲"的方式处理汉、匈关系，求得中原王朝的暂时安宁。但是，这种非战争的方式，也没有彻底解决汉、匈之间的纷争。匈奴在汉、匈和亲期间，依然南下中原进行掠夺和破坏即说明了这一点。再如，西汉王朝在处理民族之间的关系时，也采取了一些非战争的方式。汉武帝时期，在西南地区设置郡县，赐封当时"滇人"头领为"滇王"等，即是如此。也就是说，以白寿彝先生所列举的汉代为例，在处理汉族与边疆相关族群之间的关系时，汉廷并没有完全采取战争的方式，还采取了一些非战争的方式。由此，白寿彝先生认为，在中国历史上，通过战争的方式解决民族纷争，实践证明是解决不了的。主要是因为，中国历史上各兄弟民族之间的纷争，有其自身的产生根源和发展规律。

其三，主张要研究民族纷争。白寿彝先生指出，在中国历史上，民族纷争是客观存在的。正因为如此，历史科学就是要对中国历史上客观存在的民族纷争，进行深入研究。他进一步指出，不仅要研究民族纷争，而且要紧紧抓住民族纷争的主要方面开展研究，而不是不分主次地进行研究。在白寿彝先生看来，在民族纷争研究中，两个方面的内容最为重要：一个方面是民族纷争的性质是什么，另一个方面则是中国历史上民族纷争究竟对中国历史起到过怎样的作用。通过前一个方面的研究，它可能会让我们清晰，究竟什么才是导致中国历史上民族纷争的主要因素。通过对另一个方面的研究，我们可以明晰，中国历史上各民族之间的纷争，对中国历史既有积极的作用，也有消极的作用，但主要是起着积极的作用。既然历史上各兄弟民族之间的纷争对中国历史整体发展而言，曾经起到过积极作用，某种意义上它也成为推动中国历史发展的一种力量。不仅如此，白寿彝先生还指出，对历史上的民族纷争，开展深入的研究，有利于建构中国民族理论体系。换言之，对历史上存在的民族纷争开展理论研究，这是科学的需要。对此，白寿彝先生指出，对历史上民族纷争开展深入研究，能够让我们准确把握民族纷争可能带来的思想上的两种取向。

一种是消极的思想倾向，一种是积极的思想倾向。对于民族纷争可能引起的第一种民族思想取向，白寿彝先生认为，这很容易形成落后的民族思想。他列举了西晋江统的一篇政治论著《徙戎论》，以此说明民族纷争可能会将人们的思想引向一种消极的、落后的民族思想上，这种民族思想不利于民族团结及和谐民族关系的建立。即：

夫关中土沃物丰，厥田上上，加以泾渭之流溉其舄卤，郑国、白渠灌浸相通，秦穗之饶，亩号一锺，百姓谣咏其殷实，帝王之都每一为居，未闻戎狄宜在此土也。非我族类，其心必异，戎狄志态，不与华同。而因其衰弊，迁之畿服，士庶翫习，侮其轻弱，使其怨恨之气毒于骨髓。至于蕃育众盛，则坐生其心。以贪悍之性，挟愤怒之情，候隙乘便，辄为横逆。而居封域之内，无障塞之隔，掩不备之人，收散野之积，故能为祸滋扰，暴害不测。此必然之势，已验之事也。当今之宜，宜及兵威方盛，众事未罢，徙冯翊、北地、新平、安定界内诸羌，著先零、罕并、析支之地；徙扶风、始平、京兆之氐，出还陇右，著阴平、武都之界。❶

如同白寿彝先生所言，像江统的这种民族思想，在西晋以后的统治阶级内部文人学者中间，是比较普遍的。他们本身希望将少数民族迁徙到相对偏远的地区，这在一定程度上限制了少数民族的发展。这是历史上民族纷争引发的一种消极民族思想取向。还有一种取向，就是客观看待历史上各兄弟民族之间的纷争，把民族纷争视为推动中国历史发展的一种动力。这样看待历史上的民族纷争，表现出一种更为宽阔的视野。不仅如此，在中国几千年的私有制社会中，这种民族纷争都是存在着的。它的产生也是由私有制社会中的阶级矛盾引起的，

---

❶ 白寿彝. 中国通史·导论（第一卷）[M]. 上海：上海人民出版社，1989：18.

是阶级纷争在民族关系问题上的集中反映。既然在根本上它是由阶级矛盾导致的，这就决定了通过战争的方式是不能够彻底解决的。因为它伴随中国阶级社会的始终。因此，白寿彝先生提出一个重要论断：

中国历史的发展过程，同时也是我们民族内部阶级纷争的发展过程。❶

中国历史上各民族反抗阶级压迫的革命纷争，本身构成了中国历史的重要内容，是中国历史的重要组成部分。在几千年的中国历史发展过程中，在中华民族大家庭内部各兄弟民族之间，既有民族友爱团结的一面，也有相互之间产生纷争的一面，它们共同构成了中国历史的重要内容。

第五节　历史上中原人民和新疆各族人民的交往交流交融

在 1955 年 9 月 25 日的《人民日报》上白寿彝先生发表了《汉族人民和新疆各族人民的传统友谊》的文章。在这篇文章中，白寿彝先生旨在说明：历史上中原人民和新疆各族人民共同缔造了传统友谊。具体来看这篇文章，主要论述了三个部分，即历史上中原人民和新疆各族人民在"经济生活"方面的密切联系，在文化生活方面的密切联系，以及在政治生活方面的密切联系。此外，还谈论了文章撰写的背景，以及中原人民和新疆各族人民在社会主义发展道路上的美好前途等几个方面的内容。

首先，历史上中原人民和新疆各族人民在经济生活领域存在的密切关系及其传统友谊。对此，白寿彝先生如是说：

在经济生活上，新疆各族人民和汉族人民联系是十分密切的。双方各以自己的经济活动，给予对方的经济生活以很大的影响。❷

我们先看一下，历史上中原人民对于新疆各族人民在经济生活方面的影响。白寿彝先生指出：第一，中原人民把"丝和丝织品"运到新疆。这既丰富了新疆当地的"衣用原料"，又活跃了新疆的"商业市场"，还便利了当时的"波斯人和罗马人"通过新疆市场获得这些产品。第二，中原地区的"蚕桑和养蚕的方法"，可能是在 2 世纪初期已经传入现在的新疆哈密地区。第三，中原人民和新疆各族人民曾经多次共同在新疆"屯垦"，共同开发了新疆广大地区。这不仅拓

---

❶ 白寿彝.对于改造中学本国史教材的几点意见 [M]//龚书铎.白寿彝文集·历史教育·序跋·评论.开封：河南大学出版社，2008：15.

❷ 白寿彝.汉族人民和新疆各族人民的传统友谊 [M]//学步集.北京：生活·读书·新知三联书店，1962：15.

展了新疆的"耕地面积",而且还增加了"农业生产的总量",还把中原人民在当时来说比较先进的"生产技术"和"生产经验"带到了新疆地区。这集中体现在"新疆的农业和水利的发展"上。第四,在铁器制造方面,"铁锅"和"铁铧"等铁器是由中原地区供给的,中原人民和新疆当地人民在18—19世纪"共同营造"了"孚远水西沟"发达的冶铁业。第五,中原地区的物产,诸如"茶业、瓷器、胡椒、干姜、沙糖、乌梅、桂皮、药材、颜料、桐油、漆、白矾和夏布等",供给新疆各族人民。此外,白寿彝先生也特别强调,尽管当时新疆已经能够"产丝",但是中原的"紵丝、綵缎和绢绸等"也运到新疆满足当地各族人民的生活需求。

反之亦然,新疆各族人民的很多物产也被运输到中原地区,满足中原人民的生活需要。这些物产从类别上看,主要是日常用品类、食用品类、药用品类、衣饰品类、工艺原料类等。在文章中,白寿彝先生还对上述诸类物产进行列举。历史上,新疆对于中原人民最重要的影响则是棉花。对此,白寿彝先生特别指出:

汉族地区原无棉花。汉族地区的棉花种植,一方面是由于南方少数民族经验的传入,另一方面是由于新疆的生产经验的传入。❶

他列举了不同时期的几个典型实例:2世纪前期,洛阳人已经开始使用新疆的棉花制作衣服。3世纪初,魏文帝曹丕在其诏书中曾对新疆的棉花有过赞誉。从6世纪至13世纪的一些历史文献中,都有对"新疆棉花和棉布的记载",诸如唐初姚察、姚思廉撰写的纪传体史书《梁书》,唐代魏征主编的纪传体史书《隋书》,五代后晋刘昫、张昭远等撰写的《旧唐书》和宋代欧阳修、宋祁等编写的《新唐书》,唐代玄奘口述、辩机编的地理史籍《大唐西域记》,唐代新罗僧人慧超编写的《往五天竺国传》,等等。由此,关于新疆对中原棉花种植与纺织技术的影响,白寿彝先生指出:

棉花由开始被注意以至在经过长时期后逐渐形成普遍的提倡,这不能不说是由于新疆的棉花生产所给予的影响。❷

其次,历史上中原人民和新疆各族人民在文化生活领域的密切关系及其传统友谊。关于中原人民对新疆各族人民文化生活的影响,白寿彝先生指出,新疆的"毛笔书画""用砚盛墨",以及"汉文形式书写契券"等,早期受到汉文化的影

---

❶ 白寿彝.汉族人民和新疆各族人民的传统友谊[M]//学步集.北京:生活·读书·新知三联书店,1962:17.

❷ 白寿彝.汉族人民和新疆各族人民的传统友谊[M]//学步集.北京:生活·读书·新知三联书店,1962:18.

响。中原的"汉文简册""建筑形式""服装形式""琴法"以及"鼓乐"等很早传入新疆。新疆"从汉文翻译过佛典",建造过"汉式佛寺",聘请过"汉僧做寺院主持"。此外,还有中原地区的绘画、造纸术、印刷术等先后输入新疆。与此同时,新疆各族人民对中原人民也有较大的影响。例如,"佛教、摩尼教、祆教和景教"由新疆传入中原地区。在音乐与绘画上,隋代,新疆的"琵琶七调"作为"用以校正乐调的依据"。隋文帝杨坚灭陈完成全国统一后,经济发展,社会安定,逐渐形成了中外、南北、雅俗、宗教、世俗各种音乐大融合的繁荣景象。隋文帝极重视音乐,文帝开皇初年制七部乐,其中有新疆的《龟兹伎》。隋大业中(605—608年),增新疆的《疏勒伎》等,形成九部乐。唐贞观十六年(642年),增新疆的《高昌乐》,形成十部乐。对此,白寿彝先生指出:

> 十部乐中的库车(龟兹)乐、疏勒乐和吐鲁番(高昌)乐都是新疆的地方乐,西凉乐事实上也是库车乐的变种。特别是库车乐,在民间极为盛行。当时的有名音乐家,如白明达、李謩是库车人,裴神符、裴兴奴是疏勒人。❶

这是新疆音乐对中原地区的影响。绘画领域,白寿彝先生指出,唐代新疆的"凹凸画法"传入中原地区。唐代著名画家,画史尊称"画圣"的吴道子,据说汲取了"凹凸画法",这使其画作增色不少。新疆地区的石窟艺术对中原地区石窟在"壁画、雕塑和石窟寺结构等方面"产生了影响,二者之间存在着"先后承袭的关系"。

最后,历史上中原人民和新疆各族人民在政治生活领域存在的密切关系及其传统友谊。对此,白寿彝先生提出三个重要观点:第一,历史上中原地区的治乱与新疆社会秩序安定与否有密切关系。对此观点,白寿彝先生论证道:

> 汉族人民和新疆人民的利害息息相通,所以在历史上,汉族地区的统一往往有助于新疆社会秩序的安定,汉族地区的扰乱也往往引起新疆社会的波动。汉代、唐代和明代的盛时,都是新疆安定和发展的时期,汉族地区和新疆间的经济交流和文化交流在这时也比较发达。东晋南北朝时期,五代和元朝末年,汉族地区和新疆的关系比较疏远一些,新疆各方面的发展也是比较差的。清代,因为全国统一的程度比以前要好些,国内各族人民间的关系也比以前密切,汉族人民和新疆人民间的关系也是如此。❷

---

❶　白寿彝.汉族人民和新疆各族人民的传统友谊 [M]//学步集.北京:生活·读书·新知三联书店,1962:18-19.

❷　白寿彝.汉族人民和新疆各族人民的传统友谊 [M]//学步集.北京:生活·读书·新知三联书店,1962:19.

第二，中原人民的反清运动与新疆各族人民的反清运动有密切关系。对该论断，他指出：

> 新疆多次的反清运动，有的和汉族人民的某些反清运动，在性质上是相同的。我们应该特别指出来的是十九世纪六十年代开始的新疆反清运动，这一运动同当时的太平天国反清运动尽管是在不同地区的不同组织，但在反对封建压迫上，长江流域汉族人民的呼声和天山南北各族人民的呼声，是遥相响应的，不管他们是有意识的或无意识的。❶

第三，在中国近代反对"三座大山"压迫和剥削的斗争中，中原人民与新疆各族人民之间历史上形成的传统友谊得到进一步的提升。

以上三点，充分概括了历史上中原人民与新疆各族人民的密切关系，以及在这种密切关系中结成了牢不可破的传统友谊。尽管如此，白寿彝先生还指出，正确理解和把握这种传统友谊，必须要注意几个方面的问题。

一是历史上中原人民和新疆各族人民的传统友谊，由于反动统治阶级的蓄意破坏和诋毁，往往不能够被正确认识，往往被反动阶级"故意地隐蔽起来"，甚至"恶意地加以歪曲"。

二是中华人民共和国成立以后，在中国共产党的领导下，一方面，历史上中原人民和新疆各族人民的交往交流交融更加深入；另一方面，在党和国家民族理论政策指引下，在实现中华民族伟大复兴中国梦的历史征程中，各族人民的传统友谊，不仅得到继承，而且有了进一步发扬，并共同为祖国现代化建设奉献力量。

实际上，中国民族关系史，就是一部当前中华人民共和国国土范围内现有的和历史上曾经有过的民族交往交流交融的历史。

---

❶ 白寿彝.汉族人民和新疆各族人民的传统友谊［M］//学步集.北京：生活·读书·新知三联书店，1962：19.

第七章　白寿彝关于汉族的思想

如前文所述，关于中国的汉族，虽然白寿彝先生没有遗留下专题的研究成果，但是他的有关论述散见于其著作中。实际上，对于中国的汉族，早在 20 世纪 70 年代末期，白寿彝先生已经有过论述。如白寿彝先生曾在 1977 年撰写的《关于中国封建社会的几个问题》一文中，在论述中国民族关系史上第一次民族大融合时，提到了汉族形成的时间及其名称问题。该文收录于龚书铎先生主编的《白寿彝文集·论中国通史·论中国封建社会》一书中。文章指出：

秦始皇开始，通过两汉，民族关系越来越密切了。……汉族，是秦汉时期形成的。秦汉以前，还没有一个汉族。为啥叫"汉族"，是汉朝开始的。这是中国第一次民族大融合。❶

或许这是白寿彝先生最早论述中国的汉族。此后，白寿彝先生对汉族进行了一系列论述。其中，主要涉及汉族的形成时间、名称来源、形成过程、构成成分、成为主要民族的原因和条件等方面。

第一节　汉族形成的时间

如前文所述，白寿彝先生在《关于中国封建社会的几个问题》一文中，认为汉族是在秦汉时期形成的。他明确指出，在秦汉以前，并没有汉族这样一个民族称谓。次年，具体说是 1978 年 9 月 6 日，白寿彝先生在《在历史剧与民族关系座谈会上的讲话》中，不仅再次指出了汉族形成于秦汉时代这样一个基本观点，而且对此观点作了一些阐释，即：

秦汉时代，是汉族形成的时期。没有汉朝，不能说有汉族。春秋战国时不能

---

❶　白寿彝.关于中国封建社会的几个问题［M］//龚书铎.白寿彝文集·论中国通史·论中国封建社会.开封：河南大学出版社，2008：200.

形成一个共同体，各地很不一样。❶

在这段论述中，实际上白寿彝先生表达了四层含义：第一层含义是，汉族形成于秦汉时期。第二层含义是，汉族与汉朝这样一个朝代直接相关。甚至可以说，是汉朝这个朝代造就了汉族，没有汉朝就没有汉族。第三层含义是，白寿彝先生对其第二层含义做了解释，他认为秦汉以前根本不可能形成汉族这个民族。其原因在于，秦汉之前的春秋战国时期，根本不具备形成一个民族共同体的条件，这自然也就不可能形成汉族这一民族了。第四层含义是，他又对第三层含义作了进一步阐释，即为什么说春秋战国时期中国不可能形成一个民族共同体。其原因在于，春秋战国时期，各诸侯国处在分裂状态下，这导致各地方存在着较大的差异。根据斯大林对于民族共同体形成的基本论断，民族共同体的形成，大致需要具备几个基本条件，即共同语言、共同地域、共同经济生活以及共同的心理素质。也就是说，如果按照斯大林的民族定义，民族共同体的形成，需要的是"共同"，而不是"差异"。在春秋战国时期，各个地方"很不一样"的情况下，一般是很难达到斯大林所说的上述四个"共同"的。由此，白寿彝先生说，春秋战国时期中国社会不具备形成民族共同体的基本条件，也就合乎事理了。

由此，我们看到，无论是在《关于中国封建社会的几个问题》，还是《在历史剧与民族关系座谈会上的讲话》中，白寿彝先生都提出了汉族形成的时间问题，即秦汉时期。

第二节　汉族的名称

在对汉族形成时间研究的基础上，白寿彝先生探讨了"汉族"这一民族的名称问题。白寿彝先生在《关于中国封建社会的几个问题》（1977年）中指出："为啥叫'汉族'，是汉朝开始的。"他在《在历史剧与民族关系座谈会上的讲话》（1978年）中也指出："没有汉朝，不能说有汉族。"与此同时，他又在《北京师范大学学报》1978年第6期上发表的《中国历史的年代：一百七十万年和三千六百年》（1978年）中，再次指出：

汉族的名称，也是跟一个伟大朝代的名称相一致的。❷

---

❶　白寿彝.在历史剧与民族关系座谈会上的发言［M］//白寿彝民族宗教论集.北京：北京师范大学出版社，1992：42.

❷　白寿彝.中国历史的年代：一百七十万年和三千六百年［J］.北京师范大学学报（社会科学版），1978（6）：17.

也就是说，汉族这一中国的主要民族，其名称源自汉朝这一朝代的名字，与"汉朝"的"汉"紧密相关。也就是说，汉族作为中国的主要民族，它是因汉朝这一大一统王朝的建立，在汉朝统治之下逐渐形成的、以汉朝统治疆域为纽带而形成的一个新的人们共同体。在汉朝的大一统时期，疆域内的各民族逐渐形成了基于"共同语言""共同地域""共同经济生活"以及"共同心理素质"的稳定的人们共同体。汉族的名称显然源自汉朝，与汉朝直接相关。也正因为如此，白寿彝先生在《关于史学工作的几个问题》（1979 年）一文中说：

汉族这个名称是与汉朝分不开的。❶

由此，我们大致可以从四个方面把握"汉族"这一中国的主要民族的名称问题。

其一，"汉族"的名称开始于汉朝，在秦汉以前是不存在"汉族"这一民族的名称的。这是从中国的主要民族名称出现的时间上而言的。

其二，汉族这一主要民族的名称与汉朝这个朝代的名称之间是一种矛盾的统一体，谁也离不开谁。一方面，没有汉朝这个朝代的名称，可能也就没有"汉族"这个民族共同体的名称。"汉族"的人们共同体名称离不开"汉朝"的朝代的名称。另一方面，没有"汉族"这个人们共同体，可能也就没有"汉朝"这个伟大的朝代。对此，白寿彝先生曾经有一段精辟的论述，即：

中国封建社会能够创造两汉这么一个文化高度，和汉族形成有关系。汉族形成，把各个民族融合起来，这点很要紧。没有这一点，两汉文化出不来。到汉武帝时表现比较强烈，出人才，司马相如、司马迁，文学家、科学家，那时都出来了。❷

也就是说，汉族离不开汉朝，汉朝也离不开汉族，汉族和汉朝之间形成了一种比较特殊的辩证的统一体关系。

其三，"汉族"的名称与"汉朝"的名称紧密关联。"汉族"的"汉"源自"汉朝"的"汉"。

其四，以上三种认识，可以说，铸就了三个"分不开"，即"汉族"的名称与"汉朝"的名称分不开，"汉族"这个人们共同体与"汉朝"这个中国历史上的大一统王朝分不开，"汉族"作为中国的主要民族的形成和发展与"汉朝"这个在中国历史上曾经辉煌过的王朝的"显赫"及其历史影响是分不开的。这三个

---

❶　白寿彝.关于史学工作的几个问题［J］.社会科学战线，1979（3）：126.
❷　白寿彝.在历史剧与民族关系座谈会上的发言［M］//白寿彝民族宗教论集.北京：北京师范大学出版社，1992：42.

"分不开"，对于我们正确理解和把握"汉族"这一主要民族与"汉朝"这个大一统王朝之间的密切关系，具有重要意义。

第三节　汉族形成的特点

白寿彝先生最早在《在历史剧与民族关系座谈会上的讲话》中，论述汉族的形成问题时指出：

汉族的形成，说明好多民族、部落，形成一个新的、大的民族。汉族形成不是单纯的，不是只有一个老祖，好多个老祖形成的。❶

从这段文字中，我们可以看到，汉族形成过程中的几个特点：第一个特点是汉族这个主要民族应该不是由部落直接发展成民族的原生形态民族，而是一个次生形态的民族。汉族这个民族的基础部分是秦汉以前形成的华夏族群。华夏族群是由中国原始社会末期以炎黄部落为主体而发展成的一个原生形态的民族。汉族作为一个民族，它是在华夏族群这样一个原生形态民族的基础上，在两汉时期融合了其他民族而逐渐形成的一个次生形态的民族。白寿彝先生之所以说，汉族的形成是由"好多民族、部落"参与融合形成的，主要是由于两个方面的原因：一方面是汉族的主体成分即华夏族群，在夏、商、周至秦汉以前已经作为一个群体形成了。另一方面是当时疆域内华夏族群以外的诸多人们共同体，可能仍然处在较为原始的状态，许多尚未具备形成民族的条件，没有形成为民族这种人们共同体。在这种情况下，伴随着汉朝这样一个统治区域广大的大一统皇朝的建立和发展，其疆域内的华夏族群以及诸多尚未发展成为民族的诸多人们共同体，逐渐构成了一个新的人们共同体。也就是说，汉族这一民族，是由以华夏族群为主体的诸民族和诸多尚未发展成为民族的人们共同体，以汉朝的统治疆域为纽带，而逐渐形成的一个新的人们共同体。由此可以印证，汉族这个民族并不是一个原生形态的民族，而是一个次生形态的民族。第二个特点是，汉族这个民族具有"老祖"上的多元性特点。实际上，这一特点是在第一个特点基础上形成的。在这两个特点的基础上，我们可以发现，汉族这一民族的形成是三个要素共同作用的结果：第一个要素是华夏族群的存在，第二个要素是华夏族群以外的其他诸多族群或部落的存在，第三个要素则是汉朝这

---

❶ 白寿彝.在历史剧与民族关系座谈会上的发言［M］//白寿彝民族宗教论集.北京：北京师范大学出版社，1992：42.

一大一统皇朝的建立和长期统治。离开这三个要素，在中国历史上不可能形成一个汉族。但这三个要素，在汉族这一民族形成过程中发挥的作用也是不同的：华夏族群在汉族这个民族形成过程中，发挥了一种"向心"和"稳定"作用。华夏族群形成以后，在政治、经济、文化等方面形成的发展优势，对其周围的诸多少数族群或部落形成一种"吸引力"。正是这种"吸引力"的存在，它对华夏族群以外的其他族群或部落构成一种"向心性"。这种"向心性"在联结其他族群或部落、形成为一个自在的人们共同体等方面发挥了一种稳定作用。华夏族群以外的诸多族群或部落，在汉族这一民族形成过程中所发挥的"扩容"作用不容忽视。换言之，没有这些少数族群或部落的融入，仅仅依靠华夏族群自身的发展，是不可能发展成为具有当前如此巨大人口规模的汉族这个民族的。在华夏族群自身发展过程中，通过诸多因素将华夏族群以外的诸多少数族群或部落"吸收"起来，逐渐形成为一个更具规模的新的民族共同体。在此过程中，诸多少数族群或部落担当了重要角色。大一统的汉王朝的建立，在其统治区域内，将之前中原地区的华夏族群与华夏族群之外的其他少数族群或部落，通过一系列的措施统一起来，逐渐形成了具有共同语言、共同地区、共同经济生活以及基于对汉王朝认同的共同心理素质，于是汉族作为一个新的民族形成了。所以，在汉族这个民族形成过程中，大一统的汉王朝在其中所发挥的作用或是决定性的。正如前文所述，没有汉朝就没有汉族。这句话在某种意义上是符合中国历史实际的。

实际上，有关汉族这一民族的上述形成过程的观点，白寿彝先生在《中国历史的年代：一百七十万年和三千六百年》一文中，也有基本相同的论述。他指出：

> 汉族，是经过有关民族的融合而在秦汉时期形成的。❶

其中，白寿彝先生关于"经过有关民族的融合"的论述，这里的"有关民族"，主要是中原一带的华夏族群以及华夏族群以外的诸多少数族群或部落。这一点，在前文已有阐述。现在看来，对汉族这一民族形成过程中所涉及的"有关民族"所指的基本界定是符合实际情况的。对此，白寿彝先生在《北京师范大学学报》1981 年第 6 期上发表的《关于中国民族关系史上的几个问题——在中国民族关系史座谈会上的讲话》一文中有明确的说明。即：

> 黄河中、下游，长江中、下游，这一带有好多部落或早期民族。后来，历史

---

❶　白寿彝. 中国历史的年代：一百七十万年和三千六百年 [J]. 北京师范大学学报（社会科学版），1978（6）：17.

上记载得比较详细的，是属于西方开始发展起来的、以黄帝为首的这些人。至于东方的夷和南方的苗蛮，文献记载比较少。❶

　　白寿彝先生的这段论述与汉族这一民族的形成过程，以及汉朝在汉族这一新的民族形成过程中的重要作用有着密切的关系。也就是说，在大一统的汉朝建立之前，已经形成了的华夏族群与诸如"东夷""南蛮"等尚未融入华夏族群的诸多早期部落，仍处于一种并存，但并没有成为一体的分立关系中。但是，大一统的汉朝建立以后，这种"没有成为一体的分立关系"逐渐终结了。取而代之的是，同处于一个共同体的"自在共同体"关系。也就是说，大一统的汉王朝的建立，使得原有的华夏族群与没有被华夏族群"概括进去"的其他部落或人的共同体都"概括进去了"，这使其成为一个以汉王朝统治疆域为纽带的新的人们共同体。这个人们共同体就是汉族。这是对白寿彝先生有关"经过有关民族的融合"这一表述所作的进一步阐释。这一阐释是必要的，它既有利于进一步认知秦汉时期形成的汉族这一新的人们共同体，也有利于正确认识大一统的汉王朝对汉族这一民族的形成所发挥的极为重要的历史作用，进而使我们更加明确中国这一主要民族的形成过程及其中的关键要素。

第四节　汉族的构成成分

　　对于该问题，前文已有较为翔实的阐述。具体应当把握几个方面的认识：第一，汉族作为中国的主要民族，在构成成分上具有多样性。第二，尽管汉族这一民族在构成成分上具有多样性，但是其主要成分是早在秦汉以前就已经形成的华夏族群。第三，承认华夏族群是汉族形成过程中的主要成分，并不是否认其他各少数族群在汉族形成过程中起到的不可忽视的重要作用。事实恰恰相反。各少数族群在汉族形成过程中发挥了不可替代的重要作用。对此，白寿彝先生曾论述道：

　　从整个国家历史的发展来看，凡是盛大的皇朝，没有少数民族的支持是不行的。汉，是个大皇朝。汉朝当然与汉族有关系，汉朝建立的过程是跟汉族形成的过程相联系的。汉朝不可能把全国人都变成汉族，它是在它的统治范围内得到了很多少数民族的支援、拥护才强盛起来的。❷

---

❶　白寿彝.关于中国民族关系史上的几个问题——在中国民族关系史座谈会上的讲话 [J].北京师范大学学报，1981（6）：2.
❷　白寿彝.关于中国民族关系史上的几个问题——在中国民族关系史座谈会上的讲话 [J].北京师范大学学报，1981（6）：6.

第八章　白寿彝关于民族史的思想

　　白寿彝先生关于中国民族史的研究大致有四大部分，即中国的民族史认知，历史上民族史的撰述，开展民族史研究的意义及如何开展民族史研究。对于中国民族史基本情况的论述，主要散布在《在清史国际学术讨论会上的讲话》（1986年），《关于民族史的工作——1988年10月在中国民族史学会上的讲话》（1988年），《中国通史·导论卷》（1989年）等著述中。从内容上讲，主要包括有关中国少数民族史发展的规律，中国历史上的汉文形式的民族史撰述（其中包括《史记》《汉书》《后汉书》等），少数民族文字形式的民族史撰述，我国明清时期的民族史撰述，以及中国近代史上民族史撰述的"近代化倾向"，等等。至于为何要开展民族史的研究，白寿彝先生在《论关于少数民族历史和社会情况的宣传及学习》（1951年），《论爱国主义思想教育和少数民族史的结合》（1955年），《中国历史上的12个方面346个问题》（1981年），《论民族史》（1984年），《关于民族史的工作——1988年10月在中国民族史学会上的讲话》（1988年），以及《中国通史·导论卷》（1989年）等相关著述中，在不同程度上进行了些许论述。系统整理这些论述，我们发现，其中涉及各民族都对中国历史作出过重要贡献，少数民族史研究对于当前中国民族工作的意义，科学的民族史研究工作有助于促进民族团结，等等。白寿彝先生不仅就中国民族史的基本情况、为何要开展民族史研究工作作了相关论述，而且对如何开展民族史研究工作也作了论述。这些论述，主要收录在《论爱国主义思想教育和少数民族史的结合》（1955年），《关于整理古籍的几个问题》（1981年），《论民族史》（1984年），《中国史学史（第一卷）》（1986年），《关于民族史的工作——1988年10月在中国民族史学会上的讲话》（1988年），《对于大学历史课程和历史教学的一些实感》（1994年），以及《不断开展民族史的理论学习——在中国民族史学会第四次会议上的讲话》（1996年）等论文、专著或论文集中。从内容上看，涉及少数民族史研究要与爱国主义思想教育相结合，如何撰写少数民族史，开展民族史的总结工作对进一步做好民族史研究的作用，少数民族史研究的资料和指导思想问题，少数民族史研究中的相关古籍、手抄本资料的整理问题，以及少数民族史研究中的史学史问题，等等。

第一节 民族史的认知

早在 1986 年白寿彝先生发表在《史学史研究》第 4 期上的《在清史国际学术讨论会上的讲话》，围绕着满族史、满汉史等方面进行了论述。他指出，在中国五千多年的发展史上，在诸多皇朝中，清朝在统治时间上还是比较长的（1636—1912 年）。在统治疆域上，若以 1760 年乾隆皇帝平定准噶尔汗国时的清朝疆域为考察对象，其疆域的东北方向达到额尔古纳河、格尔必齐河及兴安岭一带，西北边界其至达到萨彦岭、斋桑泊、阿拉湖、伊塞克湖、巴尔喀什湖至帕米尔高原等地区，西南则与印度莫卧儿帝国、尼泊尔、不丹等国分界，南至南坎、江心坡及缅甸北部等地，东到日本海、东海并与朝鲜王朝沿图们江、鸭绿江划分边界，它极盛时期的国土面积甚至达到 1300 多万平方千米。就是这样一个统治时间长、国土面积广大的封建帝国，其历史应当是一个值得研究和重视的课题。

在这篇文章中，白寿彝先生首先指出的核心内容是"各民族的历史"[1]，其次才是"清统治中国时期"[2] 的历史。为什么？其实很清楚。如白寿彝先生强调的那样，他一贯主张中国历史是各民族共同创造的历史。它不是中华人民共和国国土上现有的和曾经有过的任何一个单一民族创造的历史，而是"各民族的历史"。之所以这样讲，主要是因为，在清朝统治的时间里，在清朝的统治疆域内，参加清朝政治活动的民族相对以往比较多，参加政治活动的各民族上层人物，无论在政治地位上，还是政治活动的参与方式上，都表现出清朝的特点。当然，在参加清朝政治活动的各民族中，有两个民族显得比较突出。这两个民族，一个是清朝的创立者满族，另一个则是汉族。至于满族，由于它是清朝政权的建立者，自然是清朝统治时期国家的主要统治力量。就汉族而言，尽管它不是政权的创建者，但却是"真正在统治上起作用的"政治力量。为什么这样讲？白寿彝先生给予了诠释。他指出：

满族得不到汉族上层的协助，得不到汉族人民的生产，这个皇朝还是支持不

---

❶ 白寿彝.在清史国际学术讨论会上的讲话［J］.史学史研究，1986（4）：2.
❷ 白寿彝.在清史国际学术讨论会上的讲话［J］.史学史研究，1986（4）：2.

下去的。这一点很重要。❶

白寿彝先生在《关于民族史的工作——1988 年 10 月在中国民族史学会上的讲话》一文中，就民族史的发展规律提出了一系列值得探讨的问题。他认为，人类历史的发展是有其自身规律的，这一点是确证无疑的。既然如此，各民族历史的发展会否与人类历史的发展一样，也有其自身的规律性？在白寿彝先生看来，人类历史本身有自己的运行规律，人类的"利益""需求""分工""交往"等，在历史发展过程中扮演着推动历史前进的重要角色，构成了人类历史发展运行的基本机制。在这种运行机制之下，生产力与生产关系之间的矛盾运动，经济基础与上层建筑之间的矛盾运动，私有制社会下的阶级斗争、革命和改革、科学技术等都成为人类历史发展的动力，它们共同构成了人类历史发展的动力系统。与此同时，人民群众在这一动力系统的作用下，成为人类历史前进的主要推动者。在这些运行机制和动力系统的综合作用下，人类历史大致沿着原始社会、奴隶社会、封建社会、资本主义社会以及共产主义社会，这样一个一般性的社会发展形态演进序列不断前进。当然，在人类历史发展这一基本线路之下，不同的国家可能会表现出自己的发展特色，未必会完全按照这样的发展路线向前推进。但是，尽管在具体的发展过程中有出入，总体上还是沿着这样的人类社会形态演进顺序前进。这就是人类历史发展过程中表现出来的一些具有规律性的东西。也就是说，人类历史的发展是有规律的，这是毋庸置疑的。在这样一个基本前提之下，白寿彝先生就各民族的历史发展是否与人类历史一样，也有其自身的规律性，如何找到这样的规律，白寿彝先生进行了一系列的追溯。这些追溯可从以下几个方面来看：第一，白寿彝先生肯定了各民族的历史也有自己的规律。究竟这些规律是什么，白寿彝先生认为，这似乎是无须赘言的问题。第二，既然各民族的历史也有自己的规律，那么各民族在各自发展的过程中，有没有共同的规律。也就是说，各民族的历史发展都有各自的规律，这一点是被认可的。在承认这一点的基础上，抑或说在各民族历史发展的自身规律的基础上，是否存在这些民族历史发展的共同规律？第三，如果各民族历史发展不仅有各自的发展规律，也有在各自历史发展规律之上的一种共同的发展规律，那么这一"共同规律"对于各民族而言，又将以一种怎样的方式表现出来？第四，无论是各民族历史发展的各自规律，还是各民族历史发展的"共同规律"，这些规律对于中国历史发展的总体进程有没有作用？它们能起到什么样的作用？这些作用又是以什么样的形式表现出

---

❶　白寿彝. 在清史国际学术讨论会上的讲话［J］. 史学史研究，1986（4）：2.

来的？等等。白寿彝先生认为，这些问题表面上看起来平常无奇，但是无论怎样看待这些问题，这些问题都客观地存在着，而对这些问题进行细究，把这些问题一一说明白，解答清楚，白寿彝先生认为，这并不是一件容易做到的事情。

在本节中，白寿彝先生主要从两方面提出了自己的观点：一是清朝的历史是有清一代各民族共同创造的历史；二是提出了各民族历史的发展有没有一个具有普遍意义的共同规律的问题供学界探讨。这两方面的问题及其观点，是在白寿彝先生所处的时代背景和学术话语下提出来的，代表了白寿彝先生个人的观点。在当前时代背景下，本书认为，清朝的历史和各民族历史发展的共同规律等相关问题，宜应放置在中华民族伟大复兴的背景下，同铸牢中华民族共同体意识结合起来深入探讨。然而，白寿彝先生对清朝历史和各民族历史发展共同规律的认知，对我们深化和拓展认识中国的民族史，依然具有启发意义。

第二节　历史上民族史的撰述

一、民族史撰述的开端

白寿彝先生在《中国通史·导论卷》中指出，中国的民族史撰述起步很早。早在春秋战国时期就已经出现。传说孔子作《春秋》，相传春秋末期鲁国史官左丘明作《左氏春秋》，战国谷梁赤撰写《谷梁传》，战国时齐人公羊高的《公羊传》等。这些早期著作既具有政治属性，也有大量的民族史料记载。白寿彝先生把它们与春秋时期左丘明所撰的国别体著作——《国语》，都看作是标志中国民族史撰述开端性的作品，这集中体现在其内容中。如《春秋》，白寿彝先生曾就其中涉及的民族有过一段论述。即：

《春秋》经传记载了周王室和一百四十九个国的史事，记载了他们之间的朝聘、会盟、婚好和战争。他们中，有姬、姜、嬴、芊、子、以、为、风、姞、熊、偃、己、妘、祁等姓……狄人在春秋时比较活跃，有赤狄、白狄之称。赤狄又有东山皋落氏、廧咎氏、潞氏、甲氏、留吁、铎、辰等区别。白狄有鲜虞、肥、鼓等区别。夷，有淮夷、介、莱、根牟，而他们的活动见于记载者不多。戎的名号颇为杂乱。蛮称"群蛮"，濮称"百濮"，似都是泛称。❶

---

❶　白寿彝.中国通史·导论卷［M］.上海：上海人民出版社，1989：3.

从这段引文中我们看到，白寿彝先生说《春秋》是一部民族史著述，是有其依据的。第一，《春秋》中记载了当时的"周族""殷族""夏族"以及其他各族群。我们曾在前文"各民族的混合运动"部分讲到过"周族"和"殷族"，这里不再赘述。这里的"夏族"，可视为传统意义上的华夏族群？实际上，白寿彝先生曾经讲过，在中国历史的初期阶段，在黄河、长江流域及其以外的广大地区，生活着很多部族或部落。《春秋》中记载的周王室与多达149个诸侯国之间的交往，就已经说明了这一点。这些诸侯国，或属于"周族"，或属于"殷族"，或属于"夏族"，或属于其他早期族群或部落。这些早期族群或部落的记载，在很大程度上使《春秋》这部原本是"政治史性质的书"，具有成为早期民族史著述的理由。第二，除了上述记载之外，《春秋》还记录了当时的"夷夏之辨"中的"诸夷"，其中包括"东夷""西戎""南蛮""北狄"等。其中，"东夷"是我国历史初期对于东方各部落的一种统称，并不是某一个具体部落的称谓。在不同时期，东夷的称法略有差异。在夏、商两代，东夷通常是指黄河下游一带居民的统称。到了周代，这一称谓在内涵上发生了一些变化，逐渐变成华夏族群对于生活在祖国东方的非华夏族群的一种泛称。再到秦汉以后，东夷又演变成为居住在现在的我国东北地区的各少数族群等，而《春秋》中所说的东夷，主要是作为华夏族群族源一部分的群体而言的。西戎是中原华夏族群对于居住在祖国西部地区的诸多非华夏族群人的群体的一种泛称，是上古时期生活在现今的陕、甘、宁等祖国西北地区的非华夏族群部落。实际上，西戎是一个历史范畴。具体而言，对于祖国西部疆域的人群，早在夏朝时期，据说称为"析支""渠搜"等。商朝称之为"羌人"。西戎这个称法，据说最早源自周朝。"南蛮"是秦朝以前中原王朝对于南方诸多部落的一种统称。这里之所以使用"部落"一词，主要是因为此时的祖国南部疆域，尽管生活着很多的群体，但是这些群体尚未发展成为民族这一个以地域为纽带联结起来的人们共同体，还不具备形成"民族"的条件。"北狄"是先秦时期居住在现在河北、山西一带的非华夏族群部落的一种泛称。"北狄"的"狄"字，据《春秋》记载，始见于春秋中叶，西周末年《国语·郑国》亦有"狄"的记载。"北狄"的叫法始见于周朝时期。经历战国之后，北狄通常用来指称北方崛起的匈奴、鲜卑等具有游牧性质的群体，不是单纯指代某一个族群或部落。

此外，在这段论述中，白寿彝先生提及的"濮"，它可以说是现在彝族的先民。在当时，也是被视为非华夏族群的部落群体。该群体大致生活在现在的云南、四川、贵州和江汉流域一带。作为祖国疆域内一个土生土长的、悠久的少数族群,"濮"曾参与过商朝末年武王伐纣,在中国历史政治舞台上留下过诸多印记。这也从侧面反映出,白寿彝先生关于各民族共同创造中国历史这一论断的客观性。

白寿彝先生认为,经过春秋战国这一民族大融合之后,这些族群出现了"分流"。其中,一部分经过华夏文化的长期熏陶,大部分"融合为汉族",成为汉族的一部分。另一部分在秦汉以后,逐渐发展成为少数民族,如"濮"与现在的彝族渊源紧密。

如前文所述,《春秋》记载了诸多民族史料,是中国民族史撰述的标志性作品。但是,它在民族史撰述方面存在着很多不足之处。对此,白寿彝先生指出:

> 《春秋》经传为我们留下了不少的民族史料,但他们都是按编年的形式写的,按史事发生年代的先后进行记载,还不能对这些民族分别作出比较集中的表述。❶

中国民族史有一个起步、发展和逐渐成熟的过程。相对《春秋》中存在的弊端,秦汉以来的民族史撰述则有了较好的改观,诸如西汉史学家司马迁的《史记》。

二、秦汉民族史撰述

白寿彝先生在《中国通史·导论卷》中指出:《史记》相对于春秋战国时期的民族史撰述作品,更具有完整性。这种完整性,集中体现在,它把生活在祖国疆域中北方、南方、东南、西南、东北、西北等各方位的少数族群,较为完整地撰述出来,分别形成了"六传",即《匈奴列传》《南越尉佗列传》《东越列传》《西南夷列传》《朝鲜列传》《大宛列传》。对《史记》在民族史撰述上的完整性,白寿彝先生曾如此评价:

> 《史记》把环绕中原的各民族,尽可能地展开一幅极为广阔而又井然有序的画卷。……可以说是一部相当完整的民族史。❷

《史记》在民族史撰述上的完整性,使其与先秦时期以《春秋》等为代表的早期民族史撰述具有了很大的不同。对此,白寿彝先生认为,先秦时期的民族史撰述更多的是对"一个民族或几个民族的有关事迹"进行描述,集中在一个或几个描述点上,并没有形成民族史的"板面"化阐述,而《史记》对民族史的撰述则不然。其视野更加宽泛,描述"板块"更加有序,其撰述的疆域范围并没有完

---

❶ 白寿彝.中国通史·导论卷[M].上海:上海人民出版社,1989:3.
❷ 白寿彝.中国通史·导论卷[M].上海:上海人民出版社,1989:6.

全限定在西汉直接管辖的疆域范围内。马克思主义唯物论主张社会存在决定社会意识，《史记》的作者司马迁能够有如此开阔的视野和宽广的意识，白寿彝先生认为，一方面，这与西汉当时的社会存在紧密相关。即：

秦汉的空前统一局面及其对外交通的发展，使当时人大开眼界，也使我们的历史家能写出这样包容广大的民族史。❶

另一方面，我们的先民自战国开始，逐渐有了一种"了解世界的追求"。对于这样一种追求，白寿彝先生列举了两个表现形式，即"地理形式"和"历史形式"。在他看来，战国时期齐国人邹衍的"大九州学说"理论作为一种地理学说，是这种"了解世界的追求"思想的"地理形式"，而在一定程度上可以说，司马迁撰写民族史，则是"了解世界的追求"思想的"历史形式"。这是白寿彝先生从整体上看待《史记》对于民族史的撰述。

首先，白寿彝先生阐释了司马迁为何要专为匈奴作此独立的传记，以及《匈奴列传》作为文献在民族史上的重要地位。他认为，在祖国疆域的北方，即现在的内蒙古自治区以及蒙古国，尽管在中国历史上产生过重要影响的突厥、鲜卑、回纥、蒙古族等都在这块土地上活动过。但是，汉代时期，这片土地却是匈奴人活动的主要区域。

其次，除《匈奴列传》外，白寿彝先生认为，《史记》中其他五篇民族史撰述，因其各自的特点而在中国民族史文献上占有重要地位。以《西南夷列传》为例，白寿彝先生较为具体地阐述了其特点。白寿彝先生先是表达了它作为民族传记不足的方面：一方面它在材料上并不丰富，另一方面则是篇幅较少。但就积极的方面看，一是它涵盖地域范围广，即在地理范围上包含今云南省、贵州省及四川省西南部。二是涉及民族数量较多。三是提供了一个研究西南少数民族古代史的线索。四是在体例上，它对后世民族史撰写有很大影响。对此，白寿彝先生如是说：

象《西南夷列传》这种按照地区分别表述民族历史的方法，特别对于民族复杂的地区，很适用。这种办法对于后来的民族史撰述有很大的影响。❷

这是为何认为在《史记》中，除《匈奴列传》外，其他民族史传记在中国民族史文献中占有重要地位的原因。

再次，白寿彝先生还对《史记》中关于汉族形成的记载，给予了较高的评价。司马迁撰写《史记》时，应该说尚未有"汉族"这样一个名称。在司马迁

---

❶ 白寿彝.中国通史·导论卷［M］.上海：上海人民出版社，1989：6.
❷ 白寿彝.中国通史·导论卷［M］.上海：上海人民出版社，1989：9.

的思想意识中，亦没有"汉族"这样一个概念。既然如此，白寿彝先生为何还说《史记》对汉族的形成作了大量记载？对此，白寿彝先生认为，国内学术界对于《史记》有两种审视的角度：一种是从"中国史"的角度，从中国史的角度看，学者们通常把司马迁为撰写《史记》所作的大量工作，看作是"中国史的一般工作"。但是，如果不是从中国史的角度看待《史记》，而是从"民族史"的角度审视《史记》，那么我们就会发现，司马迁为撰述《史记》所做的工作，"应该说是对叙述汉族形成过程所做的工作"。这两种不同的审视视角，则形成了两种不同的评价《史记》的方式。另一种是从民族史的角度看待《史记》，司马迁通过《史记》一书，不仅为少数民族史做了大量工作，而且还为汉族形成过程的撰述作了诸多工作。关于少数民族史方面的工作，前文已有较多的论述，主要是《史记》"七十列传"中有关少数民族的"七个列传"。汉族形成过程方面的工作，主要体现在《史记》的"十二本纪"中。"十二本纪"阐述了汉族形成的各个不同阶段，如《夏本纪》《殷本纪》《周本纪》《秦本纪》《秦始皇本纪》，以及建汉以后的《高祖本纪》《吕太后本纪》《孝文本纪》《孝景本纪》和《孝武本纪》。在白寿彝先生看来，上述"本纪"所表述的不同的历史阶段，实际上就是汉族形成的不同阶段。在汉族形成过程问题上，通过"本纪"予以阐述，是《史记》的一种表述形式，而通过"表"予以阐述，则是《史记》表述汉族形成过程的另外一种形式。对此，白寿彝先生明确指出：

　　《史记》又有《三代世表》《十二诸侯年表》《六国年表》《秦楚之际月表》。这些表是表述不同历史阶段的又一形式。❶

　　这里的"不同历史阶段"，既是指中国历史早期发展的不同历史阶段，也是汉族形成的不同历史阶段。甚至可以说，从夏、商、周以降，至秦汉时期这段中国历史的发展过程，与华夏族群形成、发展直至吸收诸多少数族群，逐渐形成为汉族的阶段紧密相关。这也是汉族形成的整个过程。从这个意义上讲，司马迁为《史记》所做的工作，从民族史的角度看，就是为汉族形成过程所做的工作。正是因为如此，白寿彝先生从对汉族形成的记载的角度审视《史记》，并对其在民族史撰述上给予较高的评价。对此，白寿彝先生认为：

　　尽管司马迁还没有"汉族"的概念，他也不一定会意识到这是为一个民族的形成写历史，但实际上他做了这个工作。一直到现在，他的工作成果还是我们研究汉族形成史的基本文献。❷

---

❶　白寿彝.中国通史·导论卷［M］.上海：上海人民出版社，1989：9.
❷　白寿彝.中国通史·导论卷［M］.上海：上海人民出版社，1989：9.

又次，白寿彝先生在《中国通史·导论卷》中，详细阐发了司马迁的进步民族思想。他认为，对于中国历史上的"夷夏之辨"，司马迁并不计较。认为在对待少数民族态度问题上，司马迁是通达事理的，有远见的，并没有人云亦云，这足见其"明智"的一面。换言之，在当时，司马迁的民族思想还是比较进步的，没有表现出时人的那种"狭隘民族理论"。对于司马迁的民族思想，白寿彝先生列举了几个实例，予以论证其"非狭隘性"。

一是指出姒姓夏后氏治水有功的大禹，其功业首先在西羌治水时兴盛起来。白寿彝先生通过此例，拟在说明大禹与古羌人有着割不断的密切联系。

二是司马迁在《史记》中，认为秦的祖先华夏族群嬴姓大费曾担任东夷部落联盟的首领。白寿彝先生以此来说明司马迁并不斤斤计较于"夷夏之辨"。

三是白寿彝先生引用了《史记·六国年表》中的"秦始小国僻远，诸夏宾之，比於戎翟，至献公之後（后）常雄诸侯"一句，其意为：在春秋时期，秦国最初也只是一个地处偏远的小的诸侯国。当时，中原地区的各诸侯国都排挤它，把它当作是祖国西部地区的戎狄看待。后来，秦国重用商鞅进行变法，逐渐改变了少数民族的习俗，发展成为当时一个强大的诸侯国。白寿彝先生引用此例，旨在说明司马迁有意模糊或淡化"夷夏之辨"的边界。

四是白寿彝先生通过司马迁在《史记》中关于匈奴是"夏侯氏之苗裔"的记载，说明司马迁在匈奴的问题上并没有"夷夏之辨"。

五是司马迁在《史记·吴太伯世家》中，将中原地区的虞国与荆蛮一带建立的吴国，称之为"兄弟国家"。即：

太史公曰：孔子言"太伯可谓至德矣，三以天下让，民无得而称焉"。余读春秋古文，乃知中国之虞与荆蛮句吴兄弟也。延陵季子之仁心，慕义无穷，见微而知清浊。呜呼，又何其闳览博物君子也！

这里的"中国之虞"，指的是中原地区华夏族群建立的虞国。虞国，据史为乐主编由中国社会科学出版社 2005 年出版的《中国历史地名大辞典（下）》记载：

西周初封国。姬姓。开国君主是古公亶父之子仲雍的后代。《史记·吴太伯世家》：周武王克殷，求太伯、仲雍之后，"乃封周章弟虞仲于周之北故夏虚"。故址在今山西平陆县北张店东南古城。春秋时灭于晋。《左传》僖公五年（前 655），晋侯"假道于虞以伐虢"。师还，"遂袭虞，灭之"。

虞国是中国中原一带的一个古国名。"荆蛮句吴"之"句吴"，也是一个古诸侯国家名。对句吴国，由高文德主编吉林教育出版社 1995 年出版的《中国少数民族史大辞典》中，如是说：

古诸侯国名。亦称攻敔、吴。其族属来源有多种说法：周人一支……很早便栽培水稻，擅长造船、冶铸、纺织和制陶瓷，盛行断发文身之俗。春秋时，其首领寿梦已称王，曾与中原晋国建立密切关系。阖闾继位后，通过任用贤人进行一系列发展经济和强化军事的改革，迅速崛起。周敬王十四年（前506），兴兵伐楚，直捣楚都郢城。夫差继位后，于二十六年（前494），又在夫椒（今江苏吴县西南）大败越军，困越王勾践于会稽山，迫其屈辱称臣。后又北伐齐、鲁，三十七年（前483），还率军黄池大会诸侯，与晋国争当盟主。周元王四年（前473），为越国所灭，其地并入越国。

在"句吴"前加"荆蛮"二字，表明该诸侯国在"黔中蛮、巴郡蛮、长沙蛮、牂柯蛮、苍梧蛮等"少数族群居住的地区。也就是说，司马迁把中原一带的虞国与少数民族地区的吴国视为"兄弟国家"。

通过以上例证，白寿彝先生告诉我们，司马迁在民族思想上并没有表现出明显的狭隘的一面，未被当时的"夷夏之辨"所局限，充分表现出对待少数民族态度上的"明智性"。不仅如此，白寿彝先生还把司马迁的民族思想与孟子的民族思想进行比较，指出他们的差异主要在两个方面：第一个方面是，孟子把中国古代中原地区周王室所分封的诸侯国即"诸夏"，与中原以外的各民族作了明显的严格区分。也就是说，孟子看重"夷夏之辨"。然而，通过以上几个方面的例证，我们清楚看到，司马迁则不然。第二个方面是，孟子只是承认用中原的"诸夏"文化影响和教化中原以外的民族。孟子在《孟子·滕文公上》中所言："吾闻用夏变夷者，未闻变于夷者"，即为证。而在白寿彝先生看来，司马迁既承认"用夏变夷"，也承认"变于夷"。即：

与战国时期的孟子大不同。孟子只承认"用夏变夷"，而不承认夏会"变于夷"。《史记》的这些记载，则是"用夏变夷"者有之，"变于夷"者亦有之。❶

最后，在《史记》中，司马迁把匈奴问题视为汉代主要的民族问题。白寿彝先生认为，司马迁在汉匈问题上，一方面，反对匈奴人频繁"侵扰"汉朝边境百姓的生活。另一方面，面对匈奴人的"侵扰"，司马迁也反对汉朝占据匈奴人的传统牧场。这集中体现在，司马迁在汉匈双方争夺黄河以南的土地的态度上。《史记·匈奴列传》中，司马迁在记载秦始皇统一六国后，"侵占"了黄河以南的地盘时指出：

---

❶ 白寿彝.中国通史·导论卷［M］.上海：上海人民出版社，1989：9.

……秦灭六国，而始皇帝使蒙恬将十万之众北击胡，悉收河南地。因河为塞，筑四十四县城临河，徙适戍以充之。

对于秦占"河南地"，司马迁并不赞成。由此，到冒顿单于即位以后，他力主收回这块曾经被秦占领的地盘。对冒顿单于力主收回"河南地"的主张，司马迁并没有异议，即可说明其对秦占"河南地"的立场。《史记》这段论述可为证。

悉复收秦所使蒙恬所夺匈奴地者，与汉关故河南塞，至朝䢷、肤施，遂侵燕、代。

与此同时，司马迁的《史记》认为，汉匈之间的战争是可以避免的。汉景帝时期，汉匈之间修复了彼此之间的关系，复又和亲，互通商贸。汉匈边境线上并没有规模较大的冲突。也就是说，这个时期的汉匈关系，并没有发展到非进行战争不可的程度。然而，白寿彝先生认为，汉匈之间这种尚可维持的和平关系，"自王恢设计诓骗匈奴以后"才逐渐恶化。双方之间战端复起。对白寿彝先生的这一观点，《史记》中这段话或可佐证。

汉使马邑下人聂翁壹奸兰出物与匈奴交，详为卖马邑城以诱单于。单于信之，而贪马邑财物，乃以十万骑入武州塞……御史大夫韩安国为护军，护四将军以伏单于。单于既入汉塞……见畜布野而无人牧者，怪之，乃攻亭。是时雁门尉史行徼，见寇，葆此亭，知汉兵谋，单于得，欲杀之，尉史乃告单于汉兵所居。单于大惊曰："吾固疑之。"乃引兵还。出曰："吾得尉史，天也，天使若言。"以尉史为"天王"。汉兵约单于入马邑而纵，单于不至，以故汉兵无所得。汉将军王恢部出代击胡辎重，闻单于还，兵多，不敢出。汉以恢本造兵谋而不进，斩恢。……匈奴绝和亲，攻当路塞，往往入盗於汉边，不可胜数。然匈奴贪，尚乐关市，嗜汉财物，汉亦尚关市不绝以中之。

对此，《史记》的观点是，汉朝对匈奴用兵引起了汉与匈奴之间再起战争。所以，《史记》认为汉匈之间的战争，并非非打不可。正因如此，白寿彝先生认为，《匈奴列传》在汉廷处理汉匈问题上，"是微婉其词的"❶。对此，白寿彝先生并没有明确的立场，主要是阐述了司马迁在《史记》中的观点。也就是说，对于汉匈之间的战争，司马迁认为是可以避免的。这是司马迁的观点，不是白寿彝先生的观点。至于汉匈之间的军事冲突，则由史学家来评判，本书不持观点，仅作相关陈述。

继《史记》后，《汉书》和《后汉书》也是民族史撰述上的重要文献。由此，

---

❶ 白寿彝．中国通史·导论卷［M］．上海：上海人民出版社，1989：12.

白寿彝先生也作了一番研究。

关于《汉书》和《后汉书》的民族史撰述。

先看班固的《汉书》在民族史撰述上的特点。在民族史撰述上，白寿彝先生指出，《汉书》主要设置了"五传"，即《匈奴传上》《匈奴传下》《西南夷两粤朝鲜传》《西域传上》和《西域传下》。其中，《匈奴传》含有上、下两卷。在该传中，白寿彝先生特别指出，它收入了《史记》中《匈奴列传》的一些旧有论述，这是《汉书》不及《史记》之处。但是，《汉书》新增了外戚李广利于汉征和三年（公元前90年），率军兵败匈奴而投降，一直到绿林军领导人王匡、王凤等拥立刘玄建立更始政权这一段历史。需要注意的是，这里刘玄建立的更始政权，不属于东汉。这则是《汉书》的贡献之处。《汉书·西域传》亦分上、下两卷。该传较为完整地记载了现在的新疆天山南北历史上当时匈奴、乌孙、大月氏、安息、疏勒、大宛、婼羌、楼兰、且末、小宛、精绝、戎卢、扜弥、渠勒、于阗、皮山、乌秅、西夜、蒲犁、无雷、难兜、罽宾、康居、桃槐、休循、捐毒、莎车、尉头等西域各国少数族群的情况，对于行程以及西域各国的户籍人口数量也有记录。对于这些史料，白寿彝先生指出：

这是新疆维吾尔自治区古代民族史的重要资料。❶

这既是《汉书》民族史撰述在内容上的一个特点，也是其对中国民族史的重要贡献。

再看白寿彝先生对范晔的《后汉书》的评价。《后汉书》在民族史部分设有六传，即《东夷列传》《南蛮西南夷列传》《西羌传》《西域传》《南匈奴列传》《乌桓鲜卑列传》。其中，《西域传》《南匈奴传》可以说是对《史记》和《汉书》的一种"续传"，主要记载东汉时期西域各民族和匈奴及其较之于前期的一些变化。《东夷列传》《南蛮西南夷列传》，白寿彝先生则给予了正、反两个方面的评价：一方面指出此二传多有"因循旧规"之嫌，另一方面则在民族史料方面则又显得"资料翔实"。白寿彝先生给了《后汉书》一分为二的辩证评价，而《西羌传》和《乌桓鲜卑列传》，白寿彝先生给予了积极评价，认为此二传，《汉书》《史记》都未曾有过，是《后汉书》的"新创的篇章"，体现出其对于中国民族史撰述的贡献。白寿彝先生认为，《后汉书》在"指陈形势"和立论精练等方面，充分体现出史学家的史学功底。但是，白寿彝先生指出，《后汉书》在对待少数民族的态度方面，显然是远不及《史记》的。这集中体现在两个方面，即"忽视民族间的历史友谊"和"强调少数民族对中原皇朝的威胁"。对于前者，本书已在第六章"白寿彝关于历史上民族关系的思想"之第五节"历史上中原人民和新疆各族人民的交往交流交融"一节中，作有详细的阐述。范晔在《后汉书·西域传》中却无视这一点，这某种程度上体现出范晔及其《后汉书》在民族问题上的基本立场。至于后者，本书亦在讨论白寿彝先生关于"多民族"与"统一"之间的辩证关系时，也有较为详细的论述，即多民族的存在对中国历史上的统治者来说，未必是坏事。但是，由于阶级立场的不同及历史发展阶段上的局限性，汉代统治者很难具有科学的认识。

白寿彝先生认为，如果我们把《史记》《汉书》和《后汉书》结合起来看，一定会发现这几点：一是这三部著作对自夏朝至殷商再到东汉末年这段时间内的匈奴历史的记载，还是比较完整的。二是在民族史撰述体例上，《汉书》《后汉书》都是分地区进行描述，但是在对某一地区内的诸多少数民族进行综合描述的过程中，《汉书》《后汉书》又通常会着意突出对该地区各民族中比较凸显的某个民族进行重点描述。在此基础上，《汉书》《后汉书》又把重点描述的这个民族的历史书写，作为对该地区各民族进行综合书写的"主轴"。三是在民族史撰述时，往往将民族关系、民族问题与中外关系结合起来进行论述。对于第二、第三两点，白寿彝先生曾给予较高的评价。他指出：

这两点，都是继承了《史记》的编纂方法，对后来的民族史撰述很有影响。一直到今天，这两点还是值得采用的。❶

四是白寿彝先生将《史记》《汉书》和《后汉书》一起，从三个方面作了较为客观的综合评价：第一，明确承认这三部著述，在民族史撰述的"成就"方面确实是存在差异的，不可等量齐观。第二，明确指出这三部著作在撰述"资料""研究的线索"以及"撰述的方法"等三个方面，都为中国民族史撰述提供了借鉴，积累了经验，作出了贡献。第三，白寿彝先生认为，这三部著述，在中国民族史撰述、研究领域均具有"重要的地位"。

三、三国两晋南北朝隋唐的民族史撰述

在国内对中国历史研究中，通常把三国两晋南北朝和隋唐两个时期分开来讲。然而，在中国民族史研究中，白寿彝先生把这两个历史阶段放在了一起。如前文所述，白寿彝先生曾把中国两千多年的封建社会发展史划分为四个阶段，即

---

❶　白寿彝.中国通史·导论卷［M］.上海：上海人民出版社，1989：13.

"成长时期""发展时期""进一步发展时期"以及"衰老时期"。白寿彝先生之所以把三国两晋南北朝隋唐时期联结在一起，阐述中国民族史的发展问题，主要是基于三国两晋南北朝和隋唐两个时期，都处在中国封建社会的"发展时期"这样一个考虑。与此同时，白寿彝先生认为，在这两个时期，民族史资料是比较丰富的。这种资料的丰富性，主要体现在对某一地区、某一阶段以及反映"民族重新组合中某一过程"抑或"某一过程的片段"性资料，相对比较丰富。但是，白寿彝先生在《中国通史·导论卷》中也指出，尽管这两个时期民族史资料较为丰富，然而严格意义上的民族史撰述作品依然较少，而集中阐述三国两晋南北朝时期的相关民族大融合的著述则更是罕见。尽管如此，白寿彝先生还是对以上两个时期的民族史撰述上的一些基本特点，作了具体论述。

在表述形式上，一部分继承了《史记》的传统记述形式，采取了以"地区记述"的形式。白寿彝先生进一步指出，该时期，民族史撰述在"地区记述"形式之下，又大致分成了两种形式：一种是"记一个地区的一些民族"，但是对该地区诸多民族记述过程中，似乎并没有在着墨与篇幅上刻意突出哪一个少数民族。另一种形式则是，同样"记一个地区的一些民族"，但在记述这些民族的过程中，突出并主要记述该"地区的主要民族"。在记述主要民族的过程中，对这一地区的其他民族也作相应的记述。只是，在着墨多少与篇幅大小上，与所记述的主要民族，存在着明显的差异。换言之，对该地区的主要民族着墨较多，占据的篇幅较大，"兼及"到的及其他民族则是着墨较少，记述的篇幅较小。

在记述内容上，白寿彝先生认为，这两个时期的民族史撰述，主要"是以记少数民族政权为主"，兼及"其他有关的史事"。对此，白寿彝先生列举了北魏崔鸿的《十六国春秋》，北齐魏收所著的一部纪传体断代史书《魏书》，元代脱脱等人所撰写的纪传体史书《辽史》和反映女真所建金朝的兴衰始末的《金史》。这四部史书说明这两个时期民族史撰述上的这一特点。如《十六国春秋》，该书是纪传体史书，主要记录了西晋"八王之乱"（291—306 年）后于 316 年西晋灭亡，从此中原地区进入"五胡"（匈奴、鲜卑、羯、氐、羌）十六国（前凉、后凉、南凉、西凉、北凉、前赵、后赵、前秦、后秦、西秦、前燕、后燕、南燕、北燕、胡夏、成汉）时期。实际上，这一时期中原一带并不只有 16 个国家。北魏史学家崔鸿选取其中的 16 个国家作为这一历史时期的代称，故称之为"十六国"时期。在《十六国春秋》中，崔鸿设置了十六卷，分别是《前赵录》《后赵录》《前燕录》《前秦录》《后秦录》《蜀录》《前凉录》《西凉录》《北凉录》《后凉录》《后燕录》《南凉录》《南燕录》《西秦录》《北燕录》《夏录》。显然，《十六国春秋》主要记述了这一时期的少数民族政权。再如，《魏书》。北齐人魏收的这部《魏书》，作为一部纪传体史书，记载的主要是鲜卑人建立的北魏王朝（386—534年）的历史。该书无论是12卷本纪（"帝纪"），还是92卷"列传"和20卷"志"，基本上都是围绕着北魏这一少数民族政权展开的。又如，元代脱脱等人修纂的《辽史》，共计116卷。其中"帝纪"有30卷，对阿保机建立的辽国（907—1125年）及后来耶律大石建立的西辽，两个少数民族政权所作的"志"有32卷，包括《世表》《皇子表》《公主表》《皇族表》《外戚表》《游幸表》《部族表》《属国表》在内的"表"共计8卷，以及包含《能吏》《伶官》《奸臣》《逆臣》等在内的"列传"共计45卷，外加《国语解》1卷。从这116卷题名中我们可以清楚看到，《辽史》主要也是记述少数民族政权。又如，《金史》。元代脱脱等人撰述的这部纪传体金代史著作，全书135卷，主要记载了女真的兴起、建立金朝，直至王朝的灭亡的历史。其中，12卷"本纪"、39卷史"志"、4卷"表"和71卷"列传"，外附《金国语解》1卷，等等，基本上也是围绕少数民族政权展开的记录。

或采取以年代为线索编排有关历史事件的编年体。白寿彝先生指出，在这两个时期，"以时间为主的编年体"民族史撰述，也不乏有之。对于这种体例，白寿彝先生指出：

以时间为主的编年体，如《资治通鉴》记少数民族史事。这种体裁的好处是可以按着时间的发展看出同一时期不同民族的情况；缺点是这种流水账式的纪事方式，难于使人得到要领。❶

在这两个时期，除论述了"按地区记述""以记少数民族政权为主""以时间为主的编年体"，这几种民族史撰述的表述形式外，白寿彝先生还论述了"以事为主的纪事本末体"民族史撰述形式。他指出，南宋时期袁枢所编纂的纪事本末体史书《资治通鉴纪事本末》，是这种体裁的"记民族史事"的重要代表。

对于三国两晋南北朝至隋唐时期的民族史撰述形式，白寿彝先生在总体上作了一简要的评述，他指出：这两个时期的民族史撰述的表述形式比起前代，更丰富一些。

从民族史撰述的上述几种表述形式看，白寿彝先生的这句评价，是符合实际情况的。

---

❶　白寿彝.中国通史·导论卷［M］.上海：上海人民出版社，1989：17-18.

四、明清的民族史撰述

白寿彝先生在《中国通史·导论卷》一书第 21 页提出一个重要论断，即：明清时期的民族史撰述跟地方志和纪事本末的发展有密切的关系。❶

围绕这一论断，他又提出三个基本观点：第一个观点是，他认为明清时期地方志中的关于少数民族聚居地方的记载，很可能是始于"两汉书"。第二个观点是，宋元时期，地方志的编纂数量逐渐增多，其中涉及的民族史撰述可能也随之逐渐增多。第三个观点是，明清时期的地方志编纂"更趋繁盛"。其中，记载的可供查阅的少数民族资料也越来越多，"跟少数民族关联较多的地志"也较多。对于第一个观点，白寿彝先生列举了《汉书·地理志》和司马彪的《续汉书·郡国志》中有关古代行政区划——"道"及其与少数民族的关系。他不仅指出，《汉书·地理志》和《续汉书·郡国志》中存在诸多"主蛮夷"的县一级的行政区划——"道"的记载，而且诸如《汉志》《续汉志》中也有许多虽然没有称"道"、但却是少数民族居住地方的记载。通过这一基本事实，白寿彝先生旨在说明：明清时期诸多"著录少数民族聚居的地方"的地方志，究其源，很有可能是从两汉时期诸如《汉书·地理志》《续汉书·郡国志》《汉志》《续汉志》等，对少数民族地方记载开始的。需要特别指出的是，白寿彝先生所指出的，两汉书中记载的作为县一级行政区划的"道"，正如其所言，其职责是"主蛮夷"。这一点与《汉书·百官公卿表上》的相关记载完全吻合。即：

列侯所食县曰国，皇太后、皇后、公主所食曰邑，有蛮夷曰道。

也就是说，上述汉代民族史论述中所记载的"道"，确实涉及当时少数民族聚居地方的记载。换言之，两汉时期在一些著作中已经出现了一些对少数民族地方的记载，抑或称之为少数民族地方志，而这种少数民族地方志形式的民族史撰述，对于后来宋、元直至明、清时期的民族史撰述，具有重要影响。

至于第二个观点，本书作者没有做进一步的考证，故不便作较多阐述。对于白寿彝先生第三个观点，即明、清时期的地方志编纂"更趋繁盛"，相关记载可供查阅的少数民族资料也越来越多。白寿彝先生列举了载有少数民族史料的多达八十余种，涉及四川、云南、贵州、湖广、广西、甘肃、宁夏等省区的地方志。其中，他重点介绍了明代田汝成撰写的民族史书《炎徼纪闻》，指出其中多有"关于广西、云南、贵州、湖南民族史事的重要论述"。还对书中作者的民族理论作了一番评论。关于清代官方修纂的"民族地方志"，白寿彝先生列举了其中

---

❶ 白寿彝.中国通史·导论卷［M］.上海：上海人民出版社，1989：21.

诸如《西域图志》《盛京通志》《广西通志》《云南通志》《云南通志稿》《陕西通志》《甘肃通志》《湖广通志》《四川通志》等，在白寿彝先生看来，这些是"跟少数民族关联较多的地方志"。

通过以上论述，白寿彝先生意在证明明清时期的民族史撰述跟地方志有密切的关系。不仅如此，白寿彝先生还认为，明清时期的民族史撰述，不仅跟地方志关系密切，而且还同"纪事本末"体裁的发展关系，也比较密切。对此，白寿彝先生从五个方面论述了民族史撰述与纪事本末体例之间的关系。第一，他认为，早在先秦时期，就已经出现了纪事本末这样一种体裁样式。但对于该时期采用纪事本末体裁撰述的著述，并没有过多提及。第二，他明确指出，纪事本末这种史学著述体裁样式，始于南宋时期袁枢的《通鉴纪事本末》一书，并且特别指出，该书已经"有了关于少数民族的一些书目"。第三，白寿彝先生指出："以密切关系少数民族的一次事变或一次战争为记述对象，并以纪事本末的史体勒成专书的，是在明清时期才多起来的。"❶第四，白寿彝先生认为，清代官方主持编修的关于少数民族纪事本末体史书呈现出两个特点，即"编修之风较之前代更盛"和"编修之作多为'巨制'"。至于前一个特点，白寿彝先生并没有给以具体论证，这多是由于涉及的相关作品数量较多。对后一个特点，白寿彝先生则列举了《平定准噶尔方略》和《平定两金川方略》两部纪事本末书。其中，《平定准噶尔方略》，该书全名为《钦定平定准噶尔方略》，是由清乾隆三十七年（1772年）大学士傅恒等奉皇帝的敕令，主持修纂。这部民族史撰述，共有172卷，分成《前编》《正编》和《续编》三部分。其中，《前编》有54卷，记述了从康熙三十九年（1700年）到乾隆十七年（1752年）这52年间的清政府与蒙古准噶尔之间的关系。其中，涉及准噶尔内部大乱、卫拉特蒙古杜尔伯特部的长官（长官名为"台吉"，一种爵位或行政长官名称）策凌乌巴什（1728—1790年）、厄鲁特蒙古辉特部的长官阿睦尔撒纳等人，主动归顺清朝。同时，他们请求当时的康熙皇帝派兵征讨噶尔丹叛乱。归顺后的阿睦尔撒纳反叛，康熙帝再次平息叛乱，等等。《正编》有85卷，记述了自乾隆十八年（1753年）到二十五年（1760年），清廷与蒙古各部之间的关系。《续编》则记述了平定准噶尔叛乱之后的一些社会秩序安平事宜。其中，涉及派兵戍卫、开屯屯田、管理机构设置和官员委派、设定赋税、地方的长远规划，以及平定新疆的乌什吐鲁番和更加遥远的区域等事宜的记载。这一编，规模也很是宏大，内容极为丰富，涉及的区域广阔，民族众

---

❶　白寿彝. 中国通史·导论卷［M］. 上海：上海人民出版社，1989：22.

多，这为我们了解这一时期的北方民族关系，以及中央皇朝对上述地区的经略，提供重要史料。白寿彝先生举例的另外一部民族史撰述则是《平定两金川方略》。这部民族史撰述在规模上，共有 152 卷，主要记述了清乾隆三十六年（1771 年）到乾隆四十一年（1776 年），清王朝统治者平定四川大小金川叛乱的一段历史。

第五，白寿彝先生还指出，鸦片战争以后，清朝官方主持修纂的少数民族地方志，以及以纪事本末体形式撰述的民族史著述，实际上"仍在继续"。

五、近代民族史撰述

白寿彝先生认为，尽管纪事本末体、民族地方志这两种形式和体例的民族史撰述依然在延续着，但是随着中国完全的以自给自足经济为主体的封建社会转变成了半殖民地半封建社会，中国社会的性质发生了变化。在此基础上，中国社会的主要矛盾已经由人民大众与封建主义之间的矛盾，转变成了中华民族与西方列强、人民大众与封建主义这两对矛盾，而在这两对矛盾中，中华民族与西方列强之间的矛盾，又超越了人民大众与封建主义之间的矛盾，成为当时近代中国社会最具急迫性的矛盾。在这样的时代背景下，在撰述内容、形式等诸多方面，中国民族史出现了"近代化"倾向。对这种倾向，白寿彝先生从五个方面进行了专门论述。即：

第一，它反映了各民族联合反清反封建压迫的历史；

第二，少数民族的历史地位，在这时期有了重大的改变。过去，在民族纠纷中，少数民族往往被认为是威胁中原政权的力量，现在，他们成为捍卫边疆的重要力量；

第三，民族史在中国史中的地位受到重视；

第四，本世纪（本书作者注：指 20 世纪）二十年代，开始有近代形式的中国民族史出现；

第五，民族理论的多样化和民族平等思想的出现。❶

这五个方面依次涉及中国近代民族史撰述的内容、功能、地位、成果以及指导思想等方面。当然，这五个方面的核心依然是"成果"。也就是说，在中国近代史上，只有不断撰写并涌现出一系列的、反映这一时期的民族史著述，将这些著述呈现在各族人民中间，以著作这种传播媒介的形式，发挥其应有的功能，适应当时那个时代的特征，才能满足那个时代对民族史研究成果的要求。其实，其

---

❶ 白寿彝.中国通史·导论卷［M］.上海：上海人民出版社，1989：30–33.

中的道理很简单，没有这种研究成果的最终呈现，就根本谈不上近代中国民族史撰述的内容、功能、地位以及指导思想。故此，本书认为，近代中国民族史撰述成果是近代中国民族史撰述的核心要素。以此为载体，或者说，在近代中国民族史撰述成果载体的基础上，在某种或某些民族理论指导下，撰写出能够充分反映中国近代这一百多年历史的民族理论或内容的作品。近代中国民族史撰述的内容，通过以著作、论文等可供传播的研究成果作品为媒介，在中华民族大家庭内部相互传阅，发挥其应有的功能。借此，在中国近代史这样一个特定时代，这些民族史撰述铸就其在中国历史中的应有地位。从某种意义上讲，中国民族史撰述上的近代化倾向，是中国近代史上争取"国家独立"和"民族解放"的根本要求，是一种具有必然性的发展趋向。下面，本书将就白寿彝先生所提出的四个方面的论述进行逐一阐述。

其一，从内容上看，近代中国民族史撰述既有反映清王朝平定边疆"叛乱"的历史，也有反映各族人民联合起来反抗统治阶级剥削和压迫的历史。白寿彝先生就关于反映清王朝平定边疆"叛乱"历史的民族史撰述，又大致划分为两种：第一种是清廷官修民族史撰述作品，第二种则是私人编修民族史撰述作品。这一类的民族史撰述，由于阶级立场的差异，站在统治阶级的立场上，对少数民族反抗统治阶级剥削和压迫的正义斗争，反诬为"叛乱"。这种思想认识，在相关撰述中，有比较明显的体现。关于第二类的撰述，如《平定关陇纪略》等，对于这些撰述，在其中反映的内容中，还是能够透射出民族史撰述的近代化意义。对此，白寿彝先生指出：

这些书，在作者的主观意图上，都是歌颂统治者镇压民族起义的武功，但它不能不反映这些反抗民族压迫、反抗镇压的过程，同时，也不能不反映少数民族的联合，他们公开打着反清的旗帜以及清军借助于帝国主义的军火以加强其镇压的力量。这些情况包含着过去民族纠纷中所没有出现过的因素，这具有新的近代的意义。❶

也就是说，中国近代史上诸多民族史撰述作品，尤其是官修作品或统治阶级内部部分私修作品，从内容上看，或对统治阶级的镇压功绩歌功颂德，或反映出各民族反抗统治阶级的剥削与压迫的过程，或反映出在此过程中各民族之间的联合与团结斗争，等等。这些内容，较之于中国近代以前的民族史撰述，总是能够找出其中的"新意"，尤其是在各民族之间联合反抗阶级压迫和西方列强侵略等

---

❶　白寿彝.中国通史·导论卷［M］.上海：上海人民出版社，1989：26.

方面，其"近代化"倾向明显。

其二，从功能上看，近代中国民族史撰述在凸显各少数民族对于争取国家独立和民族解放方面的重要作用，也是比较明显的。对于这种明显性，白寿彝先生通过各少数民族在中国历史发展进程中充当的角色的转变，表现出来。他这样讲：

> 过去，在民族纠纷中，少数民族往往被认为是威胁中原政权的力量，现在，他们成为捍卫边疆的重要力量。因此，当时有政治敏感的人，把对国防的重视，跟民族史地研究联系起来。❶

也就是说，在古代，各少数民族与中原皇朝政权之间的关系，通常被认为是一种消极的关系，如匈奴对于秦汉政权，突厥对于隋唐政权，契丹、党项、女真等对于宋政权，蒙古对于朱明政权，等等。这种关系，本质上是由阶级关系决定的。但无论如何，这种阶级关系都是中华民族大家庭内部的关系。中华人民共和国成立以前，这种阶级关系在与中华民族与西方列强之间这对关系比较起来，此类阶级关系或者说由阶级关系所决定的某些消极的民族关系，已经退居次要的或非紧迫的位置上。由此，各少数民族在中华人民共和国成立之前这段历史中所充当的角色，也相应地发生了变化。他们主要的已经转变成为"捍卫边疆的重要力量"。对于这种转变，白寿彝先生认为，但凡"当时有政治敏感的人"，都会把对边疆民族史地研究与当时的国防问题紧密联系起来。在他看来，开展相关撰述的人，即所谓"当时有政治敏感的人"，诸如徐松、张穆、何秋涛、沈垚、徐鼒霖等人，都在这方面有所撰述，涌现出了一系列成果，如《新疆识略》《蒙古游牧记》《朔方备乘》《新疆私议》《筹边刍言》等。白寿彝先生认为，把边疆民族史撰述与中国近代史上国防安全紧密结合起来，"这是一个进步"。如何理解这种"进步"？白寿彝先生认为，应当把握两点，即"边疆民族在政治地位上的一种变化"和"民族史撰述的一种近代化倾向"。至于"边疆民族在政治地位上的一种变化"，这是与当时西方列强侵入相关联的。西方列强的侵入，使得世代居住在国家边疆地区的广大少数民族成为"捍卫边疆的重要力量"。对于"民族史撰述的一种近代化倾向"，它正是通过各少数民族在中国历史上所充当的角色功能的转变实现的，也是通过这种转变体现出来的。

其三，从地位上看，白寿彝先生认为，中国民族史撰述在中国历史中的地位得以凸显出来，也是在中国近代史上实现的。在中国近代史上，与其说中国民族史撰述地位得以凸显，不如说是中国民族史撰述所予以反映的中国近代各民族

---

❶ 白寿彝．中国通史·导论卷［M］．上海：上海人民出版社，1989：27．

之间关系重要性的凸显。在中国近代史上，相比较人民大众与封建主义之间的矛盾，中华民族与西方列强之间的矛盾更为迫切和突出。从根本上解决中华民族与西方列强之间这对矛盾的途径，就是彻底实现国家独立和民族解放。在中国近代史上，真正完成国家独立和民族解放的历史任务，是由中华民族大家庭各民族联合起来共同完成的。对此，毛泽东同志有清醒的认识和论述。他曾为中共中央宣传部起草的关于形势与任务的宣传鼓动撰写一份提纲，在提纲中说：

他们（本书作者注：部分国民党人）以为单纯的政府抗战便可以战胜日寇，这是错误的。单纯的政府抗战只能取得某些个别的胜利，要彻底地战胜日寇是不可能的。只有全面的民族抗战才能彻底地战胜日寇。然而要实现全面的民族抗战，必须国民党政策有全部的和彻底的转变。❶

然而，"要实现全面的民族抗战"谈何容易。鸦片战争以前的整个中国历史从某种意义上就是一部阶级斗争的历史。在这种阶级斗争过程中，历代中央王朝的统治阶级联合其他民族上层阶级对各族人民群众的剥削相对而言是比较深重的。然而，若要完成国家独立和民族解放的历史任务，实现"全面的民族抗战"，就必须要凝聚全国各族人民的力量。就此点，毛泽东同志在《为争取千百万群众进入抗日民族统一战线而斗争》一文中指出：

只有经过全阶级全民族的团结，才能战胜敌人，完成民族和民主革命的任务。❷

毛泽东同志进一步指出，这是因为：

国家的统一，人民的团结，国内各民族的团结，这是我们的事业必定要胜利的基本保证。❸

若要团结和凝聚全国各族人民，为国家独立和民族解放而斗争，就必须要重塑历史上形成的民族关系。也就是说，在中国近代史上，在反抗列强侵略的时代背景下，民族关系在中国近代史上比任何历史时期都重要。对于这一点，白寿彝先生援引近代历史学家夏曾佑先生在《中国历史教科书》一书中的观点，"民族问题在历史进程中处于很重要的地位"。即该书第二章第一节的论说：

凡国家之成立，必凭二事以为型范。一外族之逼处，二宗教之熏染是也。此

---

❶ 毛泽东.为动员一切力量争取抗战胜利而斗争［M］//毛泽东选集（第二卷）.北京：人民出版社，1991：353—354.
❷ 毛泽东.为争取千百万群众进入抗日民族统一战线而斗争［M］//毛泽东选集（第1卷）.北京：人民出版社，1991：278.
❸ 毛泽东.关于正确处理人民内部矛盾的问题［M］//毛泽东著作选读（下册）.北京：人民出版社，1986：757.

盖为天下万国所公用之例，无国不然，亦无时不然。此二事明，则国家成立之根本亦明矣。本书所述，亦也发明此二事为宗旨。❶

在这段引文中，我们可以清楚看到，中国的民族史撰述，之所以在中国近代史中地位受到重视，就是因为它涉及夏曾佑先生所说的"国家成立之根本"。在他看来，国家成立的根本，一则在于"外族之逼"，二则在于"宗教之熏染"。中国近代史，就是一部中华民族受到"外族之逼"的历史。在此历史背景下，团结和凝聚各族人民的力量奋起抗争，是根本和唯一选择，而要做到这一点，就得重塑历史上形成的民族关系。由此，白寿彝先生认为，民族史撰述在中国近代史上更加受到重视，并把"民族史在中国史中的地位受到重视"，作为中国民族史撰述"近代化倾向"的一个重要表现形式和标志，也就很好理解了。

与此同时，白寿彝先生对夏曾佑先生这般重视民族关系进行了诠释，他评论指出：

夏曾佑认为，民族问题既于政权兴替密切相关，又于宗教信仰类型密切相关，他把民族史在通史中的地位看得如此重要，还是前所未有的。这显然是跟作者所处的时代有关。这是当时国内外的民族矛盾在作者史学思想上的反映。❷

白寿彝先生引用夏曾佑先生的论述，旨在揭示中国近代史上重视民族史的原因。在此基础上，他还进一步指出，夏曾佑先生为何重视民族关系和民族史的撰述问题。这主要是由于两个方面：第一个方面是"跟作者所处的时代有关"。也就是说，这与中国近代史这段中华民族的屈辱史及其时代背景有关。第二个方面是"当时国内外的民族矛盾在作者史学思想上的反映"。显然，这里的"国内外的民族矛盾"，主要是指中华民族与西方列强之间的矛盾，各族人民群众与封建主义之间的矛盾。这两对矛盾中的任何一对矛盾的解决，都需要各族人民凝心聚力和团结奋斗。这就要求必须重塑历史上的民族关系。重塑历史上的民族关系，从学术界的角度看，重视民族史研究及其撰述工作，则是一条根本路径。中国民族史撰述，在中国近代史研究中愈趋受到重视，则是一种必然现象。

正是在这种时代背景和趋势之下，国内学者对民族史研究做了大量工作。对此，白寿彝先生在《中国通史·导论卷》第28页中，列举了我国近代著名学者王国维先生，在民族史方面的卓越成绩。主要体现在以下几个方面。

第一，白寿彝先生指出，王国维先生对中国民族史开展研究，在时间上集中在"五四运动（1919年5月4日）前后十余年间"，这正是中华民族日渐觉醒、

❶ 白寿彝.中国通史·导论卷［M］.上海：上海人民出版社，1989：27.
❷ 白寿彝.中国通史·导论卷［M］.上海：上海人民出版社，1989：28.

联合起来奋起抗争，寻求国家独立和民族解放正确道路的时期。

第二，白寿彝先生指出，在民族史研究对象上，王国维先生对北方民族尤其是蒙古族的历史，"做了大量而细致的考订工作"。

第三，白寿彝先生指出，在民族史研究使用的材料及提出的观点上，王国维先生"根据古籍所记，结合古器物、古文字，参考国外学者的研究成果，作出一些精辟的论断"。

第四，白寿彝先生指出，在民族史研究的方法上，王国维先生"是用近代的科学方法进行研究工作的"。

第五，白寿彝先生指出，在民族史撰述成果上，王国维先生的民族史著述主要有《鬼方昆夷玁狁考》《西胡考》《西胡续考》《黑车子室韦考》《西辽都城虎思斡耳朵考》《鞑靼考》《萌古考》《月氏未西迁大夏时故地考》等。

第六，白寿彝先生指出，在民族史撰述的影响上，王国维先生的上述研究成果，"一直在学术界有很大影响，特别是这些作品引起了人们对民族史在中国古史中的地位的重视。"

其四，从成果上讲，白寿彝先生认为，20 世纪 20 年代，中国民族史撰述的近代形式开始出现。对于中国民族史撰述上的"近代化倾向"的第四点，白寿彝先生从中国民族史的近代形式是什么及提倡者两个方面，进行了论述。

第一个方面是，中国民族史的近代形式是指什么？对此，白寿彝先生是从"脱离"和"独立"两个方面进行解释的。所谓"脱离"，白寿彝先生认为，这是指中国民族史从中国"政治史"中脱离出来，不再继续成为政治史的附属部分，从而摆脱"政治史的附属地位"。所谓"独立"主要是讲，中国民族史从政治史中脱离出来，成为一门独立的学科，或者说向着独立学科方向发展。当然，白寿彝先生认为，向着独立学科方向发展，主要是从不断丰富中国民族史的内容和逐渐建构中国民族史体系两个层面入手开展工作，这里不再展开论述。

第二个方面是，梁启超先生对中国民族史撰述的近代形式的提倡。白寿彝先生指出：

梁启超著《中国历史上民族之研究》，这是一篇对中国民族发展相当概括的论述。❶

白寿彝先生对该文关于"对中国民族发展相关概括"的评论，在梁启超先生的这篇文章中，是有鲜明体现的。正是由于梁启超先生在这篇文章中，表现出了

---

❶　白寿彝.中国通史·导论卷［M］.上海：上海人民出版社，1989：29.

有关中国民族史撰述上的鲜明特点，这使得我们能够看到中国民族史撰述，开始"脱离"中国政治史的"附属地位"，看到了内容丰富的民族史专题性撰述成果。这对中国民族史逐渐发展成为"有自己体系的独立学科"，具有重要意义。白寿彝先生由此肯定，梁启超先生对中国民族史近代撰述形式的"倡之于前"的重要贡献。实际上，内容丰富的民族史专题撰述成果，是中国民族史脱离政治史的重要原因和显著标志。中国民族史脱离政治史，则是内容丰富的民族史专题撰述成果呈现的必然结果。也就是说，从某种意义上讲，白寿彝先生之所以说梁启超对中国民族史近代形式的出现有"首倡之功"，在很大程度上是与近代以来梁启超以更为丰富的内容，开展民族史的专题性研究和成果撰述有关，而这种专题性研究及其成果撰述则起始于梁启超先生的《中国历史上民族之研究》这一篇"对中国民族发展相当概括的论述"。我们具体看看梁启超先生在他的这篇文章中，是如何对中国民族发展进行"相当概括的论述"的。这篇文章主要论述了五部分内容。本书着重阐述前两个部分。

第一部分论述了什么是"民族"。在这部分中，梁启超先生是从三个方面界定和把握"民族"概念的。第一，将"民族"与"种族"区分开来。第二，把"民族"与"国民"区分开来。第三，指出了构成"民族"的几个要素，主要是"血缘""语言""信仰"和"民族意识"等。在第三方面，梁启超先生主要论述了三点：一是"血缘""语言""信仰"三个要素是构成民族的必要条件，但不是决定性条件。即"血缘、语言、信仰，皆为民族成立之有力（利）条件，然断不能以此三者之分野，径指为民族之分野"。二是能够决定"民族之分野"的因素是民族意识，即如梁氏所言："民族成立之惟一的要素，在'民族意识'之发现与确立"。三是对民族意识是什么，作出解释。即"何谓民族意识？谓对他而自觉为我。"也就是说，民族意识就是有了"我者"与"他者"之分别。

关于第二部分，在第一部分论述的基础上，梁启超先生重点探讨了以下四个问题：一是中华民族的来源问题。在该问题上，梁启超先生坚持客观、谨慎的治学态度。他指出："吾以为在现有的资料之下，此问题只能作为悬案。"二是从当前中国这块土地的气候条件"何时始适于住居"的角度，论述"中国何时始有人类"这样一个问题。根据当时的地质学和考古学资料，他认为："此地之有住民，最少亦经五万年。"三是中华民族是由同一祖先传袭而下，还是由多祖多元结合而成？梁启超先生的观点是，根据旧史记载，"皆同祖黄帝"，"似吾族纯以血缘相属而成立"。事实上，他认为，中华民族是多祖多元构成的，但这多元中存在一个"枢核"，即"诸夏"。在中华民族的多元构成问题上，他提及了"诸夏"

与"夷狄"，并认为这是"民族意识自觉之表征"。四是关于构成中华民族的"枢核"的发源地。他列述了"古帝王都邑"所在地及其相关问题。

白寿彝先生认为，关于中国民族史的近代形式，"梁启超倡之于前"。但与此同时，他还指出："王桐龄、吕思勉、林惠祥、吕振羽等相继编写于后"。在梁启超先生民族史撰述的基础上，为方便读者全面、系统了解和把握王桐龄、吕思勉、林惠祥、吕振羽等学术前辈对中国民族史近代撰述形式的继承、发展和推广，本书特绘制表8-1于此。对其民族史撰述作品进行比较。

表8-1　王桐龄、吕思勉、林惠祥、吕振羽民族史撰述作品比较

作者	撰述名	内容	主要特色
王桐龄	《中国民族史》南昌：江西教育出版社，2018年版	主要论述了八个部分：一是"汉族胚胎时代：太古至唐虞三代"；二是"汉族蜕化时代：东夷西戎南蛮北狄血统之加入春秋战国"；三是"汉族休养时代：汉族与匈奴之接触，汉族与乌孙之联合，秦汉"；四是"汉族第二次蜕化时代：三国两晋南北朝"；五是"汉族第二次休养时代：隋唐"；六是"汉族第三次蜕化时代：五代及宋元"；七是汉族"第三次休养时代：明"；八是"汉族第四次蜕化时代：清"	一、讲了汉族的发展历史；二、强调了汉族的发展史是一部不断吸收和融合其他少数民族的历史；三、认为这个过程是以汉化的方式实现的
吕思勉	《中国民族史》上海：上海世界书局，1934年版	主要论述了以下几个部分：一是汉族；二是匈奴；三是鲜卑；四是丁令；五是肃慎；六是苗族；七是羌族；八是藏族等	一、在民族阐述上具有多元化；二、附加了诸多有关民族的"附录"
林惠祥	《中国民族史》北京：商务印书馆，1993年版	主要论述了以下几个部分：一是"中国民族之分类"；二是"中国民族史之分期"；三是"华夏系"；四是"东夷系"；五是"荆吴系"；六是"百越系"；七是"东胡系"；八是"肃慎系"；九是"匈奴系"；十是"突厥系"；十一是"蒙古系"；十二是"氐羌系"；十三是"藏系"；十四是"苗瑶系"等	一、阐述了中国民族的分类、中国民族史的分期以及在民族阐述上具有多元化特点；二、每一部分论述中设有每一民族的"总论"和相关附录
吕振羽	《中国民族简史》1948年，光华书店出版（华北、华东、东北）	主要论述了以下几个部分：一是"问题的提起"；二是"中国人种的起源"；三是"汉族"；四是"满族"；五是蒙古族；六是"藏族"；七是苗族、黎族、鄂伦春族及其他	一、有明确而强烈的问题意识；二、涉及了中国人的人种问题；三、论述了汉族、满族、蒙古族、藏族、维吾尔族、彝族、党项族建立的西夏国的遗民、苗族、黎族以及鄂伦春等民族，在民族论述上具有多元性特点

结合表 8-1 以及白寿彝先生对王松龄、吕思勉、林惠祥及吕振羽四位先生关于中国民族史撰述的评述，我们可以清晰看到，在梁启超先生倡导中国民族史撰述近代形式之后，国内涌现出比较有代表性的四部中国民族史撰述，这四部撰述在形式上表现出明显的"近代倾向"。对于表 8-1 中四部民族史著作，白寿彝先生曾有过一段较为客观的评论，本书将其陈列于下，以供学界共赏析：

王桐龄、吕思勉、林惠祥的书都称作《中国民族史》。吕振羽的书称作《中国民族简史》。四书对于民族的分类，主要是按照辛亥革命以来的"五族共和"的提法，列出汉、满、蒙、回、藏，加上了苗，还略有其他民族的增益。在取材上，这四种书基本上根据旧史。吕振羽重视调查材料，而调查到的材料也不多。王桐龄书，实际上只是汉族形成发展史，对于其他民族，也只是就其与汉族有关系的史事说了一些。这书的特点是附表多，关于不同民族间杂居、通婚、仕宦，文化上的学习等，这些表可供参考。其他三书，都是就不同民族分别陈述，不能对国内各民族作综合的说明。作为书中主要内容的五族历史，因研究得不够，说法上也有很大的分歧。吕振羽试图从马克思主义民族理论上解释一些问题，并探索各民族的历史前途。尽管他在具体的史实方面有不少误解，但从书的总体上看，代表一个新的研究方向。❶

首先，从名称上看，都以"中国民族（简）史"命名，这不仅体现出，在中国近代史上，民族史已经"脱离"了中国政治史"附属地位"的尴尬位置，而且内容极为丰富，逐渐向独立学科方向发展。这一点，可以从王松龄、吕思勉、林惠祥先生的《中国民族史》、吕振羽先生的《中国民族简史》等，与司马迁《史记》、班固《汉书》、范晔《后汉书》，以及明清时期诸多地方志和纪事本末体裁中的"民族史撰述"中，所体现出的浓厚的中国政治史韵味截然不同，得到印证。其次，尽管上述著述也论述了其他民族，但是主要还是围绕汉族、满族、藏族、蒙古族等几个民族展开论述。其中，王桐龄先生《中国民族史》的撰述对象以汉族为主，兼及了其他民族。这些民族与汉族有着密切的关系，后来很多都融入汉族中，成为汉族的一部分。再次，在材料使用上，尽管也用了一部分田野调查材料，如吕振羽先生的《中国民族史》，但总体上依然使用了"旧史"中的历史文献材料。还有，这几部民族史著作，增添了不少"附录""附表"等，这对于开展进一步研究，提供了重要资料，这是中国民族史近代形式的又一个特点。最后，表 8-1 中所列的四部著作，基本上是以民族为单位进行分别叙述，这虽然

---

❶ 白寿彝.中国通史·导论卷［M］.上海：上海人民出版社，1989：29–30.

有利于对某一民族开展集中、系统研究，但同时也使得对各民族的综合性研究，略显不足。白寿彝先生所列举的诸如王桐龄、吕思勉、林惠祥以及吕振羽等诸位先生的民族史撰述，由于还处在中国民族史学科的起步和发展阶段，这就难免存在着不够成熟的地方，也存在着一些观点上的争论甚至是错误。但是，这些并不能够否定此类作品在中国民族史研究、独立学科的形成和建设方面的巨大贡献。这一点，白寿彝先生有着比较清醒的认知。他既肯定了中国近代史上诸多民族史撰述在推动中国民族史学科的开创、形成与发展中的重要作用，也认识到这一时期民族史撰述的时代局限性。更为重要的是，他看到了中国民族史研究工作新局面的到来。由此，白寿彝先生指出：

　　从鸦片战争以来，民族史撰述是沿着近代化的倾向蹒跚前进的。因历史条件的局限，这种状况很难改变。一直到了新中国的建立，中国各民族得到了解放，为民族史的调查、研究和撰述提供了便利条件，因而民族史的研究工作才能面目一新。❶

　　前文我们阐述了中国民族史的近代形式，在内容、时代功能，在中国近代历史中的地位，以及具体成果方面的体现。实际上，中国民族史的近代形式，在"民族理论的多样化"和"民族平等思想的出现"等方面，也有显著体现。对此，白寿彝先生从清末名臣魏源的《圣武记》和吕振羽先生的《中国民族简史》等切入，进行了详细论述。

　　首先，看魏源《圣武记》中的民族思想。白寿彝先生认为，这部著作中体现出来的民族思想，集中在两个方面：一方面，在西方列强入侵中华的背景下，魏源表现出来的对中华民族的感情和强烈的爱国情怀。这一方面，白寿彝先生给予了充分肯定，即他认为《圣武记》既是一部"申述自己对当前军备的见解"的书，也是一部"有爱国思想的书"，还是一部"针对外国入侵的局势立论的"书。白寿彝先生认为，这是"魏源民族思想的主要方面"。另一方面，书中也表现出了魏源作为清廷内部封建统治阶级一分子的阶级立场，即反映出了满族和汉族作为当时中国主要统治力量的"大民族主义"思想。

　　其次，看吕振羽先生的《中国民族简史》中的民族思想。白寿彝先生在《中国通史·导论卷》（第31–32页）中，援引了《中国民族简史》中的三段话，以此展示吕振羽先生的民族思想。如果概括地讲，这三段话主要表现出吕振羽先生的三个基本观点。一是在中国近代史上，民族关系问题具有前所未有的重要性。一

---

　　❶　白寿彝.中国通史·导论卷［M］.上海：上海人民出版社，1989：30.

方面，他指出："民族问题，我们也有着正确的原则、方针，并早已正式提到行动日程上"；另一方面，他进一步指出："现抗战胜利结束，进到和平民主事业的斗争，国内民族问题（作者注：民族关系问题），立即就要全面地提到行动日程上"。也就是说，在反抗外敌侵入的过程中，已经制定了有关民族关系问题的方针政策，并且取得了抗战的胜利；在争取国内和平民主建国的过程中，应当高度重视民族关系。可见，无论是"反抗外敌侵略"还是"民族和平建国"，民族关系都在其中充当着极为重要的角色。二是中国民族关系研究具有迫切性。这体现在，在当时情况下，中国民族关系还没有系统地研究过。正是因为对中国民族关系缺乏相应的系统研究，这才给予当时"中国封建的买办的法西斯主义者"以混淆是非、颠倒黑白的可乘之机。他们把"中华民族""中国的民族"进行扭曲性解读，不承认其他少数民族，甚至把满族、蒙古族、藏族、苗族等诸多少数民族的历史来源歪曲化。他们不仅不知道中华人民共和国国土范围内究竟有多少个民族，这些民族来源如何，现状怎样，而且还想尽一切办法阻碍"民族关系的正确解决"等。正是由于这些问题的存在，吕振羽先生认为，当时对中国近代民族关系开展系统性研究，不仅具有重要性，而且具有迫切性；他还指出，这些错误观点和做法，显然是背离了马克思主义在民族理论上的科学主张。三是从中国历史和民族的实际出发，明确承认，汉族在中国的主要民族地位。对于该问题，我们在前文"白寿彝关于汉族的思想"中，就白寿彝先生的观点，已有较为详细的论述。而吕振羽先生对该问题持怎样的观点？白寿彝先生在《中国通史·导论卷》第32页中，引用了吕振羽先生的有关论述，特摘述如下：

自然，谁也不容否认，汉族是全世界第一位人口众多的民族，是中华民族的主要部分。中华民族四千年（作者注：此处应更为五千年）光荣的文明历史，过去辉煌灿烂的封建文化，是东方文化的主流，对全人类的文明，也有着伟大贡献，而其主要创造者也是汉族。这回决定全民族命运的伟大抗战事业，主要也由汉族在担当。❶

显然，从这段引文中，我们可以清楚看到，吕振羽先生在汉族是中国主要民族的立场上，是客观的、公允的，符合中国历史实际的。他认为，中国各民族都对中国历史作出了贡献，只是汉族作为中国的主要民族在中国历史发展进程中发挥了主要作用，作出了主要贡献。

由此，从吕振羽先生关于中国民族关系的重要性、中国民族关系系统研究的

❶ 白寿彝.中国通史·导论卷［M］.上海：上海人民出版社，1989：32.

迫切性，对于汉族作为中国主要民族的认识，以及重视各民族的历史作用等诸多方面，我们可以清楚看到吕先生的民族思想。即他在中国民族关系上是客观的、平等的，是坚持民族平等思想的。对于吕振羽在《中国民族简史》中的民族思想，白寿彝先生曾有过一段评价。他指出：

吕振羽同志的话，说出了民族史的真实情况，也说出了我们历史工作者在民族问题上应持的正确态度。❶

通过以上论述，白寿彝先生总结道，中华人民共和国成立以前，中国民族史撰述的一些基本情况是：一是自秦汉以来，中国民族史撰述有着悠久的历史，逐渐形成了历史传统。诸如，材料的使用，撰述的体例，基本的民族思想等。二是中国民族史资料比较丰富，遗留下了诸如《史记》《汉书》《后汉书》等，在中国历史上较具影响的著述。三是涌现出了诸如纪传体、地方民族志、纪事本末体、中国民族史撰述的近代形式等诸多撰述体例。四是在民族思想上，呈现多元化倾向。

根据中华人民共和国成立以前民族史撰述方面的上述情况，白寿彝先生提出了两个重要观点：第一，中国历史上的民族史撰述资料与成果，对中华人民共和国的民族史研究工作具有重要价值，是中华人民共和国民族史研究的重要参鉴。第二，否定了传统认识中的中国历史，"只记载汉族"而"不记载少数民族"的传统认知。在此基础上，白寿彝先生提出，民族史研究工作中的一个很重要的问题，即各民族文字的民族史撰述的资料收集与整理的问题。对此，他指出，汉族史学家在几千年的历史发展中，尤其是在各民族交往交流交融中，有很多机会接触各少数民族。在此基础上，他们积累了大量有关少数民族的史料，涌现出诸多民族史撰述作品，这些作品对中华人民共和国的民族史研究和学科建设具有重要价值。正因如此，这受到了国内学术界尤其是民族学界的重视。然而，还有一部分采用少数民族文字记载或撰写的民族史在发掘、研究方面亟待加强。其实，白寿彝先生不仅提出了这个问题，而且还积极呼吁学术界，将各民族文字书写的民族史结合起来研究。为此，他指出：

我们急须加紧努力，使汉文及少数民族文字的记载得以互相补充、互相印证，使我们多民族祖国历史的研究和撰述得到不断的充实和提高。❷

在本节中，白寿彝先生对我国历史上民族史撰写的发展脉络进行梳理并作了一定评价。这些评价既反映出白寿彝先生的个人观点，在一定程度上也映射出

❶　白寿彝.中国通史·导论卷［M］.上海：上海人民出版社，1989：32.
❷　白寿彝.中国通史·导论卷［M］.上海：上海人民出版社，1989：33.

20世纪中后期当时在民族史撰述上的学术认识，这对我们认识中国历史上的民族史撰述提供了借鉴。但是，在当前时代背景下，应当如何看待历史上的民族撰述，本书认为，这是一个较为复杂的问题，需结合目前我国民族史研究实际、中国社会的时代要求等方面因素，进行客观辩证地分析。在单纯陈述白寿彝先生相关论述基础上，本书坚持"二不"原则，即不予置评，不持立场。

第三节 民族史研究的价值

前文详细论述了对民族史的相关认知。在此基础上，我们明晰了民族史撰述，在中国历史进程中，尤其是中国近代史上的重要作用和地位。实际上，关于民族史研究的价值，白寿彝先生先后在《论关于少数民族历史和社会情况的宣传及学习》（1951年），《论爱国主义思想教育和少数民族史的结合》（1953年），《中国历史的十二个方面346个问题》（1981年），《关于民族史的工作——1988年10月在中国民族史学会上的讲话》（1988年），以及《中国通史·导论卷》（1989年）等著述中，具有不同程度和不同角度的论述。

白寿彝先生认为，开展民族史研究能够增强民族团结、民族自信，破除落后的民族思想。在《论关于少数民族历史和社会情况的宣传及学习》中他曾指出：

大民族主义、狭隘民族主义和民族虚无主义产生的过程，说明对少数民族历史和社会情况的了解，在增加国内民族的团结上，在使一个民族具有充分的自信、使它得以发挥它的积极性上，是具有何等重要的意义。同时，也就说明对少数民族历史和社会情况的了解，对于粉碎大民族主义、狭隘民族主义和民族虚无主义的残余思想上，具有何等重要的意义。❶

也就是说，进行民族史研究，存在"四个'有利于'"：有利于增进民族团结，有利于增强民族自信，有利于调动和发挥各民族的积极性，有利于消除陈旧落后的民族思想。其中，开展民族史研究工作能够增进民族团结，这主要是通过民族史的研究工作，逐渐增强各民族之间的交往交流交融实现的。在民族史研究中我们会发现，当前中华人民共和国国土范围内的民族，不仅拥有悠久的历史，而且在数千年的中国历史创造过程中，发挥了独特的作用，作出了重要贡献。在政治、经济、文化等诸多领域，这些研究"发现"会增进各民族的自尊心和自信

❶ 白寿彝.论关于少数民族历史和社会情况的宣传及学习［M］//白寿彝文集·民族宗教论集（上）.开封：河南大学出版社，2008：35.

心，会激发和调动各民族的积极性和创造性，以满腔热情投身到祖国的社会主义
建设和改革开放的伟大事业中，为实现中华民族伟大复兴的中国梦，继续奉献智
慧和力量。增强民族团结，加强民族自信，激发和调动各少数民族社会主义建设
的积极性和创造性的过程，实际上就是铸牢中华民族共同体意识的过程。不仅如
此，开展民族史研究的这"四个'有利于'"之间是相互联系、相互配合、共同
发挥作用的。增进民族团结是增强民族自信的基础。只有在一个团结、和睦、相
互协作的民族关系中，在各项工作中各民族才更有自信，有信心把工作做得更
好。民族团结和民族自信，又是激发各民族的积极性、调动各民族积极性的必要
条件和保障。没有民族之间的团结和各民族的自信，在各项工作中就不可能激发
和调动各民族的积极性和创造性。各民族在社会主义建设中的积极性和创造性又
反过来推进了民族之间的团结，有利于进一步增强各民族的自尊心和自信心，以
及对社会主义民族团结的前途和实现中华民族伟大复兴的光明前途充满自信。这
个过程实际上就是进一步增进民族团结，增强民族自信，充分激发和调动各民族
在实现中华民族伟大复兴中国梦伟大征程中的积极性和创造性的过程。开展民族
史研究工作，充分发挥其"四个'有利于'"，是白寿彝先生有关民族史研究价
值论述的固有之义。此其一。

其二，开展民族史研究，能够牢固增强各民族共同创造中国历史的意识。白
寿彝先生在《论爱国主义思想教育和少数民族史的结合》一文中，曾援引范文澜
先生发表在 1950 年《学习》杂志第 3 卷第 1 期上《中华民族的发展》一文中的
一段话。即：

事理很显然，中国之所以成为疆域仅次于苏联，人口在全世界各国中居第一
位，历史悠久，延续不绝，在全世界各国中也居第一位的伟大国家，首先必须承
认，这是构成中华民族的各族男女劳动人民长期共同创造的结果。❶

换言之，中国广袤疆域的开拓与开发，中国庞大的人口规模，数千年历史的
绵延不绝，中国这样一个如此庞大国家的历史创造等，这都是包括现有的和历史
上曾经有过的少数民族在内的各民族劳动群众长期的辛勤创造的结果。各族人民
共创中国历史的事实，必须要被充分发掘和揭示出来，这既是中国民族史研究工
作的重要任务，也是一种历史使命。

其三，认为"科学的民族史工作有助于民族间的理解和团结。"白寿彝先生
在《史学史研究》1981 年第 2 期上发表的《中国历史的十二个方面 346 个问题》

---

❶　白寿彝.论爱国主义思想教育和少数民族史的结合［M］//学步集.北京：生活·读书·新知三联书店，
1962：11.

中认为，民族史研究工作应当谨遵中国历史尤其是中国民族史客观发展的规律，不能够臆造或歪曲这些规律。也就是说，民族史的研究应当建立在"科学"的基础之上。科学的民族史研究工作，有利于增进民族间的"理解"，进而有助于增强民族团结。扭曲的民族史研究工作，不仅不能够增进民族"理解"，促进民族团结，而且其实际效果可能会适得其反。

其四，认为民族史研究"处处与民族团结、国家民族的前途，千丝万缕地联系着"。白寿彝先生在《关于民族史的工作——1988年10月在中国民族史学会上的讲话》一文中，曾对当时学术界部分学者中宣称的"历史无用论"进行了批判。认为"历史危机的说法"是错误的。"说搞历史吃不开"，是站不住脚的。在这篇文章中，他特别指出历史学领域中的民族史学科及其研究工作的重要性。他指出：

我看，在历史领域，尤其是在民族史的领域里，并不存在危机的现实。……其实，历史是过去的东西，也在很大程度上是眼前的现实。当前，有好多现象是历史的重演，是旧东西在新形势下的继续，在新形势下的重演。理解历史，更可以理解现在，使我们在前进途中少走一些弯路。特别是民族史的研究，更有现实的意义，它处处与民族团结、国家民族的前途，千丝万缕地联系着。❶

根据白寿彝先生的这段论述，民族史学科不仅没有危机，而且对中国社会现实尤其是民族社会现实，具有很重要的意义。也就是说，中国民族史上发生的事情，与当前中国民族关系、民族发展有没有联系？在多大程度上存在这种联系？中国民族史上出现的某些现象，会不会在当今的中国社会有"重现"？这种"重现"的程度究竟有多大？中国民族史上发生的事情，或者说民族史上曾经存在过的某些东西，还会不会在新时代有所延续或继承？在对这一系列问题探讨的基础上，白寿彝先生进一步指出，我们是否已经对中国民族史有了充分的"理解"？这种"理解"，既包括对中国民族史上积极的、进步的东西的"理解"，也包括对民族史上某些消极的、落后的东西的"理解"。这种"理解"是否正确，是否符合实现中华民族伟大复兴中国梦的客观要求，符合各族人民根本利益的客观要求。这两个方面的"理解"，对于我们铸牢中华民族共同体意识又具有怎样的启发。与此同时，白寿彝先生还进一步指出，民族史的研究工作更具有现实意义。这种现实意义，既体现在社会主义新时代广大民族地区和少数民族群众顺利脱贫、完成全面建设小康之上，也体现在当前铸牢中华民族共同体意识之上，这都

❶ 白寿彝.关于民族史的工作——1988年10月在中国民族史学会上的讲话［J］.史学史研究，1988（4）：2.

与中华民族伟大复兴中国梦的实现紧密关联。正因如此，白寿彝先生指出，民族史与民族团结"千丝万缕地联系着"，与国家民族的前途"千丝万缕地联系着"。这两个"千丝万缕地联系着"，充分体现出民族史研究价值。

其五，开展民族史研究，是发掘和彰显各民族对祖国历史创造之贡献的主要途径。对此，白寿彝先生曾在《中国通史·导论卷》（1989 年）一书第 96 页中说：

对我国在历史上的各方面的贡献，各族人民都有份，但我们研究得很不够。对于汉族是这样，对于少数民族更是这样。❶

在这段论述中，白寿彝先生清晰地告诉我们，各民族人民都对祖国历史作出了贡献；民族史工作者应当从广度和深度上，加强历史上各民族对祖国所作出的贡献的研究；这既是民族史研究的价值所在，也是开展民族史研究的重要方向和任务。

白寿彝先生不仅指出了民族史研究的价值，而且就如何开展中国民族史研究工作，有过诸多论述，这对中国民族史学科建设和发展，具有借鉴意义。

白寿彝先生对我国民族史研究价值的几点认识是与其所处时代要求相结合的，它适应了 20 世纪中后期中国社会的实际情况。当前，在铸牢中华民族共同体意识的时代背景下，我国的民族史研究工作发生了变化，民族史研究与当前变化了的中国社会实际相结合已成为一种必然要求。为此，当前如何看待我国民族史研究的价值，本书认为，将其与民族交往交流交融、中华民族共同体建构以及铸牢中华民族共同体意识等方面结合起来予以审视，应该是比较妥当的。

第四节　如何开展民族史研究

如何开展中国民族史的研究工作，是白寿彝先生民族史学思想的重要组成部分。关于这方面的相关论述，主要以"点状"形式散布在其著作中。在研究过程中，本书梳理了相关著述，其中主要有《论爱国主义思想教育和少数民族史的结合》（1955 年），《关于整理古籍的几个问题》（1981 年），《论民族史》（1984 年），《中国史学史（第一卷）》（1986 年），《关于民族史的工作——1988 年 10 月在中国民族史学会上的讲话》（1988 年），《对于大学历史课程和历史教学的一些实

---

❶ 白寿彝.中国通史·导论卷［M］.上海：上海人民出版社，1989：96.

感》（1994 年），以及《不断开展民族史的理论学习——在中国民族史学会第四次会议上的讲话》（1996 年），等等。就如何开展民族史研究而言，白寿彝先生主要从民族史研究的思想内容，民族史撰述的体例，开展民族史研究的重要前提，民族史研究资料，民族史研究的理论指导，民族史研究者需要具备的条件，以及加强民族史研究和教学工作等方面。

一、民族史的总结

白寿彝先生认为，做好民族史研究工作的前期总结，既是开拓民族史研究工作的前提，又对推进民族史研究工作大有裨益。对此，在 1988 年 10 月召开的中国民族史学会上发言时，白寿彝先生曾指出，在中华人民共和国成立四十周年之际，应当对我国民族史研究 40 年来的工作成绩，做一个全面的总结。他认为，自中华人民共和国成立至 1989 年 10 月，在这 40 年的时间里，无论在成果数量还是质量上，中国民族史研究较之于中华人民共和国成立之前，都有了"很大的发展"，"出了很多的成绩"。对此，白寿彝先生认为，民族史研究 40 年来的成绩，"是以往任何历史时期所没有的"。这是白寿彝先生主张做好民族史前期总结工作的原因之一。另一个重要原因是，在白寿彝先生看来，做好民族史的前期总结工作，一则可以提高民族史研究工作者在该领域开拓的积极性，二则可以找到 40 年来民族史研究的经验和值得继承和发扬的好做法，同时发现民族史研究工作中存在的问题和某些不足之处，也就是要总结经验、汲取教训。

如何做好民族史研究的总结工作，白寿彝先生提出了自己的见解，这对于我们做好相关领域的总结工作也有参考价值。在民族史总结方式上，他提出了三种方式：第一种是按民族进行总结，即"一个民族一个民族地总结"。第二种是按地区进行总结。在中国广大疆域内，在通常有西北、西南、东北、东南等地区，可以把这些地区作为一个整体来总结。第三种是把在某些方面，诸如信仰、习俗等相同或相近的民族，放在一起进行总结。从民族史总结的内容上，既可以从民族史理论方面总结，也可以从民族史研究的方法方面进行总结，还可以总结民族史研究的资料及其归类问题，等等。在此基础上，白寿彝先生还特别重视与民族史相关的两项总结工作，一是要调查统计国内民族史研究机构究竟有哪些，工作运行情况如何，取得了哪些成绩。二是自中华人民共和国成立以来到 1989 年中华人民共和国成立四十周年，把这 40 年来，民族史研究各领域取得的成绩撰写出来，无论是以论文的形式还是专著的形式，都可以去做。如果能这样做，能够做出来，白寿彝先生认为，这会是"大手笔"，"就更好了"。

二、民族史的资料

开展民族史研究，收集材料是首要的基本条件。白寿彝先生先后在《关于整理古籍的几个问题》《关于民族史的工作——1988 年 10 月在中国民族史学会上的讲话》等文章中，论述了民族史研究的材料收集问题。早在 1981 年撰写的《关于整理古籍的几个问题》一文中，白寿彝先生指出：需做好两件事，其中的一件事就是民族古籍整理和民族各种手抄本资料的收集与整理。当时他从四个方面论述这一问题。第一个方面是，整理民族古籍和各种手抄本，重点要做好哪几项工作。他认为，开展民族古籍和各种手抄本的整理工作，要从这些古籍和手抄本的田野调查、"编目""出版"和"汉译"等几项工作入手。关于民族古籍和手抄本的田野调查，就是要通过具体的"个别访谈""调查会""定点跟踪调查""文物文献搜集"，甚至是长时间持续待在一个地方搞参与观察等具体的调查方法，把留存在各民族中间的古籍和手抄本收集起来，以便为民族史研究奠定材料基础。对民族古籍和手抄本进行编目，就是要按照一定的规则和标准，对田野调查中收集的古籍和手抄本这些资料信息中的每一种实体的外在特征、基本内容及特征，进行科学的分析、归类和描述，并记录成"条目"，然后将这些条目按照一定顺序组织成为书目。最后是对民族古籍和手抄本等资料信息资源编目而成的这些书目进行出版。第二个方面是，积极组建能够承担各民族古籍和手抄本等资料的调查、收集、编目、汉译等工作的专业队伍。对于这一方面，白寿彝先生指出，目前从事这方面工作的队伍规模太小，"这亟待于改善"。正是由于第二个方面问题的存在，这才使得民族古籍和手抄本的调查、收集、编目、汉译等工作，尽管当时在各民族地区已经开展起来，但工作的进展和时效性都不够理想。这是白寿彝先生探讨的关于民族古籍和手抄本整理工作的第三个方面的内容。第四个方面则是着眼于"改变"这方面的问题，即人才方面的问题。对此，白寿彝先生指出：

这方面的人才，是需要专门训练的，是需要以国家的力量有组织地进行工作的。❶

进而，白寿彝先生在《关于民族史的工作——1988 年 10 月在中国民族史学会上的讲话》中，进一步论述了民族史研究的资料问题。在文中，他主要谈论了 1957 年翦伯赞同志主持点注的《历代各族传记汇编》、近代民族史资料，以及重申高度重视民族史资料等几个方面的问题。

❶　白寿彝.关于整理古籍的几个问题［M］//龚书铎.白寿彝文集·中国史学史论.开封：河南大学出版社，2008：84.

关于《历代各族传记汇编》，白寿彝先生表达了几个重要观点。他认为，翦伯赞同志主持，由当时的中央民族学院（作者注：现在的中央民族大学）负责点注的这部作品，是对民族史资料工作的一个"基本建设"，即民族史研究的基础性工作。认为当时这项基础性工作与一般性资料工作相比，如果不具备"一定的功力"，亦是难以胜任的。白寿彝先生指出，当时点注《历代各族传记汇编》的工作，不仅工作量大，而且工作难度也大，故此这项工作"当时没有能继续下去"。对此，当时白寿彝先生建议，点注《历代各族传记汇编》的工作，应当重新"捡起来"。在此情况下，白寿彝先生"把这项工作捡起来"后，如何去做提出了建议。这对于民族史研究尤其是民族史资料整理工作，在今天仍具有启发价值。这些建议包括：建议改变"原书"的点注工作方法，提出"以民族为主"或"以民族地区为主"的方法；在以纪传体、编年体、国别体、典志体以及纪事本末体等体例撰写的史书之外，建议增加诸如东晋常璩撰写的《华阳国志》（记述古代中国西南地区地方历史、地理、人物等），唐朝樊绰撰写的《蛮书》（记载南诏的史事）等地方志类撰述；在具体点注名目上，建议重点对《历代各族传记汇编》中的相关"族名""地名""人名""制度"以及"史事"等方面进行注解，未必"要注字义"；建议在对这些名目点注时，可酌情附之以相关地名的地图和族名、人名、制度、史事等相关的"示意图"。白寿彝先生认为，若能如此做，"就更好"；建议把当时有关的新资料、新发现、新成果、新证据等，可视情况吸收进来；在对"族名""地名""人名""制度"以及"史事"等方面进行注解时，建议每个方面要分工明确、专职专责。建议求"精"而不求"全"，求"质"而不求"量"，等等。

对于近代民族史资料，白寿彝先生认为，应当正视几个事实：一是当时学界对"民族史近代部分"研究工作做得不够，这部分研究首要的是资料问题；二是对近代史上的外国外交人员、来中国的传教士，以及西方列强政府相关中国的一些档案材料等，进行收集整理，其数量并不在少数；三是对上述这些资料"摸底"调查的工作做得不够。

在此基础上，当时白寿彝先生提出，在民族史近代部分的资料工作上，做得"两个'不够'"问题，即对民族史研究资料的重视不够，没有把民族史研究资料工作摆在应有的位置上，对资料本身的复杂性认识不够。

三、民族史的思想内容

民族史研究的思想内容是继民族史的总结和资料问题的又一个重要问题。白寿彝先生一贯主张把学术研究与社会现实相结合。正因如此，白寿彝先生从当时中国社会时代背景和社会要求出发，就当时的民族史研究工作，提出要把少数民族史研究与"爱国主义思想教育"相结合。白寿彝先生大致从两个方面论述民族史研究与爱国主义思想教育相结合的问题。

第一，谈民族史研究与爱国主义思想教育结合问题的提出。他指出：

我作为一名历史教师，同时又作为少数民族中的一个成员，愿在这里提出一个问题，就是爱国主义思想教育和少数民族史结合的问题。❶

从这段话中，我们领略了一位历史学人民教师的职责担当，这体现出了中国老一辈学者的爱国情怀和使命担当。与此同时，作为当代人文社科研究工作者，是否能够做到将自身的研究与当下中国社会的时代需求结合起来，提出新的具有时代特点的新课题，这也是白寿彝先生这段论述的重要启发价值。

第二，提出民族史研究与爱国主义思想教育结合问题的必要性。白寿彝先生在《论爱国主义思想教育和少数民族史的结合》一文，第11页中指出：

为了把工作搞得更好，历史教师们及时地展开关于爱国主义思想教育的讨论，是十分必要的。……我个人认为，这种结合是完全必要的；现在提出这个问题，也是完全必要的。❷

在这里，白寿彝先生从民族史研究工作本身、历史教育工作者的职责，以及当时中国社会的爱国主义客观要求等方面，阐述了民族史研究与爱国主义思想教育相结合的必要性。此外，白寿彝先生在该文第14页再次强调了这一必要性。他强调指出：

爱国主义思想教育和少数民族史的结合，不只可能更宽广了爱国主义思想教育的内容，并且还深刻了、强化了爱国主义思想教育的内容。这一方面是通过了爱国主义思想教育，而更加巩固了各族人民团结……所以，在爱国主义思想教育方在展开的今日，把爱国主义思想教育和少数民族史结合的问题提出来，有完全的必要。❸

在此，白寿彝先生又从这种"结合"，对爱国主义思想教育内容上的拓展、深化、"强化"的作用，对民族团结的"巩固"作用等方面，进一步论述了爱国

---

❶ 白寿彝.论爱国主义思想教育和少数民族史的结合［M］//学步集.北京：生活·读书·新知三联书店，1962：11.

❷ 白寿彝.论爱国主义思想教育和少数民族史的结合［M］//学步集.北京：生活·读书·新知三联书店，1962：11.

❸ 白寿彝.论爱国主义思想教育和少数民族史的结合［M］//学步集.北京：生活·读书·新知三联书店，1962：14.

主义思想教育和民族史结合的必要性。

四、民族史撰述的体裁

民族史研究和撰述的体裁问题，是开展民族史研究的重要问题，它是体现着民族史研究撰述的书写样式和思想内容的一种外在结构形式。诸伟奇等编著黑龙江人民出版社 1990 年出版的《简明古籍整理辞典》中说，体裁：

一是指文章的结构剪裁。二是指文学作品的表现形式。如诗、小说、散文、戏剧等。

浙江人民出版社 1988 年出版的《中国方志大辞典》，对体裁的解释是：

指著述或文章的类别。新编地方志的体裁，有记（大事记）、志、传、图、表、录等，其中志为志书的主体，图、表则分别附在各类目之中。

根据上述有关体裁的诠释，民族史研究撰述的体裁主要是指民族史撰述成果的一种"结构剪裁""表现形式"和撰述的"类别"，它是民族史研究成果的外在表现形式，与民族史的思想内容共同构成了民族史研究与撰述作品的体系。在民族史撰述的体裁上，早在 1984 年在中共中央统战部、国家民委召开的"民族问题五种丛书工作会议"的讲话❶中，白寿彝先生提出了"两条建议"，以及在"两条建议"基础上，又提出了撰写民族史的"四点主张"。"两条建议"是，民族史体裁要多样化和根据资料选择民族史的体裁。在民族史体裁多样化问题上，白寿彝先生认为，要避免民族史在写法上搞"千篇一律"；民族史并不是说一定要把这个民族按照从头至尾的顺序去写，写成该民族"社会发展史"的样式。在写法上，可以采取和借鉴多种形式。民族史体裁只有多样化，与该民族相关的"很多东西"才有可能兼顾到，才都能写进去。民族史体裁单一化，会导致该民族的"很多东西不易写进去"。在这方面，白寿彝先生积极倡导，"要不拘形式"。关于根据资料选择民族史的体裁问题，白寿彝先生认为，各民族之间存在差异，各民族的历史实际和现实状况不同，这使得各民族的材料也不一样。由此，在民族史的体裁上，应当灵活选择。选择适当的形式，不要拘泥于一种体裁或一种形式，否则会把民族史"写得太呆板"。

与此同时，白寿彝先生还围绕民族史的体裁问题，提出了民族史撰写的"四点主张"。一是主张在民族史撰述上，"不要只引用经典著作"。其中的原因主要有两个方面：一方面，中国历史上传承下来的相关经典著作，其中的结论很多极

❶ 讲话后集结成《谈民族史》一文，收录在《白寿彝民族宗教论集》，北京师范大学出版社，1992年版，第 66–69 页。

具代表性或共识性。但是，这种具有代表性或共识性的结论本身，并不能代替各民族的历史本身。另一方面，中国经典民族史著作中的结论，是前人从研究实践中推论出来的一种"判断"，是前人对民族或民族史等所下的一种"论断"。这种"判断"或"论断"，本身具有高度的抽象性和概括性。然而，民族史是每一个民族自己的历史。它是具体的，不是抽象的。二是主张民族史撰述"也可以使用传说"。在白寿彝先生看来，民族史撰述中适当使用该民族的传说故事，未必是坏事。他指出，我国各民族历史上就有很多传说。将某民族的传说写进该民族的历史中时，只要把相关内容明确标注清楚，其来自传说就可以了。与此同时，白寿彝先生还指出，各民族的传说肯定"不能说完全真实性"，但在某种意义上讲，传说"总有个历史的影子"。三是主张民族史撰写中的材料提供、相关讨论工作，"需要人多一些"。但是，民族史的撰写则"无须太多的人"。因为参与撰写的人太多，很可能会影响"拿主意的人"的判断和决策，后期的修改工作可能会出现"改也不好改"的情况。四是在民族史研究和撰述过程中，其中涉及的诸多环节或决策要确保"有拿主意的人"。在学术问题上，"不能搞少数服从多数"。白寿彝先生认为，在民族史研究和撰写过程中，无论是体裁方面的"两条建议"，还是撰写过程中的"四点主张"，都是为了创造和呈现一部高质量的民族史撰述作品。这正如白寿彝先生所言：

　　写成的书稿要保证有一定的水平。❶

五、民族史研究的理论指导

实际上，人类任何一项工作，都是在一定的理论或思想指导下开展的。对此，毛泽东同志在《论持久战》中曾有一段精辟的论述。他指出：

　　一切事情是要人做的……做就必须先有人根据客观事实，引出思想、道理、意见，提出计划、方针、政策、战略、战术，方能做得好。思想等等是主观的东西，做或行动是主观见之于客观的东西，都是人类特殊的能动性。……一切根据和符合于客观事实的思想是正确的思想，一切根据于正确思想好的做或行动是正确的行动。我们必须发扬这样的思想和行动。❷

也就是说，根据毛泽东同志的上述论述，民族史研究工作必须要在正确思想和理论指导下才能做好。民族史研究的指导思想是"主观的东西"，民族史研究工作本身则是"主观见之于客观的东西"。怎样才算是正确的民族史研究，在

❶　白寿彝.谈民族史［M］∥白寿彝民族宗教论集.北京：北京师范大学出版社，1992：69.
❷　毛泽东.论持久战［M］∥毛泽东选集（第二卷）.北京：人民出版社，1991：477.

毛泽东同志看来，只有在正确思想指导下开展的民族史研究，才算是正确的民族史研究实践。换言之，民族史研究必须要在正确的理论指导下进行。针对此，早在《关于民族史的工作——1988年10月在中国民族史学会上的讲话》中，白寿彝先生就指出：

> 我们的民族史工作，必须以马克思主义为指导，这是不可动摇的。❶

问题在于，民族史研究工作如何才能够真正做到以马克思主义为指导？白寿彝先生从三个方面进行了阐释。其一，民族史研究工作要以马克思主义为指导。这种"指导"，一方面是自觉运用马克思主义基本原理作为指导，另一方面则是自觉运用马克思主义基本方法进行民族史研究，自觉坚持马克思主义基本方法在民族史研究方法体系中的主导地位。其二，如何运用马克思主义基本观点和方法开展民族史研究工作，白寿彝先生主张要把马克思主义基本观点和方法与中国实际尤其是中国民族实际紧密结合起来。其三，建议不仅要坚持把马克思主义基本观点、方法与中国民族实际相结合，而且要在这种结合中发展马克思主义的基本观点和方法。如何做到这一点？白寿彝先生提出了"三个'进一步'"的建议，即在民族史研究领域里，有一些理论问题需要"进一步"研究；对于一些尚未深入到的领域或视角需要"进一步"发掘；还要对一些"已经提出来的问题"或对众人而言"已经习以为常的看法"要重新拿出来做"进一步"的"再认识"。白寿彝先生认为，做到这"三个'进一步'"，就能够在民族史研究中很大程度地发展马克思主义民族理论的"基本观点"和"基本方法"。在民族史研究中，我们要坚持马克思主义理论的指导地位，在研究中自觉运用和发展马克思主义理论。对此，在1996年8月于宁夏银川举行的中国民族史学会第四届会员代表大会暨第六次学术讨论会上，白寿彝先生进一步指出，理论工作是民族史研究的根本性工作。再次指出民族史研究要坚持马克思主义理论的指导，并对如何运用马克思主义开展民族史研究，从三个要点进行了论述。第一，在运用马克思主义理论开展民族史研究的工作实践中，"要从实质上去理解马克思主义的理论"。对如何从"实质上"理解马克思主义理论，尽管白寿彝先生没有在会上做出详细的阐述，但是我们可以从他自觉运用马克思主义理论指导研究工作的实践中看到，要把握马克思主义理论的应用与实践本质。具体到民族史研究，马克思主义理论本质上就是实践性的，把马克思主义理论与民族史研究实践相结合，是从"本质上"理解马克思主义理论的内在含义。马克思主义理论对民族史研究具有重要指导价

---

❶ 白寿彝.关于民族史的工作——1988年10月在中国民族史学会上的讲话［J］.史学史研究，1988（4）：2.

值，应当充分重视和自觉接受马克思主义理论的指导。马克思主义理论对民族史研究工作的指导，既是"基本观点"上的指导，亦是"基本方法"上的指导。这是因为，马克思主义理论不仅是一个思想体系，更是方法论体系。在民族史研究中，不仅要运用马克思主义理论，而且要在实践中检验马克思主义，不断完善马克思主义理论的体系。因为马克思主义理论不是固定不变的"僵化"的思想，而总是与实践结合的、在实践中不断发展完善的思想体系。第二，在运用马克思主义理论开展民族史研究的工作实践中，要将二者紧密结合起来。这种"结合"应当从几个方面展开，如运用马克思主义理论认识中国的民族和民族史研究工作；运用马克思主义理论指导民族史研究工作实践；自觉运用马克思主义理论的基本方法和思维方式，开展民族史研究；在民族史研究实践中，不断丰富和发展马克思主义的相关理论，等等。第三，在运用马克思主义理论开展民族史研究的工作实践中，着眼于认识和解决中国民族和民族史研究中的实际问题。在此基础上，不断建构具有中国特色的马克思主义民族思想体系和民族史研究话语权。在如何运用马克思主义理论开展民族史研究工作时，应当紧紧把握上述三个要点。白寿彝先生说：

在这方面，我们的功底很差。新中国成立以来，我们在民族史研究工作上取得了一些成绩，每前进一步，都离不开马克思列宁主义的理论指导。❶

如前文所述，对如何开展民族史研究，白寿彝先生从重视前期研究的总结，研究资料的收集与整理，思想内容，撰写体裁以及理论指导等方面，均有重要论述，这对民族史研究工作具有启发意义。实际上，在如何开展民族史研究问题上，白寿彝先生一贯重视民族史研究人才培养和队伍建设，由此提出了对民族史工作者的一系列要求。

六、民族史工作者的基本要求

白寿彝先生在《关于民族史的工作——1988 年 10 月在中国民族史学会上的讲话》一文中指出：

我们民族史工作者，各有自己的研究专史、专题，但不能作茧自缚，要把上下古今、左邻右舍尽可能地收入眼下。我们必须注意，研究一个民族的历史，至少需要懂得一些其他有关的民族的历史，懂得中国历史发展的全貌。❷

---

❶ 白寿彝.不断开展民族史的理论学习——在中国民族史学会第四次会议上的讲话［J］.史学史研究，1996（4）：3.

❷ 白寿彝.不断开展民族史的理论学习——在中国民族史学会第四次会议上的讲话［J］.史学史研究，1996（4）：2.

在这段论述中，白寿彝先生对民族史研究工作者提出了两点要求：

第一，民族史研究者在各自的"专史"和"专题"领域，"不能作茧自缚"。也就是说，不能把自己的研究视野局限在所谓的自己的研究"专史"和"专题"领域，而看不到研究领域以外的东西，甚至根本不想看"专史"和"专题"以外的领域。认为只要把自己"专史"和"专题"领域研究透彻，研究明白就可以了。对此，白寿彝先生持否定的态度。

第二，要拓宽研究视野。在白寿彝先生看来，民族史工作专注自己的"专史"和"专题"，本身没有错。但若是把自己局限在"专史"和"专题"领域而罔顾其他，这就是"作茧自缚"了。对此，白寿彝先生指出，民族史工作者为避免在自己的研究领域里"作茧自缚"，既要看到某"专史"和"专题"上下几百年甚至几千年的研究情况，也要注意与本"专史"和"专题"密切相关的其他研究领域、学科及研究方法和理论。要以"专史"和"专题"为中心，逐渐编织起一个"纵""横"交错的研究网络体系。在这一研究框架下，以聚焦的方式审视自己"专史"或"专题"，这就能够达到对这一"专史"或"专题"研究上的"点""面"结合，重点突出。具体到某一民族历史的研究，一方面要把这一民族的研究与其他相关民族的历史联系起来看，而不是孤立地看待和研究某一个民族的历史。另一方面则要把中国某一民族的历史研究，放置于中国历史整体架构中来审视。由此，开展民族史的研究，既要懂得与之相关的其他民族的情况，还要知晓整个中国历史的情况。此外，就如何开展民族史研究工作，白寿彝先生还指出，不要忽视民族史学史和民族史的讲授，这对推进中国民族史研究和学科建设具有借鉴意义。

七、重视民族史学史和民族史的讲授

开展民族史研究必须要重视民族史学史研究。这既关系到中国民族史研究工作和民族史学科建设问题，也关系到中国史研究及中国史学史学科的建设问题。就此问题，白寿彝先生在《中国史学史（第一卷）》（1986年）中曾指出：

不写兄弟民族的史学史，中国史学史就不算完整。❶

其实，中国民族史学史是中国民族史研究和学科体系的重要组成部分。中国民族史又是中国历史和中国历史学科的重要组成部分。从这个意义上讲，重视民族史学史研究，就是重视和推进中国民族史研究和民族史学科建设，推进中国历

---

❶ 白寿彝.中国史学史（第一卷）[M].上海：上海人民出版社，1986：178.

史和中国史学科的发展。与此同时，民族史研究与民族史学科的建设，还必须要重视少数民族历史的教学工作。这不仅有利于培养民族史研究的专业人才队伍，而且也能够推进民族史和中国通史的研究工作。实际上，民族史研究离不开民族史教学，民族史教学也离不开民族史研究，二者是我国民族史工作的两个不可分离的重要方面。为此，白寿彝先生曾说：

> 我们必须指出：在历史系课程里，必须重视国内少数民族史的研究，必须提倡国内少数民族史的讲授。少数民族史的研究和讲授，逐渐地进步了，中国通史的内容也就可以逐渐地充实了。❶

以上，从民族史的认知，中国历史上民族史的撰述，民族史研究价值，以及如何开展民族史研究四个方面，较为详细地阐述了白寿彝先生关于民族史的基本思想，这对于我们当前开展民族史研究工作，进一步推进民族史学科发展，依然具有理论和方法上的启发意义。白寿彝先生就民族史研究还作了总结性论述。他指出：

> 民族史的研究是一系列复杂艰巨的工程，而且差不多都是从头开始，无所依傍，既要做大量的史料搜集，又要做实地的民族考察，更要做深入实际的理论研究工作。❷

这段论述，既是白寿彝先生对民族史研究的总结性论述，也是对广大民族史工作者的启迪。

在本节中，白寿彝先生从民族史研究的思想内容、撰述体例、资料发掘、理论指导、对研究人员的条件要求以及民族史研究和教学之间的关系等方面，就如何开展民族史研究工作展开论述。白寿彝先生的观点形成于 20 世纪中后期，体现出当时我国民族史研究的时代背景和学术话语特征，为那个时代我国民族史研究工作提供了借鉴。然而，由于我国已进入社会主义新时代，在借鉴白寿彝先生相关思想认识基础上，本书提出三点建议：一是对白寿彝先生有关民族史研究的相关论述，结合其所处的时代背景，应给予客观公允的审视与评价；二是当前将民族史的研究工作应放置于中华民族共同体形成与发展的整体历史框架下开展，不提倡单单专注于某一具体民族的历史进行探讨；三是将民族史研究工作聚焦在历史上各民族交往交流交融的历史实践上，在此基础上，从民族史角度不断探索铸牢中华民族共同体意识的史学路径。

---

❶ 白寿彝.大学历史课程和历史教学的一些实感［M］//白寿彝史学论集（上）.北京：北京师范大学出版社，1994：182.
❷ 白寿彝.不断开展民族史的理论学习——在中国民族史学会第四次会议上的讲话［J］.史学史研究，1996（4）：3-4.

后 记

　　《白寿彝思想研究》一书，是基于国家民委课题结项成果充实与完善而成。原题名为"白寿彝民族思想研究"。2020 年 9 月，该课题亦以"优秀"鉴定等级完成结项。为此，2021 年，我原本欲经扩容、删减、调整和整合后，将整合文稿交付出版社。然而，其间恰遇建党百年和全国党史学习教育，以及我主持的国家社科项目研究进度的需要，《白寿彝思想研究》书稿相关调整、修订工作，曾一度放缓乃至搁浅。2021 年年末，书稿重新被拿出来。作为课题的文本，在结题鉴定环节，尽管获得了评审专家们的谬赞。但是，作为作者，深知书稿存在的问题及需要完善提升的事实。诸如，参考文献的校订、个别内容的删减，有些内容的增补，语言表达亦不够凝练，甚至个别表述的非学术化等。总之，书稿的初本，存在许多不足之处，这些均需要一定的时间来完成。

　　在此过程中，首先我要感谢出版社王辉编辑，他不仅对书稿的修订工作，提出了许多宝贵意见，而且还通览书稿，对其中的诸多内容做了修改，对书中内容的"模棱两可"部分，专门寄来书稿纸质本，同我商议，征求我的意见。他的诸多真知灼见，对文质的提升，具有重要作用。感谢陈丹硕士，她现在已毕业入职贵州黔南科技学院，成为该校马列主义教学部的专职教师。她在读期间学习之余，专门拿出时间，直接承担了这部书稿字词、标点以及相关表述的校正工作，校正工作非常细致。感谢我的两位研究生——廖海霞和张百欧，在此过程中，她们为我分担了其他方面的一些校正工作，这使我能分出更多时间聚焦于此稿等之烦琐事宜。在此过程中，他们的积极参与，既确保本书按时顺利出版，亦保障了我的教学、科研、指导学生等许多工作的顺利进行。最后，特别感谢国家民委和贵州大学。本书作为结项成果，其研究获"国家民委民族研究基地项目"（编号：2018-GMG-041）资助；出版获"贵州大学文科重大科研项目资助"（项目编号：GDZT201608）。诚然，《白寿彝思想研究》这部书，难免还存在着很多缺点或需

改进完善之处。对此，待书稿出版后，敬请各界广大读者同仁批评斧正，以资
进步！

作者

2022 年 5 月 9 日撰写于锦溪